U0123647

續修

南投縣志

卷八 教育志

學校教育篇
社會教育篇
體育運動篇

目　次

表目次

圖目次

照片目次

續修 南投縣志

卷八・教育志

總　述

　　依《說文解字》的解釋：「教，上所施，下所效也」，「上」指的是教師及長輩等；「下」是指學生或下一代，傳統社會中，長上的言行及教師的教導，學生都要模仿，或做為學習的榜樣。「教育」二字最早見於《孟子・盡心篇》言：「得天下英才而教育之，三樂也」，不過，對教育二字連用的意義卻未見討論。大體而言，中國傳統教育觀念，是指長者對下一代有形或無形的教導，教育之本意乃在傳授知識、陶冶品德、樹立良師楷模，以為後生效法之典範。西文「教育」一詞，英文是（Education），法文仍為（Education），而德文則為（Erzichung）。這些字都由拉丁文 Educare 演變而來，第一個字母都是 E，E 是「引出」（elieit）的意思，因此從字源學上說，西文的「教育」就是「引出」。[1]西方教育哲學認為人有天賦的能力，如果獲得充分發展，則教育的工作就完成，因啟發引出先天能力，乃在教育工作者的任務。

　　1860 年代，清廷為因應西力的衝擊，展開自強運動，開啟了中國現代化教育之先河。約在同一時期台灣也有西式教育制度之傳入，清光緒 21 年（1895），台灣割讓予日本，日治時期總督府認為對新領土必須國民統合，因此將近代學校制度帶入台灣。然而，日本在台灣實施的教育制度，主要目地在貫徹殖民統治之政策，民國 34 年台灣脫離日本殖民統治，隨後中央政府遷台，台灣漸漸脫離日式教育，慢慢與中國大陸之教育接軌。

　　南投縣教育之發展，民國 99 年編撰出版的《南投縣志》（以下簡稱《縣志》），卷五〈教育志〉分學校篇、學校教育篇，及社會教育篇三個面向撰寫。學校篇以時間為斷，分成清代時期、日治時期、戰後，及九年國民教育等四個時期；在內容方面，清代時期的教育，可分為私塾、學堂、簡易學校、宣講所、書房、書院教育，以及文社或詩社，日治時期的教育政策，以教化台人達成同化的目的，推行日語及職業教育。戰後的學校教育，民國 34 年本縣境內各學校，由台中州接管委員接收，39 年 10 月，南投設縣，各學校改隸南投縣。56 年 8 月，行政院頒布〈九年國民教育實施綱要〉，展開九年國民教育籌備工作，57 年 9 月，全國正式實施九年國民義務教育，各初級中學改稱國民中學，國民學校改稱國民小學。68 年教育部制定〈國民教育法〉及其施行細則，揭櫫中華民國國民教育旨在養成德、智、體、群、美五育均衡發展之健全國民，國民教育採九年一貫制，以民族精神教育及國民生活教育為中心，兼顧學生升學與就業之需要。

　　九年國民教育實施後，確立了「省辦高中」之原則，68 年頒布〈高級中學法〉。九年國教實施之初，高中、高職學生數之比例約為 6：4，66 年轉變為 4：6，迨至 78 年其比例進而轉為 3：7，[2]顯示出台灣社會經濟變遷，學生就學目標隨之改變的趨勢。因於社

---

[1] 林玉體著，《教育概論》，（台北：東華書局，1990 年），頁 2~4。
[2] 吳文星著，〈百年來中小學教育之發展〉，收入漢寶德、呂芳上等，《中華民國發展史：教育與文化》，（台北：國立中正大學、聯經出版公司，2011 年），頁 304。

會環境的轉變，教育部於 73 年重新開放私立大專院校之增設，初期開放工學院、技術學院，另開放商業、護理類二年制專科學校及工業類五年制專科學校。

《縣志》卷五〈教育志・學校篇〉，將本縣分為清代的教育、日治時期的學校教育、戰後的學校教育，及九年國教後的學校教育，專章敘述。在同書〈教育志〉又有〈學校教育篇〉，分述清領時期教育、日治時期的教育、戰後時期的教育，「學校」與「學校教育」兩篇撰寫模糊難辨。《縣志》卷五〈教育志・社會教育篇〉，敘述荷蘭時期直至戰後社會教概況，時間斷限約為明朝天啟 4 年（1624）到民國 82 年之間。對於「社會教育」的界說，雖眾說紛紜，莫衷一是，然學界對於社會教育的界定，有將之廣泛地視為教育的全體或全面性、繼續性、組織性和計畫性的全民教育，亦有僅指學校教育和家庭教育以外的教育活動與設施。[3] 《縣志》在社會教育的內容上，廣義而言，清代時期講述宣講聖諭、敬惜字紙、旌賞善行、原住民教化，日治時期論述部落教化、普及日語、青少年教育，圖書館，以及原住民社會教育。然而，中華民國社會教育法公布於民國 42 年，依據社會教育法第 2 條，其內容揭示：「社會教育實施之對象為一般國民。凡已逾學齡未受基本教育之國民，應一律受補習教育，已受學校教育之國民，使其獲有繼續受教育及進修之機會」。從上述條文可看出，社會教育是學校以外的繼續進修教育。此外，民國 91 年公布的終身教育法指出，非正規教育指「在正規教育體制外，針對特定目的或對象而設計之有組織之教育活動」，據此，本志社會教育篇書寫的方向，包括縣立社會教育機構、省立社會教育機構、補習教育等教育政策，並針對時代變遷而設置的社會教育，如新住民教育、社區大學、長青大學等。民國 42 年教育部在「國民體育委員會」之下，設有「學校體育組」、「社會體育組」、「研究實驗組」，62 年成立體育司隸屬教育部。體育司成立後，關於學校體育有關政策分為兩階段，第一階段是從體育司成立後到 76 年，此階段是以教育化和競技化為主軸，軍事化為輔；第二階段是從 76 年直到 87 年行政院體育委員會成立為止，此階段的軍事化政策減少，而學校體育政策也朝向推廣全民體育，及提升競技運動為主。依據政府對體育政策的因應，《縣志》體育運動之書寫，分別在〈學校教育篇〉第三章戰後的教育，撰述學校教育及社會教育時述及國民體育。然而，隨著社會經濟的變遷，國人對保健身體的關注，各項體育運動紛紛湧現，運動成為國民之風氣，〈教育志〉將〈體育運動〉成篇撰寫。續修南投縣志書之纂修以二十年一次為原則，書寫以民國 83 年，下迄民國 104 年為主。卷八〈教育志〉分學校教育、社會教育、體育運動等三篇。

學校教育篇：第一章主要敘述教育設施，由於社會變遷，教育政策之轉變教學活動與內容之需要，教育設施因應時代需求而調整。自民國 83 年起，民間對於台灣教育環境軟硬體的思考和反省，吹動台灣教育改革運動，改革思維反映在政府推動「小班計

續修 南投縣志

卷八・教育志

---

[3] 董秀蘭、鄧毓浩著，〈從啟蒙到賦權—我國社會教育發展與現代公民培育〉，收入漢寶德、呂芳上等，《中華民國發展史：教育與文化》，（台北：國立中正大學、聯經出版公司，2011 年），頁 343。

畫」政策，及改造「九年一貫的新教學」，促成了「新校園運動」。本章針對民國88年九二一大地震後，本縣各級學校重創、校園復健，歷經浩劫後革除校園之弊，創新學校建築的興建方式，破除學校建築的興建內容。在校園重建之外，本縣將校園建築，配合當地社區風貌，建立起特色學校，讓學校與社區結合。隨著九二一重建校園的落成，每逢假期，重建區的遊客，除了傳統的旅遊景點之外，重建的社區和新生的校園，也成為遊客不可錯過的新興據點。第二章教育行政，本縣教育行政承教育部的方向與政策，往下連結縣內各級學校，教育處分為學務管理科、國民教育科、社會教育科、體育保健科、特殊教育科、國教輔導團。本縣學校教育包括學前校育、國民教育、中等教育、高等教育，以及特殊教育，本篇依序敘述83年下迄104年的各級學校教育。縣內幼兒教育的幼兒園由83年的65所，直至104年已增為188所，幼稚園、托兒所、托育中心等幼教機構的設立，反映現代社會家長繁忙，因此幼兒托育及學前教育的普遍。90學年度起，九年一貫課程開始在國小一年級實施，至93學年度國中、小各年級已全面實施。本縣國民小學有132所，分布於13個鄉鎮市，以南投市、草屯鎮、埔里鎮、竹山鎮等居多。國民中學30所，分布於13個鄉鎮市，南投市占有5所居首，竹山鎮有4所居次。教育部在民國82年公布「捐資教育事業獎勵辦法」鼓勵私人興學之後，私人或宗教團體創辦之學校提供縣民就讀的多元選擇。本縣中等教育計有公私立學校15所，包括高級中學8所、職業學校6所，實驗高中1所，分別設置南投市4所、草屯鎮3所、埔里鎮3所；魚池鄉、名間鄉、竹山鎮、仁愛鄉各有1所。高等教育方面，創辦於民國60年南開專科學校在民國97年8月教育部核定改名為南開科技大學。民國78年國家建設六年計劃之政策之下，「國立暨南大學」在台設校，成立「國立暨南大學復校規劃小組」，並選定位於南投縣埔里鎮桃米坑作為校址，民國84年7月國立暨南國際大學正式成立。隨著政府《特殊教育法》公布與實施，本縣配合特殊教育之政策，民國88年設置「南投縣特殊教育學生鑑定及就業輔導委員會」，更進一步於民國91年成立「特教諮詢委員會」，聘請專家學者、家長、教師及行政人員，相互指教、共同解決，一併推動縣內特殊教育。

社會教育依憲法第一百五十八條及第一百六十三條之規定，以實施全民教育及終身教育為宗旨，社會教育大致包括設置社會教育機構、推廣補習教育、建立空中教育學制、擴大社會教育事業、推動社區大學、建立回流教育制度、推動終身學習、推動新移民教育、高齡教育。社會教育篇敘述的方向，第一章重點在社教機構與政策，本縣社會教育科設有科長、科員、課程督學、輔導員，並有約聘人員協助社教工作，社教機構有地方文化館、圖書館、社區活動中心等。在設置硬體的社教機構後，分別推動各種社會教育的實施。第二章敘述育樂活動，本縣為陶冶民眾身心，提升生活品，推動育樂活動不遺餘力。育樂的範圍廣泛，藝術與文化活動分別敘述在《文化志》、《藝術志》，體育的部分則論述於《教育志》〈體育運動篇〉，本章重點在社區、勞工等育樂活動。第三章論述補習教育，民國33年訂定〈補習教育法〉，但真正落實與發展是在政府遷台之後，《縣志》卷五〈教育志·社會教育篇〉，補習教育分為補習學校、短期補習班、失學民眾補習教

育、自學進修學力鑑定等四項，隨著社會變遷，教育政策更迭，本縣的補習教育因革損益屢有轉變。民國87年政府強調公民主體、知識解放和社會改造，成立第一所社區大學，開啟了社區教育轉型的新紀元。[4] 除了推動社區大學之外，另有新移民教育、終身學習、高齡教育等不同身分的社會教育，使國內社會教育進入多元化。第四章敘述新住民教育，政府辦理新住民教育，依據民國88年前台灣省政府教育廳頒布的行政命令，隨著新住民對國內人口結構和社會的影響愈為顯著，新住民語言學習、生活、就業與家庭教育輔導等相關需求日益迫切。民國91年，教育部將非本國籍的婚姻移民（外籍和大陸配偶）列為成人教育，凡取得「台灣地區（或外僑）居留證」、「中華民國護照」者，可進入補習或進修學校就讀。民國94年行政院推動新移民協助體系的政策，公布「發展新移民文化計畫」，著手加強新移民語文及親職教育，建立新住民終身學習體系。本章針對南投縣各項新住民之關懷教育作論述，包括語言教育、親子教育及就業輔導教育等三方面。第五章敘述本縣社會教育機構—圖書館，圖書館的功能在保存資料、提供資訊、教育讀者、倡導書香社會，故圖書館的設置完全切合社會法中「終身教育」的目標。民國60年代後期，政府推動十二項建設，每一縣市設立以圖書館為主的文化中心，之後，本縣推動「一鄉鎮一圖書館」，所以圖書館對縣內終身教育功不可沒，至民國104年止，本縣計有16座圖書館。第六章論述本縣的社區大學、長青學苑與婦女大學。

體育運動篇：由於國家體育政策、社會環境、經濟發展、國民生活的提升等因素影響，本縣運動體育發展呈現不同階段的面貌。運動體育屬於教育之一環，〈教育志〉將體育運動立篇專述，突顯本縣對運動體育的具體推行，以及相關豐碩成果。第一章從國家體育政策及方向概述，論述縣政府配合政策的推廣成果，如學生體適能提升、適應體育和殘障運動的推展、民俗體育與游泳教育的推廣。在競技方面，本縣為了培育優秀體育人才，設體育專班的學校，共有國小1所、國中5所、高中3所，另設有基層運動選手訓練站，辦理選手培訓工作。第二章敘述學校體育運動的發展，本縣資質優異的體育人才輩出，競技賽場大放異彩的輝煌成就，來自於各級學校的發掘、培育、訓練，學校體育的推廣可謂功成名就。第三章敘述國民運動的發展，國民體育是人類社會生活變遷的健康觀，民國102年教育部體育署公布〈運動白皮書〉，即以「健康國民、卓越競技、活力台灣」為主軸，本縣配合政府推動「國民體育日」，提倡國民動態休閒活動，培養國民終身運動習慣，鼓勵民眾參與活動達到「樂在運動·活得健康」。此外，本縣於民國40年舉辦第一屆南投縣運動會至104年第63屆，縣運會乃為本縣最大規模的運動體育競技活動。縣府為提升縣民參與運動，逐年增加各項體育活動，如全民運動會、全國理事長盃壘球比賽，並爭取主辦國際性體育活動，如國際室內撐

---

[4] 董秀蘭、鄧毓浩著，〈從啟蒙到賦權—我國社會教育發展與現代公民培育〉，收入漢寶德、呂芳上等，《中華民國發展史：教育與文化》，（台北：國立中正大學、聯經出版公司，2011年），頁356。

竿跳比賽、國際女子壘球比賽等。第四章運動場館及運動人士，為了提供縣民優良的休閒運動環境，縣府積極增設運動場所，改善運動環境，方便民眾提高使用率。

卷八・教育志《第一篇》

學校教育篇

撰稿人：王光燦

概　論

　　南投縣位居台灣的內陸地區，在近代台灣本島的開拓歷史中，雖比其他西部地 區較為落後，然在國家的教育政策配合與本地教育特色的推動過程，本縣今日卻能隨經濟發展與教育普及的演變，呈現穩定發展的豐富成果，這些演變過程，應該被紀錄、被流傳。

　　前人在建立「南投縣志」的過程，辛苦蒐集本縣開發時期、清朝、日治時期，再由民國 39 年（1950）10 月南投縣立縣、民國 57 年（1968）「九年國民義務教育」，各項教育工作在專責單位的指導與推動下，逐步形塑注重執行力的行政團隊運作， 而本縣雖完成「南投縣志」編撰，但受到時空與人力物力的各種限制，所有資料 僅擷至民國 82 年（1993）。為免因時光逝去而空留遺憾，再接續整理民國 83 年至 104 年（1984~2015）期間，針對學校教育各項資料，戮力完成「續修南投縣志」。

　　「各級學校」即實施正規教育的場所。自成一個系統，並能相互連結成體系， 教育無法脫離社會的演進，教育更是一個國家與他國競爭、合作的起點，即未來 國力的儲備系統，強盛國家莫不加強投入教育資源。南投縣在學校教育系統中， 教育設施的設定大多分為：幼兒教育、國民教育、中等教育、高等教育四階段。 惟教育工作的實務推動上，本縣特殊教育一方面設有特教學校，另一方面又運用 各級學校校舍開設資源班、資賦優異班……等，遂在上述四階段加入特殊教育，成為本縣學校教育設施的範疇。南投縣於教育行政的業務上，係依循政府法令與社會需求，隨時調整上述五個教育區塊的資源投入與相關活動的執行。

　　民國 83 年（1994）當時，我國社會已由農業時代，逐漸步入工商發達時期， 南投縣直到民國 104 年（2015）的人口數為 509,490 人，比較其他縣市的人口，只算是小縣，且縣內人口逐漸遞減中，各級學校的學生數量亦是如此，加上年輕人集中都會區、不婚不育或嫁娶外籍人士的現象日益普及，除新生兒數量比較農業時代銳減外，隔代教養、外籍配偶婚生子女……等教育問題層出不窮，本縣亦無法倖免，透過對學生人數的統計，或可一窺端倪。根據教育部公布的統計資料，本縣於民國 83 至 104 年間（1994～2015），在幼兒教育、中等教育、高等教育與特殊教育的校數、教師數、學生數皆有不同程度的成長，唯獨國民教育的學生數，國小由 49,675 人減成 25,439 人，國中由 27,084 人降至 17,256 人，二者降幅甚鉅，因此教育行政每年面臨的衝擊，如併校、教師調校……等問題將日趨嚴厲，而且「少子化」的現象，對於本縣教育行政工作者而言，絕對會是個持續性的挑戰，學生人數的銳減，亦將擴及中等、高等教育，帶來不容忽視的影響。

　　如上所述，「少子化」的社會現象，已明顯衝擊學校教育，但在特定情況下，挑戰也可能來自國家政策與相關法令的變更，例如：受到社會大眾對幼兒教育的 重視，中央政府於民國 101 年（2012）通過「幼兒教育及照顧法」，本縣幼稚園與托兒所兩者加總的結果，令縣內幼教機構不論在校數、專任教師數以及學生數目方面，皆突然大量增加。

另一方面，當各種因素共同出現時，也可能呈現錯綜 複雜的表象，易讓真正原因被模糊化，如果要正確決策，必須能長期關注。

另在現代教育理念下，各級學校的教育活動，時常加入教育政策議題的考量， 也造成教育內容的變化，例如：課程改革、十二年國教、小校兼併廢實施、多元 入學方案、教科書編制鬆綁……等，或是相關教育法規的制訂或修訂，亦可能對教育內容設計或執行辦法產生影響，例如國民教育法、特殊教育法、幼兒教育法、教育經費編列與管理法..等法令配套辦法，都考驗著教育部、縣府與學校。俗云「創新之前先有破壞」，破壞雖是一種傷痛的痕跡，卻能為後續的改變，帶來更多的期待，重建更是對學校未來發展，添加能量的動作，雖然難免會對教育行政團隊帶來某種程度上的壓力，但所有參與成員也因此茁壯。本縣歷經民國 88 年（1999）九二一大地震的蛻變過程，導引國內眾多的社會資源，轉化成本縣校園再造助力，因此，南投縣的整體教育工作者，也在民國 83 至 104 年間（1994～2015），共同達成「改變」的示範，而各校的校園重建過程，本身就是一項珍貴的歷史紀錄。

「改變」當然也可能來自教育主管機關，針對已設定教學目標的實踐，伴隨著推動執行方案，因此產生教育行政的指導作用，例如英語教學、鄉土教學、創意培養、科技工具輔助..等，上述因素皆可能對學校主管以及師生，形成一股改變的壓力，尤其當教育行政事務介於傳統與創新的轉變過程中，即會針對教育專業工作者，產生一定程度的挑戰性，但不可諱言地，新一代面對不可預知的未來時，有紮實的學校教育，仍然會是最可靠的幫手。教育工作者面臨各種影響力，是否能夠隨時審視環境，做成最適合的變化，或者仍舊試圖以不變應萬變？

教育工作欲在不同時代中順利執行，隨著社會變遷作出調整，實有其必要性， 觀察民國 82 年（1993）迄今，本縣學校教育雖曾遭逢「九二一大地震」的破壞與重建，或面對「少子化」產生的社會變遷，抑或是教育部重大政策調整或相關法令的修正，例如：「法規改變」、「課程改革」、「十二年國教」……，雖造成短暫波折，卻因眾多教育前輩的堅強毅力，終克服困難、破繭而出，值得慶幸。本縣以一山地縣的有限資源，常懷「人窮志不窮」的勇氣，透過教育處與各級學校，表現出本縣的辦學特色，不論幼兒教育、國民教育、中等教育、高等教育以及特殊教育，處處可見大家努力不懈，所展現的豐富成果，若是能加以適當整理，勢必能讓更多人受益。

惟許多歷史紀錄皆源自各種文獻記載，以及對資料的整理、解讀，後續將呈現南投縣的學校教育系統中，各級學校在民國 83 至 104 年（1994～2015）發展歷程。第一章教育行政，先介紹本縣教育行政的職掌與運作，接續再循分章敘述方式，逐一介紹幼兒教育（第二章）、國民教育（第三章）、中等教育（第四章）、 高等教育（第五章）以及特殊教育（第六章）。如因倉促疏漏，望祈包涵。

第一章　教育行政

　　「教育行政」係教育組織人員透過計畫、組織、溝通、協調及評鑑等過程，為圖教育事業的進步，種種共同貢獻心力的行為表現。從教育政策的規劃與擬訂，至各項計畫執行與檢討，或是法令宣達與輔導，都繫於教育處整體的行政能力，那是由一群具備教育專業背景以及嫻熟行政技巧的成員，所組成的服務團隊。換句話說，「教育行政」是從中央到地方，甚至延伸到各級學校行政人員，是一種跨越組織的運作。

　　「教育行政」可以只是例行性的任務達成，但當需要時，必須勇於克服艱難，當本縣遭逢民國 88 年（1999）的九二一災變與重建的過程，各級行政團隊的表現，則是個最鮮明的事例，根據南投縣政府公布的重建資料，本縣計有國中小 51 校的校舍全毀，73 校半毀，周邊設施需重建者達 45 校，震災重建工程期間，南投縣除受惠於當時國內外組織爭相投入資源，表達參與重建的熱切意願外，縣府團隊與民間專業賢達，為掌握關鍵契機，於當年 10 月即訂出「南投縣九二一震災國中小校園建築及景觀重建推動計畫」，廣邀各界參與，期能迅速恢復正常教學。

　　另依據本縣民國 90 年（2001）印製「堅忍奮鬥 - 九二一大地震重建總報告[5]」所載，當時的縣政府同仁在縣長彭百顯的要求下，迅速提出重建理念與原則，除提升教學品質與推展開放式教育之理念外，更強調校園景觀特色之樹立與綠建築思潮之引用，進而帶動近年本縣各級學校走向特色化，型塑具備「特色學校」的形象，也促成今日南投縣具備發展觀光旅遊、文化遊覽的良好基礎。當時教育部迅速於民國 89 年（2000）核准本縣學校重建經費新台幣 22 億 2,600 萬 2,000 元，另撥給本縣 144 個學校校園整修補強經費 4 億 9,152 萬 8,000 元，其他中央各部會多所挹注，並持續數年直到完成各項重建工作，各級政府機關同時在行政、法律、經費等方面，給予本縣充分支持，「九二一大地震」展現公務機關高度行政效率。教育行政的工作不僅是針對震災重建，團隊成員也常運用專業背景執行任務，以達成既定目標。南投縣教育處上承教育部決策，又向下連接各級學校承辦人，讓各項教育工作展現充沛動能，並須在多年基礎上，持續追求團隊運作成果，以下依序敘述：一、重要教育政策；二、教育管理機制；三、歷年教育經費。

第一節　重要教育政策

　　國內教育學者有感於時代轉變，學校教育必須適時調整以符合未來社會需求，教育政策隨時有修正的可能性，以掌握我國教育改革的契機。鑑於資訊洪流即將改變人類生活，教育部遂於民國 83 年 6 月舉開「第七次全國教育會議」，以勾勒二十一世紀教育改

---

[5] 鄭素卿編，《堅忍奮鬥 -- 九二一大地震重建總報告》，南投市：南投縣政府，2001。

革藍圖為題，廣徵各界意見，驅動我國現代教育改革。

行政院於民國83年（1994）9月21日正式成立教育改革審議委員會（簡稱教改會），由當時中研院院長李遠哲擔任主任委員會兼任召集人，民國83到85年（1994~1996）運作期間，提出四期諮議報告書及《總諮議報告書》，建議教育改革之八大重點優先項目：一、修訂教育法令與檢討教育行政體制；二、改革中小學教育；三、普及幼兒教育與發展身心障礙教育；四、促進技職教育的多元化與精緻化；五、改革高等教育；六、實施多元入學方案；七、推動民間興學；八、建立終身學習社會。這可能是我國提升未來競爭力的轉折點。

接下來的十餘年間，上述八個重點項目亦成為現今學校教育的重要政策之一，從中央到地方興起一股教育改革浪潮，本縣亦不能例外。改革範圍包括：學前教育（幼兒教育）、國中小學教育、中等教育連結到高等教育，當然也影響到今日南投縣在學校教育的發展結果。

當教育政策調整時，通常先形成共識再制定法規與執行方案，交由地方政府執行，從民國83年到104年間（1994~2015），有許多重要的環境因素或社會變遷，直接影響教育政策以及本縣的各級學校，也對縣府教育管理團隊產生衝擊。依序敘述其中三項特定因素：一、教育法規；二、少子化；三、十二年國教。並逐項探討這些因素的起因以及對學校教育的未來，可能帶來的影響或衝擊。

一、教育法規

「教育法規」在民主國家「依法行政」的理念下，是推行教育政策的橋樑，亦是教育行政運作的指針。「教育法規」係規範各級學校教育的教育相關活動，包括學生受教權益、教育工作人員的作為……等，為適應社會變遷與教育需求，是故，教育法規須不斷進行檢討與修正，俾利各類教育活動有所遵循。

學校教育為能有效推展，必須遵循一套完整的法制體系，做為各級學校處理事務的依據。根據教育事務權限劃分的原則，南投縣政府之學校教育業務，主要在於幼兒教育、國民教育與特殊教育範疇，本縣教育處亦得頒布管理辦法，協助引導縣內各級學校，符合國家政策與本縣發展方向，共同達成各項教育目標。

我國教育法規的制定或修訂，大致又可分為三類，第一類係牽涉到教育發展的環境塑造，其中包括：「捐資教育事業獎勵辦法」（民83），促進國內私人投入教育事業的意願、「私立學校法」對於私立學校的正常運作，給予基本性的原則。第二類是基於我國教育理念的實踐需要，例如：教育基本法（民88；民94）隨時代趨勢與社會思維，調整教育基本理念，或如「教育經費編列與管理法」（民89；民100；民102）第三條明定：教育經費占地方政府年度預算的最低比例；第五條條文則給予本縣多屬偏鄉小校，有法源能夠適用「教育優先區」的原則，以維持小校的校務運作經費。此二類法規涵蓋面廣，常須兼顧學校教育體系的適用性。

第三類是有關各級教育設施的運作政策與執行細則，為呼應時代局勢變化，針對社會風氣轉變以及科技創新的事實，不拘是法規的內容或文字，都可能有增 刪的必要性，而且法規本身須注意上下連貫的執行面，本類法規或辦法具有系統 性。不管是承接教育部的政策執行或是本縣依據本身需要，提出執行要點、規定 或辦法，皆屬此類。例如：「特殊教育學生鑑定及就學輔導會設置要點」係本縣依「特殊教育法」於民國 88 年 6 月所頒定，有效施行區域僅及於本縣。

二、少子化

許多已開發國家都出現「少子化」難題，台灣在受到口服避孕藥問世與推行 家庭計畫，民國 72 年（1983）總生育率下滑至 2.1 人，甚至民國 95 年（2006）減到 1.1 人，也連帶影響到本縣學校教育的運作。根據教育部與內政部民國 83 年至 104 年資料，整理並列表比較如下：

表 1-1：人口數與國民教育學生數的變化

年度	國小生總數	增減	國中生總數	增減	新生兒總數	增減	本縣人口總數	增減
83	49,675	---	27084	---	9291	---	546.091	---
84	47,851	-1824	26411	-673	9024	-267	546,517	+426
85	46,741	-1110	25298	-1113	8884	-140	545,667	-850
86	45,807	-1037	24020	-1278	8710	-174	546,707	+1040
87	45,704	-103	22424	-1596	7279	-1431	545,874	-833
88	45,792	+88	21177	-1247	7152	-127	544,038	-1795
89	44,318	-1474	20338	-839	7598	+446	541,537	-2501
90	44,506	-188	20653	+315	6750	-848	541,818	+281
91	44,225	-281	21265	+612	6299	-451	541,292	+526
92	44,000	-225	21273	+8	5616	-683	540,397	-895
93	43,341	-659	21357	+84	5356	-260	538,413	-1984
94	41,866	-2120	21433	+76	5015	-341	537,168	-1245
95	41,221	-645	22068	+635	4744	-271	535,205	-1963
96	40,107	-1114	22391	+323	4588	-156	533,717	-1488
97	38,326	-1781	22530	+139	4279	-309	531,753	-1964
98	36,518	-1808	22139	-390	3914	-365	530,824	-929
99	34,556	-1962	21470	-669	3420	-494	526,491	-4333
100	32,932	-1624	20358	-1112	3477	+57	522,807	-3684
101	30,774	-2158	19731	-627	4056	+579	520,196	-2611
102	28,607	-2167	19351	-380	3481	-575	517,222	-2974
103	26,958	-1649	18711	-640	3559	+78	514,315	-2907
104	25,440	-1519	17256	-1455	3576	+17	509,490	-4825

本縣民國 83 年（1994）國小學生數 49,675 人，但民國 104 年（2015）國小學生數減為 25,440 人，22 年間國小學生減少 24,235 人，降幅達 48.8%；同期就讀國中的學生數亦降低不少，民國 83 年（1994）國中學生數 27,084 人，但民國 104 年（2015）國中學生數減為 17,256 人，22 年間國中總數學生減少 9,828 人，降幅達 36.3%。若從新生兒總數來看，民國 83 年（1994）9291 人，至 104 年（2015）剩 3576 人，22 年間減少 5715 人，降幅達 61.5%，可見民國 83 至 104 年間（1994~2015），少子化明顯。且本縣人口歷年減少數，大於國小學生減少數量，諸如「人口外流」……因素，直接讓本縣各級學校的少子化情況，更形惡化，甚至助長少子化的速度。

南投縣自 104 年度（2015）起，針對父母設籍南投縣的新生兒女，依每胎的嬰兒數發給獎勵金，一個給一萬元、二個給一萬五千、三個給二萬元……，欲藉獎勵辦法的實施，提高本縣的新生兒數，惟生育獎勵的效果如何，有待後續觀察。惟由教育設施看，本縣國小校數、班級與專任教師數，僅小幅減少，而且國中的校數與專任教師人數，皆有增加，若在「少子化」趨勢下，本縣提供的教育環境比以往更充足，其實亦是學子之福。

三、十二年國教

國立教育資料館於民國 79 年（1990）編印之「延長十二年國民教育」一書，曾經提及「國民教育延長為 12 年，其實於民國 78 年（1989）即曾被當時社會輿論熱烈討論……」，而當這項社會共識逐漸醞釀，教育部歷經多年研議，並於民國 92 年（2003）全國教育會議達成「階段性推動十二年國民基本教育」之結論與共識。復於民國 99 年（2010）全國教育會議中，與會學者齊聲呼籲政府早日實施，教育部遂於民國 100 年（2011）提出「政策說明」，並成立工作小組積極研議推動事宜，「十二年國教」政策終在民國 103 年（2014）正式實施。

我國教育部針對此政策，提出三大願景「提升中小學教育品質、成就每一個孩子、厚植國家競爭力」，可見這是一個攸關我國未來發展的重要任務。惟立意雖好，但仍需多項有效配套措施，方能順利達成，尤其必須避免於政策推動工作上，產生常見之理念與實際間的落差現象。

民國 91 年（2002），本縣教育處曾考量偏鄉山區的學子，為就讀高中必須千里跋涉，規劃將當時草屯鎮旭光國中升級，增設高中部，改為完全中學，讓學子們就近完成 6 年國高中課程，這項決策受地方贊同，且於民國 91 年（2002）8 月開始招生。其實本縣比其他縣市更早面對「就近入學」並提出解決之道。

本縣面對「十二年國教」的挑戰，又因位置屬偏遠區域，未來對師資或招生……等競爭，條件益形艱鉅，地方政府在推動「十二年國教」的同時，可透過 各種努力，期望為自己爭取有利條件。雖然這種改變只是剛開始，但是趨勢明確， 而且已經令許多學校改變自己的經營策略。傳統高中高職的區分，不再一體適用， 取而代之的，就是各校校長與師長們所做出的決策。「十二年國教育」雖已啟動， 然考量民國 83 年至民國 104 年

（1994～2015），仍多以「高中」、「高職」區分，因此本次中等教育的敘述，仍沿用「高中」、「高職」，俾利連結以往的區隔。

本縣教育處為推動十二年國教的政策，在政策配合上多所著力，包括建立「十二年國教」宣導網站多溝通，或積極規畫縣內學校接受新入學方案，例如：免試入學（仁愛高農）、直升（旭光高中、三育高中）……等。另方面，教育處將努力協助建立縣內各校辦學特色，早日達成「學校特色化」的理想。

「十二年國教」政策也導致各高級中學都在努力讓自己不致被「邊緣化」，南投縣亦將繼續推動縣內國中教學正常化、開設國三生技藝課程……等政策，引導國中生明白自己的專長與興趣，落實「適性學習」的教育理念，增進國中階段的學習效果。「學校本位」概念不斷被提出，如何設計吸引學生參與的課程，也是各校校長、老師甚至學生家長，亟待突破的難題。再加上本縣「人口外流」、「少子化」……的糾葛，不斷衝擊教育行政團隊的執行策略。以下介紹教育處的管理機制與經費執行。

第二節　教育管理機制

民國 97 年（2008）本縣配合地方制度法修訂，將 16 個局室改為 14 個處，教育局改為教育處。國內各縣市政府的教育首長，就是所屬行政區域教育工作的最高領導者與規畫者，輔以各專業教育行政團隊。本縣在民國 83 至 104 年間（1994~2015），歷任教育處（局）長的起訖時間及個人歷練資料如下表：

表 1-2：歷任教育處（局）長

姓名	起訖時間（民國）	職務歷練
黃宗輝	82.10-91.07	課員、南投縣文化局長
陳文彥	91.08-93.07	國中教師、南投國中校長、南崗國中校長
劉仲成	94.01-101.01	國小教師、本縣教育局課員、教育局學管科長、主任督學、教育局副局長、代理局長
洪文卿	101.02	本縣教育處副處長、代理處長
吳明雄	101.03	本縣教育處處長
洪文卿	101.03-101.06	本縣教育處副處長、代理處長
黃寶園	101.06-103.12	國小輔導室主任、新竹教育大學助理教授、中台科大副教授、諮商中心主任、主秘
陸正威	103.12-104.01	本縣縣政府秘書
李玉蘭	104.01-104.02	本縣教育局科長、教育處副處長、代理處長
彭雅玲	104.03-105.12	台中教育大學語教系教授

本縣教育處除處長一人綜理處務外，並置副處長、專員，分別協助處長處理 處務業務；共同帶領南投縣教育處及各級學校教育人員，構成本縣教育行政系統， 透過教育部及中央各部會的交辦，教育處各相關單位，即運用行政運作機制，在 達成任務的考量下，展開各種作業規範或流程，表現本縣教育行政效率。

教育處在實際業務執行上，採專業分工方式，下設國民教育科、學務管理科、 社會教育科、體育保健科、特殊教育科 5 科及國教輔導團 (亦稱督學室)，總共有 6 個單位。本縣教育處所屬各單位的業務職掌，如後敘述：

一、學務管理科業務職掌

（一）各級學校視導

1. 擬定各級學校視導計劃及視導工作
2. 配合師範院校地方教育輔導工作每學期普遍輔導各學校
3. 審查寒暑假活動計劃與報告表
4. 訂定年度訓導與輔導工作計劃
5. 督導各校執行各項教育行政與政策成效

（二）教育人員甄選

1. 國民小學教師緩召案件
2. 核定教職員一覽表
3. 國民中小學校長、主任、教師甄選
4. 初審國民中小學校長及主任甄選申請條件
5. 教育人士會辦
6. 教育人員查核工作
7. 學校偶發事件處理
8. 國民中小學教師任免
9. 國民中小學教師獎懲

（三）學生獎學金

1. 核定本線中等以上學校清寒優秀學生獎學金
2. 審查中等以上學校學生獎學金
3. 初審本縣公私立國民中小學革命抗戰功勛女教育補助費
4. 審查公教遺族子女教育補助費
5. 初審縣立國民中學榮軍子女申請優待案件

（四）辦理科學教育

1. 訂定年度科學教育活動計劃
2. 辦理各項科學教育活動

（五）提高教育效率

1. 辦理師資進修事項
2. 辦理教學觀摩及研習會
3. 辦理國民中小學學籍管理
4. 核對國民中小學學籍及核定畢業生清冊
5. 辦理國民中小學及幼稚園教育統計報表

（六）校外生活指導

1. 辦理校外生活指導工作
2. 派員參加校外生活指導委員會各項會議

（七）法治與原住民教育

1. 訂定時事教育及民族精神教育計劃
2. 督導各校實施成效
3. 民主法治教育之策劃推行
4. 訂定原住民教育實施辦法
5. 輔導各校實施

（八）幼兒教育

1. 幼稚園教師登記案件
2. 幼稚教育輔導
3. 處理幼稚園設立、變更、停辦案件
4. 輔導托兒所實施

二、國民教育科業務職掌

（一）學校增班設校

1. 核定各校之增減班事宜
2. 各校增減班監督考核事宜
3. 國民中小學新設校之籌畫

（二）學雜費之監督管理

1. 監督學雜費收支情形
2. 簽撥學校經費及支出督導

（三）防空疏散

1. 各校防空疏散業務之督導考核
2. 各校防護費之收支督導

（四）實施國民教育

1. 國民中學學區劃分
2. 辦理國民中學學生改分發
3. 國民中小學增班及增建教室
4. 學校各項工程監辦及經費核定事項

（五）學校修建設備及維護

1. 國民中小學普通教室專科教室等校舍增建修繕維護及充實設備等業務之籌劃
2. 學校工程案件之審核、監辦及督導
3. 學校工程款之核發

（六）軍方借駐學校案件之處理

1. 軍方借駐學校遷讓
2. 物力動員案件之處理
3. 因公需借用學校事項

（七）私立學校管理

1. 高中職私立學校財團法人登記核轉
2. 高中職私立學校招生班級及科別核轉
3. 私立國民中小學之申請籌設核定

（八）其他

1. 社會人士捐資興學獎勵案件之處理
2. 學校天然災害復建案件之處理
3. 學校租地案之處理
4. 各國民中小學校務發展計劃之籌畫
5. 校務發展計劃之執行

三、社會教育科業務職掌

（一）補習教育

1. 輔導各國民中小學附設補校
2. 國中小補校招生、學籍整理、統計呈報等之核定
3. 補習教育法令疑義之解釋及請示
4. 失學民眾調查統計呈報
5. 補校經費之核定
6. 自修學歷鑑定考試
7. 補習班申請設立、變更、註銷及填具報表
8. 辦理補習班稽查、輔導業務

（二）語文教育

1. 訂定本縣國語文教育計劃及督導考核
2. 國語文學術團體與本縣各級學校之來往公文之核轉
3. 辦理全縣語文、鄉土語文、英語文競賽
4. 集訓參加全國語文、鄉土語文競賽
5. 縣兒童文學創作專輯之編印出版
6. 各項競賽評判人員之聘請
7. 推動各項語文進修研習
8. 各項語文資料管理彙整

（三）藝術教育

1. 訂定本縣戲劇、音樂、美術、舞蹈、文藝活動研習計劃及輔導
2. 辦理全縣音樂、鄉土歌謠、民族舞蹈比賽
3. 參加台灣區民族舞蹈、音樂及鄉土歌謠比賽
4. 縣中小學美術寫生比賽及美術活動之推行
5. 各項活動比賽評判人員之聘請
6. 辦理各項學校戲劇、音樂、舞蹈講習或研習會

（四）社教活動

1. 審查及表揚優良教師、資深教師及推行社教有功人員
2. 表彰模範學童
3. 社教活動經費之核定
4. 報送社會教育及機關概況表

5. 輔導學校辦理與家庭、社區三者合一教育

6. 推動學校實踐國民生活須知及國民禮儀規範

7. 配合辦理學術教育講座及表演活動

（五）社會教育

1. 縣成人教育及學校、家庭教育、親職教育之業務計畫、執行、督導及考核

2. 縣成人教育及學校、家庭教育、親職教育經費之核定

3. 交通安全年度計劃之擬定、執行督導、考核

4. 核定社區大學之增設

5. 辦理終身學習教育業務

（六）教育財團法人輔導

1. 核定教育事務財團法人登記

2. 審查教育財團法人經營業務

3. 表彰績優教育財團法人

四、體育保健科業務職掌

（一）加強衛生及環境教育

1. 核定各校申請補助修建環境衛生給水、廚房等設備

2. 審核衛生保健報表

3. 核定學校綠化美化活動比賽要點

4. 核定加強學生視力保健督導考核實施要點

5. 加強督導辦理衛生工作

6. 核定補助各校衛生器材

7. 加強督導辦理環境教育工作

8. 核定補助國小學生健康檢查費

9. 核定補助學生平安保險

（二）各項體育活動

1. 舉辦全縣運動會

2. 選拔或遴選參加各項運動選手及隨隊職員

3. 舉辦全國、台灣省、中部性體育活動性比賽

4. 輔導各鄉鎮市公所及各級學校舉辦體育及各項運動比賽

5. 體育活動經費之補助核定

6. 各項體育器材之保管

7. 各項運動會成績紀錄之整理及保管

8. 各項體育比賽裁判之聘派

9. 配合有關機關辦理各種體育活動

10. 核發體育獎（助）學金

11. 核定補助學校體育活動器材及設備

12. 審查各校體育報表

（三）學生午餐業務

1. 各級學校辦理學生午餐之核定

2. 各級學校辦理學生午餐各項補助款核定

3. 學生午餐供應業務之輔導及考核

（四）家長會

1. 輔導國民中小學學生家長會各項業務

五、特殊教育科業務職掌

（一）特教班增減班作業

1. 核定各國民中小學暨幼稚園特教班增減班事宜

2. 各校增減班監督考核事宜

（二）就學費用減免

1. 監督就學費用減免支出情形

2. 撥補學校經費及支出之督導

（三）提供相關專業服務

1. 購置教育輔助器材

2. 教育輔助器材之借用審查

3. 專業人員聘用

4. 特殊教育資源中心、中心學校及專業人員之管理

（四）管理就學交通車

1. 分配各項交通車

2. 僱用交通車司機

3. 交通車司機之薪資發放

（五）管理教師助理費

1. 核定並僱用教師助理員
2. 教師助理員之分配及管理
3. 教師助理員之薪資發放

（六）獎助金

1. 審查中等學校以下學校身心障礙學生獎助金

（七）教育補助費

1. 核發重度身心障礙學生教育補助費

（八）辦理特殊教育知能研習

1. 訂定各項特殊教育知能研習
2. 各項知能研習之實施

（九）特殊教育發展與改進

1. 訂定特殊教育發展與改進計劃
2. 執行特殊教育發展與改進計劃
3. 進行特殊教育課程實驗
4. 推展特殊教育諮詢教師計劃
5. 特殊教育評鑑工作

（十）特殊教育學生鑑定及就業輔導委員會

1. 訂定鑑輔會年度計劃
2. 執行鑑輔會業務

六、國教輔導團業務職掌

（一）實驗研究

1. 進行國民中小學各領域教材教法及有關課程之實驗研究。
2. 協助教育行政機構及學術研究單位，進行各項課程、教材教法研究工作。
3. 辦理國民中小學教師教育學術論文發表會及專題研究。

（二）教學輔導及研習

1. 辦理全縣或區域性之在職教師進修研習活動。
2. 本縣各國民中小學及幼稚園辦理校內教學觀摩活動。
3. 過電話或網際網路提供本縣各國民中小學及幼稚園有關教學之諮詢服務。
4. 辦理本縣各國民中小學及幼稚園教師教學媒體製作競賽以及教學技巧、心得徵文等活動。

（三）出版資料

1. 利用網際網路提供各領域教學資訊，供本縣中小學教師參閱、研討。
2. 彙整各科教學疑難問題出版各類教學輔導刊物。
3. 定期出版教育研究成果。

第三節　歷年教育經費

　　教育預算乃關係到學校教育的整體運作支出，本縣民國 83 年度（1994），教育預算為 3,845,110,000 元，南投縣在編列教育預算上面，成長迅速，民國 104 年度（2015）教育預算高達 7,356,226,000 元，經費成長幅度將近一倍，可見，教育經費在本縣屬較優先編列項目，僅從本縣歷年教育經費的編列，足可證明。然預算執是否遵照「教育經費編列與管理法」規定的比例，仍視各縣市政府的為而定。

　　根據「教育經費編列與管理法」第三條的規定：「各級政府教育經費預算合計應不低於該年度預算籌編時之前三年度決算歲入淨額平均值之百分之二十三」。南投縣比較其他縣市，雖財政不算寬裕，但每年在教育支出經費的編列與執行上，皆遵循在參考本縣歷年預算的歲入編列比例值。

　　唯一例外係民國 92 年度（2003），該年教育經費佔比，低於 23%（22.1%），係因前三年度「決算總金額」含多筆學校重建經費，降低教育經費佔比。參考本縣 83 年至 104 年 (1994~2015) 教育經費的預算編列，並計算前三年度歲入決算淨額平均值之佔比，發現南投縣僅於民國 89 年度（2000），因牽涉九二一大地震的學校重建經費，編列預算高達 51.1%，其餘維持 23% 以上。

　　根據資料顯示，本縣從民國 83 年到 104 年（1994~2015），重視教育經費的合理編列與決算執行上的努力。詳如下表：

表 1-3：教育經費佔歲入決算比率

年度	當年度教育經費（仟元）	前三年度決算淨額平均值（仟元）	教育經費佔比 (%)
83	3,845,110	9,722,593	39.5
84	4,406,487	10,166,898	43.3
85	4,625,525	10,853,908	42.6
86	4,637,024	12,042,743	38.5
87	4,784,704	13,637,283	35.1
88	5,179,300	13,707,055	37.8
89	7,499,017	14,688,498	51.1
90	5,629,902	17,615,109	32.0
91	7,005,895	24,953,596	28.1
92	6,015,982	27,281,748	22.1
93	5,845,277	24,631,426	23.7
94	6,208,327	18,110,720	34.3
95	6,466,492	16,028,320	40.3
96	6,441,293	15,992,582	40.1
97	6,667,471	17,730,559	37.6
98	6,959,961	20,038,525	34.7
99	7,075,694	22,433,575	31.5
100	7,232,352	23,193,421	31.2
101	7,580,218	23,195,587	32.7
102	7,265,984	22,465,509	32.3
103	6,806,843	22,130,158	30.1
104	7,356,226	22,749,148	32.3

第二章　幼兒教育

　　根據資料顯示，中華文化可能是首先認識幼兒本質及重要性 (林妙徽[6]，2003) 的文化之一。但是我國傳統上僅將幼兒教育侷限於家庭教育，至為可惜。而台灣 幼教產業的發跡，大抵可溯自日治時期，受近年少子化的衝擊，社會大眾對我國 幼兒教育的殷切盼望，遂大力推升幼教產業，朝「教育」與「保育」合一發展。

　　隨著台灣經濟逐漸由農業社會轉型，加上工商業的繁榮發展，造成婦女就業 機會增加，未滿六歲幼兒進入幼教機構的人數快速躍升。民國 57 年（1968）實施「九年國民義務教育」後，政府開始重視幼教機構增加所衍生的管理問題，民國 70 年（1981）公布「幼稚教育法」，隨後陸續頒定「幼稚園園長、教師登記檢定及 遴用辦法」（民 72）、「台灣省公私立幼稚園評鑑實施標準」（民 75）、「幼稚園 設備標準」（民 78），期盼幼教產業能夠質、量同時提升。另方面，民國 76 年 教育部決定普設國小附幼，又推動公立幼稚園普及化，幼稚教育被列入 12 項教改 的重點工作之一。而「托兒所」原被歸屬內政部社會福利業務，遂形成多年「幼 稚園」與「托兒所」分治的狀態。

　　回想民國 39 年（1950）本縣設縣前，南投縣僅有八所國民學校附設幼稚園， 尚未有私人幼稚園出現。受惠於經濟發展，至民國 71 年度（1982），幼教機構已達 48 校，包括國小附設幼稚園增加為 26 校，鄉鎮立幼稚園 16 校，私立幼稚園有 6 校。本縣在重視幼兒身心發展、縮短城鄉教育發展的理想，為達成「鄉鄉有幼稚 園」目標，民國 75 年（1986）本縣教育處採取經費補助方式，試圖鼓勵尚未附設幼稚園的國小申請新設；但私人經營者迎合時代趨勢，積極投入幼教產業，因此，私立幼教機構增加速度很快。

　　為有效提升幼教產業的品質，南投縣於民國 79 年（1990）成立「南投縣幼教 資源中心」，辦理幼兒教育的諮詢、輔導、研究及服務等工作。至民國 83 年 （1994），本縣幼教機構共 66 校，班級數 171 班，學生數 5195 人，幼教專任教師共 311 人，幼教機構職員數 100 人。校址大多位於人口集中的南投市、草屯鎮與埔里鎮，三者公私立幼教機構的總合達 39 校，幾佔全縣總數 6 成，其他 9 個鄉鎮僅占 4 成，且較偏遠的仁愛鄉竟然全無幼教機構，就受教機會而言，當時本縣已呈現城鄉差距。

　　另一方面，本縣社會處負責推動兒童福利業務，亦曾獎勵設立「社區托兒所」， 肇因當時本縣仍屬農業社會，許多婦女在農忙時間，需要有固定場所，提供家中 幼兒的照顧與教育，社會處即在兒童福利業務下，鼓勵鄉鎮設立托兒所，以 3 足 歲至六足歲孩童為對象，家長僅須負擔教材、點心與雜費，並自行接送兒童上下 學，又名「農忙托兒所」，及至民國 81 年（1992），此類托兒所 281 班，收托兒童達 6117 人，社會處輔導並補助部分經費，以充實設備及教保設施。

---

[6] 林妙徽撰稿，＜ 學前教育 ＞，姜添輝編纂《嘉義市志‧卷六教育 (上)》，嘉義市政府。

鍾起岱（2002）提及民國 88 年九二一大地震影響，包括漳興、永豐、振興、龍泉、示範、千秋、軍功、營南托兒所（南投市）；土城、平林、南埔里、復興、坪頂托兒所（草屯鎮）；馨園六村托兒所（埔里鎮）；清水、瑞田、廣興托兒所（鹿谷鄉）⋯⋯校舍均受不同程度的損壞，致幼兒教育有短暫停頓藉搭建臨時教室，僥倖得國內外各界慷慨解囊，雖處重建期間，幼童教育卻並未中止。

　　民國 89 年（2000），教育部為讓教育資源公平化，曾發放「幼兒教育　」，補足就讀公私立園所費用支出的差距，「學習機會平等」與「減輕就讀負擔」，似 是教育部的考量重點，本縣當年度幼教機構亦由 63 校暴增到 86 校，但幼教學生人數並未快速增加，加上縣府要求幼教品質，隔年又回到 71 校。民國 94 年（2005），教育部一方面公布「扶持五歲弱勢幼兒及早教育計畫」，另一方面，陸續展開對機構教學品質的改善與輔導 5 年計畫，欲由師資培育與幼教課程兩方面，全面落實推動幼教政策。本縣幼教校數再次由 82 校迅速增加為 105 校，但專任教師數卻因要求專業證照，由 364 人降為 251 人。

　　民國 100 年（2011）6 月，教育部與內政部經多年研究，決定推動「幼托整合」、「學前教育納入國民教育」，並通過「幼兒教育及照顧法」，將幼稚園與托兒所合而為一，因各方看好未來商機，該年度本縣幼兒園，由前一年的 107 校，躍升為 180 校，新幼兒園迅速增加 73 校；教育部又於民國 101 年（2012）提出配套措施，發布「幼兒就讀幼兒園補助辦法」，針對就讀幼兒園的兒童給予學費補助，導致民國 101 年（2012）幼教學生數，由民國 100 年（2011）3584 人，跳升至 10245 人，較前一年大幅增加 6661 名。幼教政策與法規的更迭，實造成幼托機構劇烈變化。

　　綜觀本縣幼兒教育於民國 83 至 104 年（1994～2015）的變化，立案幼兒園由 83 年（1994）66 校，快速成長到 104 年（2015）188 校（不含分班 177 校），學生成長達 9328 人，專任教師由 311 人，轉變為 225 人加上教保員 645 人，職員由 100 人增加為 364 人，相關資料整理如下表：

表 1-4：幼兒教育的發展

年度（民國）	校數	班級數	學生數	專任教師	教保員（含助理）	職員
83	66	171	5195	311	0	100
84	65	169	4515	302	0	31
85	67	150	4206	271	0	30
86	66	169	4522	272	0	31
87	62	203	3947	326	0	43
88	63	171	3811	233	0	29
89	86	194	3973	256	0	33
90	71	190	3660	253	0	31
91	80	200	4400	417	0	62
92	82	190	4102	408	0	82

年度 (民國)	校數	班級數	學生數	專任教師	教保員 (含助理)	職員
93	82	200	4061	364	0	45
94	105	202	4537	251	0	117
95	108	187	4293	351	0	108
96	106	185	3868	345	0	97
97	103	181	3475	335	0	74
98	104	179	3505	328	0	89
99	107	184	3668	250	0	70
100	180	184	3584	231	0	65
101	180	---	10245	246	644	319
102	180	---	9611	218	678	386
103	179	---	9373	223	662	374
104	188	---	9328	225	645	362

本縣教育處民國 101 年 (2012) 訂定 8 項管理辦法，包括「國中小學幼稚園及托育機構學生團體保險辦法」、「幼兒就讀公立幼兒園優先入園標準」、「公私立幼兒園收退費管理辦法」、「幼兒園教保服務諮詢會組織及運作辦法」、「幼兒園家長會任務組織及運作辦法」、「幼兒園教保服務申訴評議會組織及評議辦法」，「公私立幼兒園及其教保服務人員獎勵辦法」及「公立幼兒園專任園長遴聘及公立學校附設幼兒園專任主任任期辦法」，對幼兒教育的輔導，保持充沛行動力。

幼兒在幼兒園學習活動的內容設計，直接影響幼兒學習效果，為讓教育品質 穩定、有序，教育部先於民國 76 年 (1987) 公布「幼稚園課程標準」，採用單元 (主題) 教學設計的方式，打破學科疆界，並將課程範圍分成：健康、遊戲、音樂、工作、語言、常識 (數量形) 六類；復於民國 101 年 (2012) 8 月 31 日訂頒「幼兒園教保活動課程大綱」，透過此「課程大綱」的六大領域，亦即「身體動作與健康、認知、語文、社會、情緒和美感」課程的規畫與實踐，陶養幼兒擁有六種能力：覺知辨識、表達溝通、關懷合作、推理賞析、想像創造與自主管理。該「課程大綱」對於全國幼兒園的教保課程，給予明確的指導作用。

教育部在「課程大綱」中，雖未明定各項領域課程時數與可量測的能力指標， 但設定齊一的教育目標，較能讓家長自行評斷出優劣，同時亦導引幼兒園的教育 活動，以接軌國民教育七個學習領域，包括：1. 語文 (本國語文、英語、閩南語、 客家語、原住民語言)；2. 健康與體育；3. 社會；4. 藝術；5. 數學；6. 自然與科技； 7. 綜合活動。目前教育部仍在「全國教保資訊網」中，直接公布每年度的課程大綱與研習說明，相信必能發揮提升幼兒教育水準的效果。

本縣 104 學年度立案的公私立幼兒園家數，達 188 校 (不含分班 177 校)，南投縣在民國 83 年至 104 年 (1994 ~ 2015)，幼兒教育歷經九二一大地震、法規修改或政策變化……，教育處亦配合提出管理辦法，其重要事件整理如下：

表 1-5：幼兒教育大事紀要

時間 （民國）	大事紀要
88.09	本縣遭逢九二一大地震，多所幼教機構的校舍受損嚴重、教學中斷。
90.12	教育處依法訂定「托兒所設置標準與設立自治條例」全文33條並公告實施。
99.05	教育處依法訂定「國中小學幼稚園及托育機構學生團體保險辦法」，全文17條並正式公告實施。
100.06	總統令公布「幼兒教育及照顧法」。並於民國101年元月起，正式實施。
101.08	教育處依法訂定「國中小學幼兒園及托育機構學生團體保險辦法」，全文10條並正式公告實施。
101.08	教育處依法訂定「幼兒就讀公立幼兒園優先入園標準」全文8條並正式公告實施。
101.09	教育處依法訂「公私立幼兒園收退費管理辦法」全文13條並正式公告實施。
101.09	教育處依法訂定「幼兒園教保服務諮詢會組織及運作辦法」全文10條並正式公告實施。
101.10	教育處依法訂定「幼兒園家長會任務組織及運作辦法」全文21條並正式公告實施。
101.10	教育處依法訂定「幼兒園教保服務申訴評議會組織及評議辦法」全文20條並正式公告實施。
101.11	教育處依法訂定「公私立幼兒園及其教保服務人員獎勵辦法」全文17條並正式公告實施。
101.12	教育處依法訂定「公立幼兒園專任園長遴聘及公立學校附設幼兒園專任主任任期辦法」全文10條並正式公告實施。

以下依不同經營型態，分成三種類別介紹本縣幼兒教育的現況：一、國民小學附設幼兒園；二、各鄉鎮市立幼兒園；三、私立幼兒園。

第一節　國民小學附設幼兒園

本縣幼兒教育源起於日治時代，逢戰爭全部中止。迨二次大戰結束，第一所幼稚園即在南投國民學校，再由每個鄉鎮優先擇定數所學校試辦「附設幼稚園」，包括南投市光復國民小學 (民 60)、平和國民小學 (民 63)、草屯鎮敦和國民小學 (民 70)、名間鄉新街國小 (民 70)……等校，以下為其中二校的部分照片：

照片 1-1：南投市光復國民小學附設幼兒園　　照片 1-2：名間鄉新街國民小學附設幼兒園

（學校提供；民 105.01.15）　　　　　　　　　　（學校提供；民 105.01.15）

　　民國 75 年（1986），本縣教育局即推動國小附設幼稚園補助 50 萬元的獎勵辦 法，促成縣內尚未附設幼稚園的 7 國小（愛國、北港、中山、溪南、明潭、僑光、福龜）積極新設。民國 76 年至民國 83 年間（1987～1994），僅本縣僑光國民小學附設幼兒園（以下簡稱僑光，依此類推）、中山、福龜，但隨後沈寂數年，直到民國 85 年（1996），又有水里國民小學附設幼兒園的新設。因為幼兒提前受教育的需求已被家長接受，因此，民國 89 年（2000），本縣先安排在九二一大地震受相對輕微的學校，例如，位於偏鄉地區，信義鄉信義、雙龍、東埔以及仁愛鄉仁愛、南豐、互助 6 國民小學開辦附設幼兒園。民國 90 年（2001），規劃人口較集中的鄉鎮國民小學，例如，廣興、竹山、瑞竹、延平、爽文、永康、新城、國姓、新興共 9 校，又於民國 92 年（2003）增加永樂、忠孝 2 校。民國 93 年（2004），教育部對於增設公立幼兒園的獎勵辦法，給予申辦學校開辦費，每年度尚可申請改善教學環境補助，也讓偏鄉學校決策者，對附設幼兒園有更強烈地開辦動機，願意配合教育處的規劃，滿足鄰近民眾子弟的需要。因此，民國 94 年度，本縣即有東光、德化、頭社、羅娜、地利、人和、久美、同富、豐丘、潭南、新鄉、發祥、春陽、合作、法治、紅葉、力行、翠巒、萬豐、親愛、平靜、中正、盧山共 23 所國民小學，在校內開辦附設幼兒園，部分校舍照片如下：

照片 1-3：國姓鄉福龜國民小學附設幼兒園　照片 1-4：水里鄉新興國民小學附設幼兒園

（學校提供；民 105.01.20）　　　　　　　　　（學校提供；民 105.08.02）

照片 1-5：中寮鄉永康國民小學附設幼兒園　　照片 1-6：仁愛鄉中正國民小學附設幼兒園

（學校提供；民 105.01.20）　　　　　　　　（學校提供；民 105.01.20）

　　接著在民國 95 年度有虎山、隆華、桐林、自強 4 國民小學加入，後續幾年又 有五城（民 96），長流（民 97），北山（民 98），太平、自強（民 99），雙冬、清水、共和（民 100）以及秀峰（民 101），近年則是草屯鎮北投國小（民 104），這種因環境衍生的模式，與都會區較依賴私立幼兒園的情況，實有所差異。

　　民國 104 年（2015）本縣國小共 140 校，其中有 90 國小附設幼兒園（逾 60%），因多數偏鄉地區如中寮、信義、仁愛鄉 .. 等，強烈依賴國小附設幼兒園的設立。近年來，教育處會事先核定幼兒園的招生人數，民國 104 年（2015）第二學期針對國民小學附設幼兒園，所核定的招生人數與實際學生人數如下表：

表 1-6：國民小學附設幼兒園招生狀況

鄉鎮市	學校名稱	創立時間（民國）	核定招生數	實際學生數
南投市	南投國民小學附設幼兒園	39	68	60
	光榮國民小學附設幼兒園	46	15	15
	光華國民小學附設幼兒園	46	60	57
	光復國民小學附設幼兒園	58	30	26
	漳和國民小學附設幼兒園	60	30	27
	平和國民小學附設幼兒園	63	120	156
	嘉和國民小學附設幼兒園	65	30	30
埔里鎮	南光國民小學附設幼兒園	37	158	153
	埔里國民小學附設幼兒園	47	90	83
	史港國民小學附設幼兒園	60	30	26
	水尾國民小學附設幼兒園	66	30	27
	愛蘭國民小學附設幼兒園	69	60	60
	育英國民小學附設幼兒園	69	60	53
	溪南國民小學附設幼兒園	75	30	28
	忠孝國民小學附設幼兒園	92	30	28
草屯鎮	炎峰國民小學附設幼兒園	48	60	54
	新庄國民小學附設幼兒園	62	30	30

鄉鎮市	學校名稱	創立時間（民國）	核定招生數	實際學生數
草屯鎮	中原國民小學附設幼兒園	66	30	29
	碧峰國民小學附設幼兒園	68	45	43
	敦和國民小學附設幼兒園	70	60	60
	草屯國民小學附設幼兒園	72	68	66
	僑光國民小學附設幼兒園	77	30	29
	虎山國民小學附設幼兒園	95	30	35
	雙冬國民小學附設幼兒園	100	30	24
	北投國民小學附設幼兒園	104	30	26
竹山鎮	雲林國民小學附設幼兒園	84	38	34
	竹山國民小學附設幼兒園	90	30	29
	瑞竹國民小學附設幼兒園	90	15	9
	延平國民小學附設幼兒園	90	30	41
集集鎮	集集國民小學附設幼兒園	35	30	28
名間鄉	名間國民小學附設幼兒園	39	38	36
	僑興國民小學附設幼兒園	68	30	14
	新街國民小學附設幼兒園	70	45	43
	文昌國民小學附設幼兒園	75	30	39
	中山國民小學附設幼兒園	77	15	14
	廣興國民小學附設幼兒園	90	30	37
	秀峰國民小學附設幼兒園	101	15	15
中寮鄉	中寮國民小學附設幼兒園	61	60	56
	爽文國民小學附設幼兒園	90	30	15
	永康國民小學附設幼兒園	90	45	44
	永樂國民小學附設幼兒園	92	15	12
	清水國民小學附設幼兒園	100	15	16
魚池鄉	魚池國民小學附設幼兒園	54	30	28
	明潭國民小學附設幼兒園	61	30	15
	新城國民小學附設幼兒園	90	30	19
	東光國民小學附設幼兒園	94	30	24
	德化國民小學附設幼兒園	94	30	23
	頭社國民小學附設幼兒園	94	30	18
	五城國民小學附設幼兒園	96	30	12
	共和國民小學附設幼兒園	100	15	15
國姓鄉	北港國民小學附設幼兒園	75	60	41
	福龜國民小學附設幼兒園	77	30	24
	國姓國民小學附設幼兒園	90	60	50
	長流國民小學附設幼兒園	97	15	12
	北山國民小學附設幼兒園	98	30	27
	南港國民小學附設幼兒園	101	15	8
水里鄉	水里國民小學附設幼兒園	85	53	51
	新興國民小學附設幼兒園	90	30	18

鄉鎮市	學校名稱	創立時間 (民國)	核定招生數	實際學生數
信義鄉	愛國國民小學附設幼兒園	75	30	19
	信義國民小學附設幼兒園	89	30	18
	雙龍國民小學附設幼兒園	89	30	27
	東埔國民小學附設幼兒園	89	30	33
	羅娜國民小學附設幼兒園	94	30	21
	地利國民小學附設幼兒園	94	30	21
	人和國民小學附設幼兒園	94	30	28
	久美國民小學附設幼兒園	94	30	23
	同富國民小學附設幼兒園	94	45	39
	豐丘國民小學附設幼兒園	94	15	10
	潭南國民小學附設幼兒園	94	45	44
	新鄉國民小學附設幼兒園	94	30	16
	隆華國民小學附設幼兒園	95	15	17
	桐林國民小學附設幼兒園	95	15	17
	愛國國民小學自強分校附設幼兒園	99	15	0
仁愛鄉	仁愛國民小學附設幼兒園	89	30	26
	南豐國民小學附設幼兒園	89	45	25
	互助國民小學附設幼兒園	89	60	39
	清境國民小學附設幼兒園	92	30	25
	發祥國民小學附設幼兒園	94	15	12
	春陽國民小學附設幼兒園	94	45	48
	合作國民小學附設幼兒園	94	15	15
	法治國民小學附設幼兒園	94	60	37
	紅葉國民小學附設幼兒園	94	15	16
	力行國民小學附設幼兒園	94	15	18
	力行國民小學附設幼兒園翠巒分班	94	15	9
	萬豐國民小學附設幼兒園	94	30	30
	親愛國民小學附設幼兒園	94	60	43
	平靜國民小學附設幼兒園	94	30	24
	中正國民小學附設幼兒園	94	60	43
	廬山國民小學附設幼兒園	94	30	29

　　由上表可知，愛國國民小學自強分校附設幼兒園，已於民國 104 年度 (2015) 停止招生。另外，較屬偏鄉地區的學校受到少子化或人口外流等因素的影響，部分已出現招生困難的現象，例如仁愛鄉力行國民小學附設幼兒園翠巒分班、瑞竹國民小學附設幼兒園都僅招到 9 名學生，國姓鄉南港國民小學附設幼兒園招得 8 名 學生……，當初本縣運用行政資源平衡私立幼兒園未普及的偏鄉地區，除能方便當地的家長以及讓學前兒童提前接受正式教育外，也有效運用國小設備與師資，但時代環境的變化甚快，或將考驗持續策略調整的能力。

第二節　鄉鎮市立幼兒園

　　本縣各鄉鎮市公所經營幼兒園，大多在人口尚可集中，但私立幼兒園尚未普及的區域，民國83年（1994）之前，縣內多數鄉鎮市實已自設許多公立「托兒所」並直接冠上社區名稱，此類幼教機構以解決農忙期間，兒童照顧的難題為其主要任務，且規模壯大，就讀學童已逾六千人。包括：嘉興、永豐、文山、營南、內新、永興、軍功、千秋、鳳鳴、振興、龍泉（以上屬南投市）；御史、復興、南埔、新庄、富寮、新豐、土城、坪林、北投、頂豐、雙冬、北勢、碧峰、坪頂、石川（草屯鎮）；埔里鎮立托兒所（埔里鎮）；富州、瑞竹、中央、坪頂、社寮、福興、延平、桶頭、雲林、延和、硘磘、藤湖、延正、中崎、中和、和興、山崇、鯉南、鹿寮、內山、秀林、鯉魚、中山（竹山鎮）；永昌、八張、玉映、和平、林尾、田寮、隘寮（集集鎮）；中心、大庄、三崙、大坑、中山、新街、萬丹、田仔、崁腳（名間鄉）；大旗村、長流村、長福村、柑林村、大石村、北山村、南港村（國姓鄉）；城中、民和、玉峰、頂崁、上安、車埕、永興、永豐、郡坑、新山、新興（水里鄉）；受福、大林、東光、五城、新城（魚池鄉）；中寮鄉立托兒所（中寮鄉）；鹿谷、廣興、竹林、永隆、鳳凰、秀峰、清水、瑞田、初鄉、彰雅、凍頂、竹豐、和雅（鹿谷鄉）；信義、青雲、羅娜、雙龍、同富、人和（信義鄉）。（上述資料取自本縣各鄉鎮市志，請以南投縣社會處提供資料為準）

照片 1-7：草屯鎮立幼兒園外觀

（王光燦拍攝：民 106.07.21）

照片 1-8：信義鄉立幼兒園遊戲區

（學校提供：民 105.01.12）

　　南投縣為提升各鄉鎮公立托兒所品質，遂於民國82年（1993）設立「復興示範托兒所」，該校為本縣第一所幼兒教育示範托兒所，地址：草屯鎮復興里復興路477號。規劃期間，該校即曾獲當時省政府社會處以及南投縣政府之協助指導，建築經費獲得內政部新台幣六千七百萬餘元獎助。學校為地上四樓、地下一樓之鋼筋水泥建築。收托幼兒以二足歲至未滿六歲為對象，每班幼童30名為限。俟台灣省政府於民國82年（1993）10月頒布「台灣省各縣市鄉鎮市立托兒所組織準則」，該校直接改名「草屯鎮立托兒所」（參考草屯誌續修教育與文化篇，頁 686-688）。

本縣於民國 83 年至民國 100 年期間（1994～2011），公立托兒所持續新設，例如：名間鄉立托兒所（民 85）、中山示範托兒所（民 87），後續又設立，新街、松嶺、大坑、竹圍、廈新、廊下、赤水、三崙、大庄等社區托兒所（參考名間鄉誌，頁 639~640）；竹山鎮延和示範托兒所（民 86）；草屯鎮立托兒所（民 94）；集集鎮立托兒所（民 98）；南投市立托兒所（民 99）。上述公立托兒所，多數已於民國 100 年（2011）「幼兒教育及照顧法」實施後，或已停辦，或根據教育處「托兒所及幼稚園改制幼兒園辦法」（民 101），申請改名為現今「幼兒園」名稱，一併歸入教育處輔導業務。

民國 104 年度（2015），再增加竹山鎮立幼兒園中央分班、名間鄉立幼兒園松嶺分班。但少數公立幼兒園因少子化、資源不足或……等因素，近年已有決議停止招生者例如，103 年度（2014）國姓鄉立幼兒園、104 年度（2015）有中寮鄉立幼兒園、鹿谷鄉立幼兒園竹林分班，或如竹山鎮立幼兒園改採公辦民營方式，民國 92 年（2003），委託私立青山托兒所經營。當然也有經營成功者，各校招生必須單獨思考，當地需求狀況而定，由下表得知，此類幼兒園數量似有減少趨勢。民國 104 年度（2015），由本縣各鄉鎮市公所辦理的幼兒園，共 22 校（含分班），收費標準是依照教育處公佈「公私立幼兒園收退費管理辦法」。針對各鄉鎮市公立幼兒園，教育處事先核定每間幼兒園的招生人數，民國 104 年度第二學期的核定招生數與實際學生人數，詳如下表：

表 1-7：各鄉鎮市立幼兒園招生狀況

鄉鎮市	學校名稱	創立時間（民國）	核定招生數	實際學生數
南投市	南投市立幼兒園文山分班	65	45	29
	南投市立幼兒園軍功分班	68	45	26
	南投市立幼兒園	99	240	108
埔里鎮	埔里鎮立幼兒園	59	360	165
草屯鎮	草屯鎮立幼兒園	94	320	289
竹山鎮	竹山鎮立幼兒園	59	240	84
	竹山鎮立幼兒園中央分班	104	60	60
集集鎮	集集鎮立幼兒園	98	200	110
名間鄉	名間鄉立幼兒園	85	200	161
	名間鄉立幼兒園大庄分班	85	45	38
	名間鄉立幼兒園松嶺分班	104	45	24
鹿谷鄉	鹿谷鄉立幼兒園	59	100	30
	鹿谷鄉立幼兒園永隆分班	69	45	36
	鹿谷鄉立幼兒園竹林分班	69	60	0
中寮鄉	中寮鄉立幼兒園	59	70	0
水里鄉	水里鄉立幼兒園	59	200	131
信義鄉	信義鄉立幼兒園	59	60	35
	信義鄉立幼兒園青雲分班	68	30	15
	信義鄉立幼兒園羅娜分班	68	45	31
	信義鄉立幼兒園雙龍分班	68	30	22
	信義鄉立幼兒園同富分班	68	45	28
	信義鄉立幼兒園人和分班	68	30	21

第三節　私立幼兒園

　　民國 70 年（1981），總統公告實施「幼稚教育法」，使稚園逐漸在國內萌芽，但在這之前，私立幼稚園在南投縣仍然稀少，最早是民國 47 年（1958）財團法人南投基督長老教會附設南投縣私立長愛幼兒園，其次是民國 67 年（1978）成立之私立培真幼兒園以及私立信愛幼兒園 2 校。待「幼稚教育法」實施，私人經營者，開始關注幼兒教育，並陸續導入資金嘗試經營，於是私立幼稚園開始設立，大多集中南投市、埔里及草屯鎮等地，這些地區在當時係本縣工商繁榮區域，也是最先接觸「幼兒提前學習」理念的家長，當然也促進「幼稚園」、「托兒所」風氣的萌芽。

　　因為有眼光獨到者逐步投入幼兒教育機構，至民國 82 年（1993），本縣私立幼稚園已達 11 所，其中不乏有心要長久經營的專家或學者。南投市南崗幼兒園（民 76）、名間鄉主人翁幼兒園（民 74），皆係早期投入幼教產業的私立幼兒園，兩校部分校園照片如下：

照片 1-9：南投市南崗幼兒園外觀

（學校提供；民 105.01.15）

照片 1-10：名間鄉主人翁幼兒園走廊

（學校提供；民 105.01.13）

　　除部分眼光敏銳者早已看出「幼兒教育」將會是未來的熱門事業，私人出資 設校不斷出現，致民國 89 年（2000）幼稚園數量暴增，甚至產生良莠不齊的現象，教育部也發現「幼兒教育」的重要性，開始研擬制定相關法規，鼓勵接受「幼兒教育」。

　　民國 90 年（2001）12 月，本縣教育處依法訂定「托兒所設置標準與設立自治條例」正式公告實施，民國 91 年（2002）5 月，教育部建置完成「全國幼兒教育資訊網」，待民國 94 年（2005）元月份，教育部提出「扶持五歲弱勢幼兒及早教育計畫」、訓練幼教師資……，相關法令辦法逐漸完備，公私立幼稚園經整頓，教學品質愈趨穩定，學生人數逐年攀升，本縣有 44 所私立幼兒園，係民國 89 年至 100 年間（2000~2011）設立的。

　　截至民國 104 年（2015）為止，私立幼兒園已立案的校數已達 76 所。私立幼兒園大都集中在本縣人口較集中區域，例如南投市、埔里、草屯……等。而信義鄉與仁愛鄉等偏鄉地區，尚無立案的私人經營幼兒園，可見，其遵循市場需求的屬性，異常明顯。

　　私立幼兒園因資源取得、經營策略較公立幼兒園具有彈性，校舍建築設計， 更加重視校園特色的形塑以及教學實際需要，以下為部分立幼兒園提供照片：

照片 1-11：南投市基督教大衛王幼兒園大門　照片 1-12：南投市仁義幼兒園中庭

（學校提供；民 105.01.12）　　　　　　　　（學校提供；民 105.01.13）

照片 1-13：草屯鎮大蘋果幼兒園外觀　　　照片 1-14：草屯鎮柏克萊幼兒園大門

（學校提供；民 105.01.11）　　　　　　　　（學校提供；民 105.01.13）

　　民國 83 年至 104 年間（1994～2015），可謂私立幼兒園擴展的黃金時光，有多達 65 所在此期間成立，約佔全部私立幼兒園 6 成，私人獨資或集資、社團或是宗教團體……等，都可能是私立幼兒園的經營模式，因此，教育處對幼兒教育學校的輔導角色，除定期評鑑……等行政管理工作之外，還包括各種法令、辦法的推動與執行檢討。本縣教育處每年度開學前，藉著核定幼兒園的招生人數，檢視各 幼兒機構的經營狀態，民國 104 年度第二學期資料詳如下表：

表 1-8：私立幼兒園招生狀況

鄉鎮市	學校名稱	創立時間（民國）	核定招生數	實際學生數
南投市	財團法人南投基督長老教會附設南 投縣私立長愛幼兒園	47	180	179
	科技部中部科學工業園區管理局附 設南投縣私立中興幼兒園	70	190	33
	財團法人天主教會台中教區附設南 投縣私立聖愛幼兒園	73	200	152
	私立愛心幼兒園	74	145	120

鄉鎮市	學校名稱	創立時間（民國）	核定招生數	實際學生數
南投市	有限責任南投縣南崗勞工消費合作 社附設南投縣私立南崗幼兒園	76	390	125
	私立清華幼兒園	79	30	30
	財團法人中華基督教中興新村浸信會附設南投縣私立信望愛幼兒園	80	225	208
	私立群英幼兒園	82	60	60
	私立愛因斯坦幼兒園	83	200	61
	私立學揚幼兒園	87	120	116
	私立大衛王幼兒園	90	60	57
	私立益國幼兒園	90	150	86
	私立格林幼兒園	91	90	90
	私立多倫多幼兒園	91	90	95
	私立翊新華盛頓幼兒園	91	90	60
	私立貝斯特幼兒園	94	305	262
	私立培優幼兒園	94	90	71
	私立獅子王幼兒園	96	180	52
	私立南投弘明幼兒園	98	120	70
	私立仁義幼兒園	98	120	118
	私立新南投弘明幼兒園	104	45	38
埔里鎮	私立信愛幼兒園	67	210	92
	私立文心幼兒園	75	60	78
	私立福祿貝爾幼兒園	80	60	63
	私立培幼幼兒園	82	90	39
	私立愛迪生幼兒園	85	120	68
	私立喜悅兒幼兒園	87	120	85
	私立親子田幼兒園	93	170	144
	私立小叮噹幼兒園	94	90	62
	私立小太陽幼兒園	94	120	95
	私立大樹幼兒園	95	45	25
	私立童心幼兒園	96	90	91
	私立林肯幼兒園	96	120	93
	私立貝林幼兒園	97	30	26
草屯鎮	私立協同幼兒園	70	90	14
	私立真善美幼兒園	76	120	120
	私立小博士幼兒園	79	110	44
	私立育德幼兒園	80	132	53
	私立辰星幼兒園	83	80	76
	私立小天使幼兒園	85	112	76
	私立蒲公英幼兒園	86	80	78

鄉鎮市	學校名稱	創立時間（民國）	核定招生數	實際學生數
草屯鎮	私立向日葵幼兒園	86	226	138
	私立小蘋果幼兒園	88	120	9
	私立黃柱陳樣幼兒園	89	240	227
	私立光隆幼兒園	89	140	57
	私立欣慧幼兒園	89	120	91
	私立育仁幼兒園	89	100	61
	私立耕讀園幼兒園	90	40	11
	私立優蓓仕幼兒園	90	179	131
	私立衛斯理幼兒園	90	60	103
	私立格瑞特幼兒園	92	100	73
	私立寶貝熊幼兒園	94	150	135
	私立蜜雪兒幼兒園	94	150	80
	私立馨寶兒幼兒園	94	15	8
	私立康乃馨幼兒園	94	35	9
	私立弘明幼兒園	95	120	70
	私立柏克萊幼兒園	97	60	42
	私立大蘋果幼兒園	97	60	64
	私立約克幼兒園	99	30	24
竹山鎮	私立培真幼兒園	67	90	90
	私立保進東海幼兒園	90	280	124
	私立湯姆幼兒園	91	180	146
	延和幼兒園	93	0	0
	私立大佑幼兒園	99	270	197
	私立竹山弘明幼兒園	101	90	44
名間鄉	私立主人翁幼兒園	74	100	94
	私立寶仁幼兒園	90	350	119
	私立山姆叔叔幼兒園	92	180	147
鹿谷鄉	私立鹿谷幼兒園	92	120	64
	私立佳和幼兒園	96	60	37
魚池鄉	私立名仁幼兒園	87	90	45
	私立育智幼兒園	95	100	76
國姓鄉	私立親親幼兒園	87	90	76
	私立明德幼兒園	91	98	32
水里鄉	私立慈恩幼兒園	70	200	0
	私立小名人幼兒園	78	80	40

本縣私立幼兒園的經營競爭十分激烈，由上表得知，多所幼兒園實際學生數 不及核定招生數的二分之一，甚至招收到的學生僅為個位數，例如民國 104 年度（2015），「竹山鎮私立延和幼兒園」、「水里鄉私立慈恩幼兒園」兩校已停止招生，另有 3、4 校的招生已浮現危機。顯示部分私立幼兒園業者在經營策略方面，確實 有調整的必要，才不致被淘汰。

　　教育處在「幼兒教育及照顧法」於民國 101 年（2012）正式實施後，迅速頒布相關執行辦法，主導縣內各公私立幼兒園符合新規定，除以提升學前教育品質為前提，給現有經營者或園長多方協助，爭取家長滿意之外，另一方面，也不斷努力擴充本縣國小附設幼兒園的規模，滿足學前教育的實質需要，尤其目前本縣幼童接受幼兒教育，機會相對不足的地區，民國 105 年度（2016）將新增竹山鎮社寮國民小學附設幼兒園（核定招生數 60 人），教育處將做好輔導職責，持「質」與「量」並進的穩健步伐，盡力滿足縣民對本縣「幼兒教育」的期待。

　　不論是國中小學校附設幼兒園、鄉鎮市立幼兒園或是私立幼兒園，都是本縣教育產業的一部分，教育處持續站在輔導的角度，從師資、設備、課程或是經營 .. 各方面，協助這些幼教機構更有競爭力、符合縣民的期待，進而符合我國規劃與 推展幼兒教育，及早培育優秀人才的理想。

第三章　國民教育

　　「國民教育」具有「義務教育、免費教育、強迫入學、就近入學及等量同質」等性質。當二次大戰結束後，我國國民教育係以提高就學比率為目標，而後開辦「九年國民義務教育」，延伸國民小學基本教育至國民中學，藉以逐步提升國民素質。由於本縣地處內陸，山嶺平地錯縱橫生，加深各種交通建設的難度，但現今也逐步克服天然環境的障礙，便利縣民接受國民教育，對本縣學子的個人發展，奠定紮實的學習基礎。

　　南投縣推動國民義務教育係以「普設國民小學，再挑出交通便利處設置國民 中學」為策略，但在民國 83 年至 104 年（1994～2015）之間，教育處與學校師生齊心推動國民教育，本縣國民教育漸入佳境。國民教育就是未來競爭力的基礎，是眾所周知的，世界各國莫不投入各項資源，提升國民教育績效。

　　南投縣於民國 82 年（1993）已有國小 149 校、國中 31 所。在 104 年度（2015）本縣共有 140 所國民小學、29 所國民中學。另有私立中小學 3 所，係私人或宗教性團體辦學的學校，能提供本縣學生與家長更豐富而多元的選擇。然而經過 22 年，國小校數由 149 所減至 140 所；國小學生數由 49,675 人減至 25,440 人，減少 24,235 人。國中校數由 31 校增為 32 校；國中學生數則由 27,084 人，降為 17,256 人，大幅減少 9,828 人，這種「學生減少」的現象，已顯著影響本縣國民教育的發展，有關上述學生人數的變化，請參考表 1-01。

　　本縣國中小學校舍新穎、重視與社區融合的設計，乃一大特色，但在民國 88 年九二一大地震，卻是令全體縣民淌血的痛苦經歷，只是本縣並沒有被打倒， 而是在大家通力支持下，順利完成「更新」。當時本縣在地震的重建過程，提出「校園建築及景觀重建計畫」，迅速整合各界資源，以規劃受災學校的未來新貌。

　　在校園重建過程，除公私資源大量湧入、建築專業人士參與外，教育處迅速提出校園重建七項基本原則，廣泛邀請地方仕紳、家長代表、學校、教師、行政 人員以及國內學者專家共同參與，進行重建的意見整合，將學校重建與當地社區 風貌融合，建立 28 校特色國中小學（國小 25 校、國中 3 校），能夠充分展現本縣「一校一特色」的目標。這些學校與其主要特色，詳如下表：

表 1-9：特色學校介紹

鄉鎮市	學校	主要特色	備註
南投市	千秋國小	該校喬木林茂盛，學習空間設計以學生為主體，校內以木造屋頂，加上 RC 等各類建築建材搭配而成。	
南投市	南投國小	依現代化的概念，有效營造校園成為科技人文學校。	
埔里鎮	桃源國小	該校校園位在桃米溪畔，校舍以長方形展開，空間層次分明，整體建築面向操場，盡收田野溪谷之美。	
埔里鎮	埔里國中	考量兩校的硬體需求，整合做成整體規劃，注重景觀與植栽的運用，更彈性化的活動空間與教學環境。	
埔里鎮	埔里國小		
埔里鎮	水尾國小	校園規劃成融入社區生活、重視自學的多樣化學習空間。	
埔里鎮	育英國小	運用群落式校園空間，呈現重視多樣、整合的學習環境。	
草屯鎮	土城國小	校園建築採斜屋頂設計，能降低室溫並融合成一體化。	
草屯鎮	中原國小	擁有美化的校園環境與環保綠建築的田園化學校。	
草屯鎮	僑光國小	融合社區營造概念，有效將學校與社區做成整體融入。	
草屯鎮	富功國小	學校採小班教室的設計，以迴廊綠化搭配彩色斜屋頂。	
竹山鎮	社寮國中	校舍南北漸進逐排伸展，且色調搭配上，表現慈濟精神。	
竹山鎮	社寮國小	校園建築的規劃，依各種功能性的需求配置，能展現特色。	
竹山鎮	延平國小	學校塑造校園中心的意象，景觀動線佳兼具耐震考量。	
集集鎮	永昌國小	校園建築兼具美觀實用，且新校舍建材耐震度達 8 級。	
鹿谷鄉	廣興國小	學校能以老街形式，呈現出人本教育的人文街區空間。	
鹿谷鄉	內湖國小	教室建材採用松木，充分融入當地生態環境的美麗學校。	
中寮鄉	永樂國小	學校以小班小校規畫，建築重視與社區結合、環境綠化。	
中寮鄉	清水國小	校園群山環繞又是木構校舍，乍看像是靜謐的森林小學。	
魚池鄉	東光國小	校舍注重教室使用大空間，並採雙拼或鄉村別墅型設計。	
國姓鄉	長福國小	學校起始設計即朝小班小校考量，能落實社區融合理念。	
國姓鄉	國姓國中	校園的新舊建築能融為一體，校舍外觀典雅且耐震性佳。	
國姓鄉	福龜國小	校園特色在建構一處客家風格、虛實並存的學習空間。	
國姓鄉	乾峰國小	切合小班小校精神，再結合社區物產化特色、田園化。	
信義鄉	人和國小	校園各項設施及材料，主要以樸實、經濟、活化運用為原則。	
信義鄉	地利國小	學校位於濁水溪畔，校園重視原住民色彩的育涵設計。	
仁愛鄉	萬豐國小	教室為布農斜板屋頂，呈現左右相錯、自然優雅的搭配。	
仁愛鄉	清境國小	校園高山環伺，卻強調學生音樂與樂器學習的教育內容。	

根據南投縣政府出版品「堅忍奮鬥，921 大地震重建總報告」與黃宗輝碩士論文記載（2002），民國 88 年（1999）九二一大地震發生之後，本縣國民中小學的校舍受損情況嚴重，賴教育部補助約 27 億，民間認養經費約 40 億，學校教育得以迅速恢復生機，有關各校的重建費用與項目內容，整理如下表：

表 1-10：國中小學校九二一大地震重建內容與經費

鄉鎮	學校	主要重建項目	主要經費（認養）與辦理	民間捐款 教育部經費
南投市	南投國小	教室、圖書館、廁所整修	慈濟慈善事業基金會、	220,000,000
			教育部	5,391,000
	營盤國小	教室、行政辦公室	教育部（營建署代辦）	72,013,389
	漳和國小	全部校舍	紅十字會	81,220,000
			教育部	1,465,500
	光榮國小	圍牆、活動中心、看台	南投縣政府	22,515,000
	新豐國小	教室、廁所、樓梯、川堂	遠東關係企業	64,000,000
			教育部	5,391,000
	平和國小	全部校舍	台塑關係企業、	28,000,000
			慈濟慈善事業基金會	300,000,000
	僑建國小	教室重建	教育部（南投縣政府辦理）	44,436,000
	文山國小	廁所、樓梯修繕	教育部（南投縣政府辦理）	840,000
	光復國小	教室重建	教育部（南投縣政府辦理）	43,698,250
	千秋國小	全部校舍	教育部（南投縣政府辦理）	36,940,000
	南投國中	全部校舍	聯合報系、中廣愛心園、中視	102,550,000
	中興國中	全部校舍	慈濟慈善事業基金會	220,030,000
草屯鎮	土城國小	教室、活動中心、運動場	紅十字會、	45,240,000
			教育部（營建署代辦）	6,559,290
	草屯國小	教室、圖書館、廁所 ..	自由時報	65,000,000
			教育部	960,000
	富功國小	活動中心	佛光山文教基金會、	40,000,000
			教育部（營建署代辦）	60,250,000
	中原國小	全部校舍	慈濟慈善事業基金會	104,000,000
			東培公司	3,000,000
	平林國小	全部校舍	佛光山文教基金會	56,030,000
			教育部	5,000,000
	僑光國小	全部校舍	高雄縣政府、慈濟慈善事業基金會	260,000,000
	炎峰國小	全部校舍	慈濟慈善事業基金會	94,150,000
	旭光國中	全部校舍	慈濟慈善事業基金會	151,790,000

鄉鎮	學校	主要重建項目	主要經費（認養）與辦理	民間捐款 / 教育部經費
國姓鄉	北山國小	教室整修補強	紅十字會	70,819,048
	福龜國小	全部校舍	慈濟慈善事業基金會	38,600,000
	育樂國小	全部校舍	靈鷲山佛教基金會	35,700,000
	國姓國小	全部校舍	台灣電視公司、慈濟慈善事業基金會	73,602,000
			教育部	8,178,000
	乾峰國小	全部校舍	TVBS關懷基金會	58,100,000
	港源國小	教室整修補強	桃園市政府	24,494,604
			教育部	5,400,000
	北港國小	教室整修	台灣電視公司	51,700,000
	南港國小	全部校舍	教育部（營建署代辦）	139,773,000
	長福國小	全部校舍	游標榮	31,230,000
	國姓國中	教室整修	台灣電視公司	102,000,000
	北山國中	教室整修	教育部（南投縣政府辦理）	35,883,000
	北梅國中	全部校舍	TVBS關懷基金會	109,500,000
埔里鎮	水尾國小	教室整修	紅十字會	40,950,000
			教育部（營建署代辦）	4,263,000
	溪南國小	教室整修	教育部（南投縣政府辦理）	21,938,000
	麒麟國小	教室、廚房、圍牆整修	教育部（南投縣政府辦理）	18,739,000
	桃源國小	教室、廁所整修	慈濟慈善事業基金會	19,000,000
			教育部	10,592,000
	中峰國小	全部校舍	慈濟慈善事業基金會	70,000,000
			教育部	71,604,894
	大成國小	全部校舍	慈濟慈善事業基金會	66,260,000
	育英國小	全部校舍	教育部(營建署代辦)	114,624,500
	史港國小	教室整修	教育部(南投縣政府辦理)	22,500,000
	南光國小	全部校舍	教育部（營建署代辦）	253,985,000
	埔里國中	全部校舍	慈濟慈善事業基金會	197,500,000
	大成國中	全部校舍	慈濟慈善事業基金會	154,170,543
	宏仁國中	全部校舍	教育部（營建署代辦）	127,193,000
	鍾靈國小	教室整修	教育部(南投縣政府辦理)	4,710,000
水里鄉	成城國小	全部校舍	高雄縣政府	46,767,000
			教育部（營建署代辦）	11,783,000
	水里國小	全部校舍	中國石油公司	134,560,000
	玉峰國小	教室整修	台灣國際獅子會第2、7聯合會	15,589,069
	郡坑國小	全部校舍	台灣電力公司	30,000,000
			教育部	17,735,000

鄉鎮	學校	主要重建項目	主要經費 (認養) 與辦理	民間捐款 教育部經費
水里鄉	新山國小	全部校舍	台灣電力公司	30,000,000
	水里國中	教室、宿舍、圍牆整修	張榮發慈善基金會	93,000,000
	永興國小	全部校舍	基礎道德文化教育基金會	30,139,000
	民和國小	全部校舍	教育部 (營建署代辦)	48,387,120
	車埕國小	護坡	教育部 (南投縣政府辦理)	8,000,000
	民和國中	全部校舍	紅十字會	44,758,128
			教育部 (營建署代辦)	7,543,750
信義鄉	信義國小	教室、圍牆補強	中時報系、錸德科技	民間發包
	潭南國小	全部校舍	浩然基金會	46,200,000
	地利國小	教室整修	富邦慈善基金會	30,000,000
	愛國國小	教師宿舍整修	教育部 (南投縣政府辦理)	4,980,000
	人和國小	全部校舍	富邦慈善基金會	30,000,000
	隆華國小	全部校舍	教育部 (營建署代辦)	21,660,000
	東埔國小	教室整修	松下資訊科技 (股) 公司	2,000,000
	同富國小	教室整修	教育部 (南投縣政府辦理)	37,335,000
	久美國小	廁所、教室整修	台北美國學校、	2,800,000
			教育部 (南投縣政府辦理)	3,450,000
	羅娜國小	教室整修補強	教育部 (南投縣政府辦理)	3,510,000
	新鄉國小	樓梯、司令台整修	金車文教基金會	民間發包
	信義國小 忠信分校	教室、辦公室、運動場	教育部 (南投縣政府辦理)	4,955,000
	神木國小	教室整修	教育部 (南投縣政府辦理)	10,800,000
	信義國中	全部校舍	富邦慈善基金會	36,685,994
仁愛鄉	親愛國小	教室重建	紅十字會 (南投縣政府辦理)	44,573,746
	清境國小	教室、活動中心整修	教育部 (南投縣政府辦理)	6,750,000
	力行國小	樓梯、教室整修	教育部 (南投縣政府辦理)	15,933,000
	法治國小	教室重建	教育部 (南投縣政府辦理)	15,405,000
	互助國小	教室重建	教育部 (南投縣政府辦理)	17,596,000
	中正國小	教室重建	教育部 (南投縣政府辦理)	8,370,000
	平靜國小	教室重建	教育部 (南投縣政府辦理)	12,356,000
	春陽國小	教室重建	教育部 (南投縣政府辦理)	5,175,000
	南豐國小	圍牆、廚房	教育部 (南投縣政府辦理)	4,961,000
	發祥國小	全部校舍	教育部 (南投縣政府辦理)	31,745,000
	萬豐國小	全部校舍	台塑關係企業	48,750,000
	紅葉國小	教室整修補強	教育部 (南投縣政府辦理)	35,283,000
	仁愛國中	全部校舍	鳳凰基金會	51,952,508
			教育部 (營建署代辦)	11,493,590

鄉鎮	學校	主要重建項目	主要經費 (認養) 與辦理	民間捐款 / 教育部經費
竹山鎮	竹山國小	全部校舍	慈濟慈善事業基金會	272,641,727
			教育部	28,350,000
	雲林國小	樓梯、活動中心整修	教育部 (南投縣政府辦理)	615,000
	中州國小	全部校舍	慈濟慈善事業基金會	5,000,000
			教育部	40,948,000
	社寮國小	教室整修	紅十字會	45,520,000
			教育部	13,018,000
	桶頭國小	教室整修	教育部	14,730,000
	秀林國小	教室整修	教育部	15,050,000
	延平國小	教室整修	慈濟慈善事業基金會	70,970,000
	瑞竹國中	全部校舍	教育部 (營建署代辦)	39,963,000
	社寮國中	全部校舍	慈濟慈善事業基金會	61,560,000
	延和國中	教室、圖書館整修	教育部 (營建署代辦)	75,334,000
名間鄉	田豐國小	教室、樓梯整修	教育部 (南投縣政府辦理)	100,000
	新街國小	人行天橋	高雄市慈善團體聯合賑災委員會	民間發包
	名崗國小	校舍修繕	高雄市慈善團體聯合賑災委員會	民間發包
	中山國小	禮堂、廁所整修	高雄市慈善團體聯合賑災委員會	民間發包
	弓鞋國小	午餐廚房整修	高雄市慈善團體聯合賑災委員會	民間發包
	新民國小	倉庫整修	高雄市慈善團體聯合賑災委員會	民間發包
	名間國中	教室、活動中心、圖書館	扶輪社 3480 區	23,147,855
中寮鄉	中寮國小	全部校舍	TVBS關懷基金會	126,710,000
	永康國小	教室重建	教育部 (南投縣政府辦理)	13,530,000
	永樂國小	全部校舍	金車文教基金會	38,591,367
	爽文國小	全部校舍	佛光山文教基金會	45,635,072
			教育部	10,000,000
	至誠國小	全部校舍	慈濟慈善事業基金會	37,030,000
			教育部	8,000,000
	廣福國小	全部校舍	基礎道德文教基金會	43,000,000
	清水國小	教室重建	教育部 (南投縣政府辦理)	29,450,000
	永和國小	廁所重建	教育部 (南投縣政府辦理)	500,000
	廣英國小	全部校舍	教育部 (營建署代辦)	38,900,000
	和興國小	全部校舍	教育部 (南投縣政府辦理)	36,519,583
	中寮國中	全部校舍	慈濟慈善事業基金會	56,358,000
	爽文國中	全部校舍	慈濟慈善事業基金會	18,855,706
鹿谷鄉	鹿谷國小	教室、圖書室、廁所	中華民國紅十字會	51,870,000
	廣興國小	教室、廁所整修	教育部 (南投縣政府辦理)	35,445,000

鄉鎮	學校	主要重建項目	主要經費（認養）與辦理	民間捐款 / 教育部經費
鹿谷鄉	秀峰國小	教室整修補強	教育部（南投縣政府辦理）	22,000,000
	內湖國小	全部校舍（遷校）	教育部（南投縣政府辦理）	60,365,000
	瑞田國小	全部校舍	國際獅子會 300A2	19,000,000
			教育部	12,157,000
	和雅國小	教室重建	教育部（南投縣政府辦理）	13,519,000
	鹿谷國中	全部校舍	教育部（營建署代辦）	107,320,000
	瑞峰國中	全部校舍	TVBS關懷基金會	65,000,000
集集鎮	集集國小	教室重建	慈濟慈善事業基金會	60,000,000
	永昌國小	全部校舍	國際獅子會	67,000,000
			教育部	13,500,000
	隘寮國小	教室重建	教育部（南投縣政府辦理）	23,366,000
	和平國小	教室重建	教育部（南投縣政府辦理）	1,800,000
	永昌國小富山分校	校舍修繕	台灣愛普生科技	民間發包
	集集國中	全部校舍	慈濟慈善事業基金會	69,488,000
魚池鄉	魚池國小	教室整修補強	中時報系、華新、華邦	38,855,000
			教育部	40,745,000
	頭社國小	教室、廁所整修	教育部（南投縣政府辦理）	13,613,000
	東光國小	教室、辦公室重建、	慈濟慈善事業基金會	32,544,457
			教育部	5,445,000
	新城國小	教室、校門整修補強	教育部（南投縣政府辦理）	5,143,000
	德化國小	護坡	教育部（南投縣政府辦理）	1,000,000
	共和國小	教室整修補強	教育部（南投縣政府辦理）	5,615,000
	魚池國中	教室、行政大樓整修	教育部（南投縣政府辦理）	15,490,000
	明潭國中	教室、廁所、樓梯整修	教育部（南投縣政府辦理）	4,455,000

　　因重建過程事多繁瑣，本表僅列出主要項目，尚有許多默默付出的民間善心 組織或個人，甚至直接發包修繕亦不在少數，這些為本縣各級學校重建的付出， 包括熱心參與規劃和實際貢獻者，如未能逐一述及，懇請包涵；重建尚有托兒所、 高中高職與大學的部分，因受限時間與資料不足，無法完整呈現，誠以為憾。

　　南投縣在民國 83 年至 104 年間（1994～2015）亦有新設學校開始招生，例如：虎山國小（民國 83 年度招生）、前山國小（民國 86 年度招生）、康壽國小（民國 87 年度招生）以及營北國民中學（民國 87 年度招生），考量「少子化」趨勢明顯，新設國中國小為數不多，加上教育部於民國 87 年（1998）修正發布「各級各類私立學校設立標準」，大幅降低私立國中小設校所需的校地面積，私人團體亦不約而同向南投縣申請創設新校，

本縣陸續核准設立私校，例如：普台國民小學、均頭國民中小學、普台高級中學附設國中部、三育高級中學附設國中部、弘明實驗高級中學附設國中小等 5 間私校，進一步豐富南投縣的國民教育。

學校教育本身是一種系統化的的學習，學生在各級學校，將會循序漸進地，學習已規劃好的各種課程，努力習得知識與能力，這種規劃通常來自專家與學者 的研討，政策公布再交由地方政府辦理，學校教師則是第一線的執行者。課程必 須隨時依照時代變化而修改，為能交出適合未來國家需要的棟樑人才，先進國家 皆在教材教法上，投入大量資源，本縣亦在國民教育階段全力配合。

我國各級學校的課程標準，也曾經歷多次修正。民國 82 年（1993）和 83 年（1994），先後公布修訂的國民小學和國民中學課程標準，有關國民中小學新課程標準的實施日期，國小自 85 學年度（1996）第一學期，由一年級起逐年實施，而 國中自 87 學年度（1998）開始，使用新課程標準的教科用書。所設定教學科目：

國民小學教學科目（11 科）如下：

1.道德與健康。2.國語。3.數學。4.社會。5.自然。6.音樂。7.體育。8.美勞。9.團體活動（三年級起實施）。10.輔導活動（三年級起實施）。11.鄉土教學（三年級起實施）。

國民中學教學科目（21 科）如下：

1.國文。2.英語。3.數學。4.認識臺灣（一年級實施）。5.公民與道德（二年 級起實施）。 6.歷史（二年級起實施）。 7.地理（二年級起實施）。8.生物（一年級實施）。9.理化（二年級起實施）。10.地球科學（三年級實施）。11.健康教育（一年級實施）。12.家政與生活科技。13.電腦（二年級起實施）。14.體育。15.音樂。16.美術。17.童軍教育。18.鄉土藝術活動（一年級實施）。19.輔導活動。 20.團體活動。21.選修科目。

民國 87 年（1998），在教育改革的風潮中，教育部公布「國民教育階段九年一貫課程總綱綱要」一舉打破了國民小、中學的界限，以一至九年級的整體規畫觀點，訂定國民教育階段的學校教育目標，進而提出相關的課程設計、實施及評鑑要點。本次課程標準確實為國民中小學課程，樹立嶄新里程碑（潘麗珠[7]、曾美惠、萬家春，2005）。

「九年一貫課程」包括學習領域與重大議題兩類，以 8:2 的比例，分配學生基本學習與彈性學習時數。重大議題涵蓋資訊教育、環境教育、兩性教育、人權教育、生涯發展教育、家政教育……等學習領域，並直接養成現代國民的基本能力。

「九年一貫課程」規範國中與國小的七項學習領域，包括：1.語文（本國語文、英語、閩南語、客家語、原住民語言）。2.健康與體育。3.社會。4.藝術。5.數學。6.自然與科技。7.綜合活動。

教育部也決定民國 90 學年度（2001）起，國小五年級學生全面進入「英語教學」。

---

[7] 潘麗珠、曾美惠、萬家春，〈 九年一貫語文領域本國語文詩歌吟誦創意教學研究成果推廣行動 研究結案報告 〉，教育部顧問室《創造力教育先導型計畫：創意教師行動研究》，2005。

南投縣除同步遵循教育部政策，全縣國小五年級全面進入「英語教學」，於民國 91 學年度（2002）再向上延伸，讓縣內國中進入「英語教學」。本縣教育處不畏經費、英語師資困難，而全力配合，又於民國 91 年（2002），進一步提出「國中小雙語教學實驗實施計畫」，為要培育年輕一代的語言能力。

在此之前，本縣教育處曾針對國小鄉土教學課程，卻苦無適合教材的窘境，遂於民國 83 年（1994）編印教材給縣內各國小運用，包括南投勝蹟、史話、民俗、地理、文教、經建、住民共七篇，也因為縣內有不同的原住民族，鼓勵縣內各國小開設「在地的」母語教學，讓學生熟悉母語，參與保存自身文化的努力。

國民教育「課程改革」與「十二年國教」兩者關係密切，民國 103 年（2014），教育部為配合十二年國教政策，遂在九年一貫課程的基礎上，進一步發布「十二年國民義務教育課程綱要」，預定自民國 107 年（2018）起，逐步實施新課程綱要。

「十二年國民義務教育課程綱要」之核心素養，係以培養人為本的「終身學習者」，在「自主行動」、「溝通互動」、「社會參與」三大面向中，找到九大項目（「身心素質與自我精進」、「系統思考與解決問題」、「規劃執行與創新應變」、「符號運用與溝通表達」、「科技資訊與媒體素養」、「藝術涵養與美感素養」、「道德實踐與公民意識」、「人際關係與團隊合作」、「多元文化與國際理解」）作為各教育階段課程實施的主軸與內涵，培養學生向上循序漸進的過程，成為均衡發展的現代國民。

「課程大綱」依照國小 6 年（細分為 3 階段）、國中 3 年進行設計，所有課程分為：部定課程（7 大領域學習課程）與校定課程（彈性學習課程）二大類，並且依不同階段設計出每週各種課程的學習時數，國小 3 階段差異較大，規劃每週介於 22~33 節數，國中則在 32~35 節數，並且在國小的「語文領域」加入「本土 語言 / 新住民語言」學習，國中階段增加「科技」領域。

民國 104 年（2015）12 月教育部修正發布「國民中學技藝教育實施辦法」，容許學校針對國三學生開設「技藝課程」，提供學生更多的學習選擇。我國對於國民教育的規畫，不斷朝向「十二年國教」前進，相關法令與規定亦須一併修改。

南投縣在國民教育的著力，實可區分成「政策配合」與「自行制訂」兩部分。 先由「政策配合」來看，課程改革是全國性議題，本縣全力配合。民國 82 年 （1993），教育部修訂「國民中小學課程標準」，強調鄉土教學，讓國中開電腦課，也能選修第二外語。復於民國 83（1994）、84 年（1995）公布「國民中學課程標準」與「國民小學課程標準實施要點」，但是這樣的改變仍未能符合國人期待。

隨後於民國 87 年（1998）「國民教育階段九年一貫課程總綱綱要」，九年一貫新課程以 7 大學習領域取代學科，對於課程設計而言，這確實是一大突破；後續幾年，教育部逐步確立九年一貫課程總綱綱要（民 89、民 97）、七大學習領域與重大議題（民 92）的課程架構與內涵，有關新課程設計與納入學校體系的實施，因事關重大，南投縣係全力跟隨教育部的腳步。

其次，也有一些配合教育法令或細則的修改，再次向縣內學校發布實施辦法，例如民國 88 年（1999），教育處配合「國民教育法」修正，將縣內國中小校長遴選，改成一階段遴選方式；民國 89 年（2000）公布實施「國民小學及國民中學教科圖書審定辦法」，開放教科書向出版商購書；民國 90 年（2001），本縣依教育部政策，訂定「國民中小學成績評量辦法」，要求縣內各校配合實施。民國 94 年（2005），隨教育基本法修正，轉發相關規定，並強調採用適當管教方式、禁止體罰學生；十二年國教的宣導與規定，也配合專設網頁，提供學生家長更多資訊；民國 104 年（2015）則配合發布「公立國民小學及國民中學委託私人辦理條例」，開放縣內公立國中小可採委託私人經營方式。上述大都是配合教育部決策，再由本縣教育處配合執行。

本縣亦有「自行制訂」的部分，例如教育處自行規劃英語師資從 91 年度起，對本縣國小一年級學生開設英文課程；民國 93 年（2004）訂定「縣立高級中學及公私立國民中小學學雜費及各項代收代辦費收支辦法」，統一縣內學校學雜費與代辦費收支流程；民國 98 年（2009）6 月編印「南投縣申請設立私立國民中小學參考手冊」，以公開透明的申設流程，鼓勵私人或團體到南投縣設校。

民國 98 年（2009）編印完成國小三年級鄉土教材課本、學習單及國小五年級鄉土教材「南投地理」，讓縣內國民小學鄉土課程，有合適教材可供學習；民國 102 年（2013）元月，訂定「縣立高中及公私立國民中小學學生家長會設置辦法」，讓國民教育的家長會發揮更加功能；民國 104 年（2015）8 月，訂定「南投縣高級中等以下教育階段非學校型態實驗教育實施要點」與「南投縣學校型態實驗教育實施要點」，讓突破傳統教學理念的新式學校，帶來教材與設備的刺激，可讓本縣學校教育更加多元化。

南投縣民國 83 年至 104 年度（1994～2015）的 22 年間，有關國民教育的大事，整理如下：

表 1-11：國民教育大事紀要

時間（民國）	大事紀要
83.08	本縣草屯鎮虎山國小於民國 81 年設校，並於 83 學年度開始招收新生。
86.08	本縣竹山鎮前山國小於民國 84 年設校，並於 86 學年度開始招收新生。
87.08	本縣南投市康壽國小於民國 83 年設校，並於 87 學年度開始招收新生。
88.09	南投縣遭逢九二一大地震，各級學校建築毀損嚴重，國民教育實施受震災影響，43 所國中小校舍全毀，災民生命、財產損失無法估計。
88.12	南投縣教育處長黃宗輝提出學校重建三原則：一、綠建築；二、需達新規定的耐震級數；三、結合社區及總體營造形成田園小學。要求所有參與認養的企業，提出規劃案送審。
90.10	教育處依法訂定「國民中小學成績評量辦法」並公布正式實施。
91.07	教育處規劃自 91 年度起，國小一年級將開設英文課程。
93.08	教育處依法訂定「縣立高級中學及公私立國民中小學學雜費及各項代收代辦費收支辦法」全文 13 條並公布正式實施。

時間（民國）	大事紀要
98.06	本縣編印完成「南投縣申請設立私立國民中小學參考手冊」，確立統一的審核作業流程及提供相關法令、表格等參考依據。
98.08	本縣編印完成國小三年級鄉土教材課本、學習單及國小五年級鄉土教材「南投地理」並配發各校施教，以落實鄉土教育。
99.08	本縣新設的營北國中部分校舍新建完成，並正式開始招生。
99.11	「教育經費編列與管理法」修訂，教育經費占縣市預算，比例提高至百分之22.5。
101.01	教育處修訂「各國民中小學場所使用管理規則」全文17條並正式公布實施。
102.01	教育處依法訂定「縣立高中及公私立國民中小學學生家長會設置辦法」全文18條並公布正式實施。
102.02	教育處依法訂定「加強國民中學藝能及活動課程教學實施計畫」並公布實施。
104.07	教育處依法訂定「南投縣高級中等以下教育階段非學校型態實驗教育實施要點」、「南投縣學校型態實驗教育實施要點」並公布實施。
104.10	教育處依法訂定「南投縣國民中小學學生成績評量要點」並公布實施。

南投縣國民教育受到「少子化」嚴重衝擊，尤其是國民小學部分，容後敘述。而國中的部分，經過民國83年度至民國104年度（1994～2015）努力，本縣國中就學率已達90%以上，因近年「十二年國教」政策的推動，連帶也面臨新挑戰。

本縣在國民教育的業務推動，主要由教育處統籌，為能進一步探討本縣國民教育的努力與成果，以下依「國民小學」、「國民中學」與「私立國中小」三部分，介紹南投縣的國民教育的發展。

第一節　國民小學

根據目前我國學制，國民小學6年，每年度分成上下二個學期；在少子化日益嚴峻的情況下，偏鄉地區時常面臨教育成本與學子受教權的掙扎。根據表1-13資料，104年度本縣國民小學全校學生數在30人（不含）以下者，計有坪頂、過溪、鯉魚、永昌國小富山分校、和雅、永和、明潭、德化、港源、水里國小玉峰分校、桐林、隆華、發祥、紅葉等15校，歷年來小校的併廢，雜音不少，尤其小校通常位處偏遠山區，學生受教權利亦須尊重，學校併廢的看法，時見分歧。

本縣在國民小學教育的部分，在民國83年與104年度（1994～2015），學生數雖減少近一半，但專任教師卻由2,622人，略增至2,705人，顯示教學品質，應該是更好，惟「少子化」如持續發展，各級學校除努力辦學外，仍需搭配「學校整併」的目標達成，這些亦是本縣未來在教育行政工作上，亟待突破的難題之一。本縣近年為因應少子化現象，已處理多間國小「學校整併」個案，以下為教育處提供的資料：

表 1-12：國小整併處理一覽表

原學校名稱	整併入之學校	整併過程
隆田國小	鳳凰國小	
文田國小	秀林國小	95年改制分校 98年整併
梅林國小	紅葉國小	
車埕國小	水里國小	103年改制分校 104年整併
自強國小	愛國國小	102年改制分校 104年改制分班
忠信國小	信義國小	102年改制分校 104改制分班
鐘靈國小	桃源國小	102年改制分校 104改制分班

「少子化」雖有負面效果，但對於學校教育整體系統，亦可能產生正面影響。 其他縣市要新設一所學校，通常僅需思考就學人口，然本縣因多處山脈縱橫區域， 亦須考量學子交通問題，面對少子化的挑戰，本縣仍然以全縣人口的變化為依據， 思考新設國小的必要性，而在民國 83 年與 104 年度期間 (1994~2015)，虎山國小 (民國 83 年度招生)、前山國小 (民國 86 年度招生)、康壽國小 (民國 87 年度招生)，以下針對三所新設學校逐一介紹：

「虎山國民小學」位於草屯鎮，校區關毗鄰中興新村，以山腳里以及上林里 12、14、23 鄰為學區，雖然範圍狹小，但本學區介於草屯市郊與中興新村之間的 新興社區，人口成長十分快速。校址：南投縣草屯鎮新生路 76 號，創校校長為徐坤木。該校 104 年度 (2015) 共有 13 班級，師生合計 303 人。當初是為避免學區內學童長途跋涉到炎峰國小就讀，給家長帶來諸多不便及減輕炎峰國小逐年增班的壓力。因此，南投縣政府遂於民國 81 年 (1992) 決定設校，經 2 年籌備與建校，克服許多難題，終於在民國 83 年 (1994) 8 月開始招生。

該校為營造良好的教育環境，對校舍的建築、校園的綠化美化，均聘請專家仔細的評估周遭環境與配合實際教學需要。校區依學生活動方式，將全校劃分為 教學區、遊戲區運動區、休憩區、四個區域。學校強調學生需陶冶性情與技藝培 養，老師重視美勞才藝特色，進而淨化人性，提升生活品質。部分校園照片如下：

照片 1-15：虎山國民小學校門

（學校提供；民 105.05.18）

照片 1-16：104 年母親節感恩獻花

（學校網站下載：民 106.07.26）

　　「前山國民小學」位於竹山鎮，因竹山古稱 "前山第一城"，遂訂校名為前山，該校以硘磘里 1~11 鄰、中山里 18~41 鄰為學區。校址：南投縣竹山鎮自強路 100 號，創校校長為蘇勝治。104 年度（2015）全校 16 班，師生共 390 人。當初設校係為紓解雲林國小學生數的壓力及上下學交通安全之顧慮，南投縣政府遂於民國 83 年（1994）請雲林國小辦理校地徵收、拆遷、整地、興建圍牆、運動場等工程。同年 8 月調蘇勝治擔任校長，並兼任學校籌備處主委。經過 3 年建校工程終於完成，並於民國 86 年（1997）8 月份開始招生。

　　該校除致力學生基本能力培養，並以閱讀為學校本位課程，希望學生具有終身學習能力，學校並著力多元學習，成立校隊、開辦社團，該校部分校園照片：

照片 1-17：102 年小狀元頒獎合影

（學校網站下載；民 106.07.26）

照片 1-18：前山國民小學校園

（學校提供；民 105.01.18）

　　「康壽國民小學」位於南投市，校區在「牛運崛」，在建校前本為「大菜園」，遂以「健康、福壽」為本，決定校名為「康壽」。學校以南投市三民里、康壽里、龍泉里、仁和里為學區，校址：南投縣南投市南陽路 269 號，創校校長為林碧雲。該校 104 學年度（

2015）有 18 班，師生共 496 人，校地 3.07 公頃。縣府決定設校後，民國 83 年（1994）開始整地、建校，終在民國 87 年（1998）8 月份開始招生。

該校校地位於擁有兩百年歷史的「南投陶」發源地，校園建築外型費盡心思，圍牆設計以矮牆、綠籬和陶瓷搭配設計，呈現當地文化特色；校舍以正反三合院 結合造型，形狀如「S」龍之形狀，象徵龍騰虎躍，充滿無限的生機和活力。該 校除正常教學活動之外，也重視英語學習環境的塑造，鼓勵學生閱讀以增廣見聞。 該校的部分校園照片如下：

照片 1-19：康壽國民小學公佈欄

（學校提供；民 105.05.19）

照片 1-20：聯合運動會 103.12.13

（學校網站下載；民 106.07.26）

上述 3 校於民國 83 年與 104 年度期間（1994~2015）新設，經過將近 20 年的努力，成功建立學校的發展特色，當初建校的辛勞，以及多年付出的師長們，俱感欣慰。

本縣 140 所國民小學散佈 13 個鄉鎮市，南投縣各國民小學的發展情況不一， 運用各校 104 年度（2015）資料作一比較，依據教育處提供資料，針對本縣國民小學校務（班級數、教師數、學生數）的變化，整理成表如下：

表 1-13：國民小學校務一覽

鄉鎮市	學校名稱	創校時間（民國）	104 年度			備註（西元）
			班級數	教師數	學生數	
南投市	南投國民小學	民前 14 年	46	87	1233	1908
	平和國民小學	14	36	65	959	1925
	新豐國民小學	29	16	27	371	1940
	營盤國民小學	10	6	13	64	1921
	西嶺國民小學	12	6	12	77	1923
	德興國民小學	44	6	12	141	1955
	光華國民小學	46	35	71	959	1957
	光榮國民小學	46	11	23	187	1957
	文山國民小學	48	6	12	73	1959

鄉鎮市	學校名稱	創校時間（民國）	104 年度			備註（西元）
			班級數	教師數	學生數	
南投市	僑建國民小學	49	10	18	159	1960
	漳和國民小學	50	13	26	289	1961
	嘉和國民小學	51	9	17	174	1962
	光復國民小學	58	6	12	118	1969
	千秋國民小學	57	6	11	51	1968
	漳興國民小學	81	19	37	456	1992
	康壽國民小學	83	18	33	463	1998
埔里鎮	埔里國民小學	民前 14 年	52	95	1326	1898
	南光國民小學	25	46	82	1178	1936
	育英國民小學	35	13	22	307	1946
	史港國民小學	9	6	12	50	1920
	愛蘭國民小學	民前 4 年	20	36	474	1908
	溪南國民小學	11	10	18	231	1922
	水尾國民小學	26	6	11	34	1937
	桃源國民小學	41	6	18	38	1952
	麒麟國民小學	42	6	12	32	1953
	太平國民小學	43	6	11	78	1954
	忠孝國民小學	47	6	12	68	1958
	中峰國民小學	48	10	18	203	1959
	大成國民小學	49	14	24	294	1960
草屯鎮	草屯國民小學	民前 12 年	34	67	733	1900
	新庄國民小學	3	10	18	188	1914
	碧峰國民小學	11	16	30	373	1922
	土城國民小學	10	6	12	46	1921
	雙冬國民小學	33	6	14	79	1944
	炎峰國民小學	22	56	93	1532	1954
	中原國民小學	42	13	22	292	1953
	平林國民小學	43	6	11	50	1954
	坪頂國民小學	48	6	10	29	1959
	僑光國民小學	48	19	32	468	1959
	北投國民小學	57	10	18	166	1968
	敦和國民小學	69	18	33	433	1980
	富功國民小學	58	16	27	356	1969
	虎山國民小學	81	13	24	279	1992
竹山鎮	竹山國民小學	民前 13 年	38	63	1018	1899
	延平國民小學	35	16	29	371	1946
	社寮國民小學	10	7	14	130	1921
	過溪國民小學	30	6	10	29	1941
	大鞍國民小學	39	6	11	41	1950

鄉鎮市	學校名稱	創校時間（民國）	104 年度			備註（西元）
			班級數	教師數	學生數	
竹山鎮	瑞竹國民小學	6	6	11	47	1917
	秀林國民小學	42	5	9	36	1953
	雲林國民小學	43	15	30	309	1954
	鯉魚國民小學	44	5	9	21	1955
	桶頭國民小學	45	5	11	32	1956
	中州國民小學	49	6	12	58	1960
	中和國民小學	50	6	12	77	1961
	前山國民小學	84	16	29	348	1995
集集鎮	集集國民小學	35	8	17	149	1946
	隘寮國民小學	34	6	12	54	1945
	永昌國民小學	42	9	16	158	1953
	和平國民小學	42	6	11	48	1953
	永昌國民小學富山分校	66	6	9	29	1977
名間鄉	名間國民小學	5	24	45	592	1921
	新街國民小學	11	13	22	224	1941
	名崗國民小學	民前 8	7	14	132	1904
	中山國民小學	9	6	12	101	1939
	弓鞋國民小學	17	15	26	322	1928
	田豐國民小學	45	6	11	41	1956
	僑興國民小學	49	6	12	49	1960
	新民國民小學	54	6	12	61	1965
鹿谷鄉	鹿谷國民小學	82	10	20	193	1993
	秀峰國民小學	3	6	11	31	1914
	文昌國民小學	9	6	12	113	1920
	鳳凰國民小學	29	6	12	60	1940
	內湖國民小學	45	6	11	30	1956
	初鄉國民小學	45	6	11	35	1956
	瑞田國民小學	46	6	10	32	1957
	和雅國民小學	48	6	11	19	1959
	廣興國民小學	49	6	12	53	1960
中寮鄉	中寮國民小學	5	9	18	144	1916
	爽文國民小學	9	6	12	57	1920
	永樂國民小學	43	7	11	45	1954
	永康國民小學	44	6	11	44	1955
	清水國民小學	45	6	13	54	1956
	至誠國民小學	50	6	11	33	1961
	永和國民小學	49	6	10	27	1960
	廣福國民小學	58	6	11	34	1969

鄉鎮市	學校名稱	創校時間（民國）	104 年度			備註（西元）
			班級數	教師數	學生數	
魚池鄉	魚池國民小學	11	11	21	211	1922
	頭社國民小學	8	6	10	29	1919
	東光國民小學	11	6	12	65	1922
	五城國民小學	39	6	11	37	1950
	明潭國民小學	38	5	10	29	1949
	新城國民小學	46	7	14	142	1957
	德化國民小學	50	6	10	29	1961
	共和國民小學	48	6	10	31	1959
國姓鄉	國姓國民小學	10	13	25	276	1921
	北山國民小小	10	6	14	72	1921
	北港國民小學	40	6	12	80	1951
	福龜國民小學	23	6	11	41	1934
	長流國民小學	41	6	12	68	1952
	南港國民小學	42	6	10	30	1953
	育樂國民小學	48	6	11	38	1959
	港源國民小學	50	6	10	29	1961
	長福國民小學	58	6	13	35	1969
	乾峰國民小學	51	6	11	41	1962
水里鄉	水里國民小學	10	18	32	369	1921
	郡坑國民小學	30	6	13	44	1941
	民和國民小學	30	6	11	31	1941
	新興國民小學	41	6	11	34	1952
	水里國民小學 玉峰分校	35	6	9	16	1946
	永興國民小學	42	6	11	40	1953
	成城國民小學	52	11	18	211	1963
信義鄉	信義國民小學	35	6	24	83	1946
	羅娜國民小學	民前 6 年	6	12	110	1905
	同富國民小學	35	9	18	164	1946
	愛國國民小學	36	11	20	45	1947
	人和國民小學	36	6	12	74	1947
	地利國民小學	12	6	12	74	1923
	東埔國民小學	42	6	12	54	1953
	潭南國民小學	47	6	12	52	1958
	桐林國民小學	51	6	11	25	1962
	隆華國民小學	48	6	10	26	1959
	新鄉國民小學	53	6	12	54	1964
	久美國民小學	53	6	12	46	1964
	雙龍國民小學	53	6	12	53	1964

鄉鎮市	學校名稱	創校時間（民國）	104 年度			備註（西元）
			班級數	教師數	學生數	
信義鄉	豐丘國民小學	51	6	11	36	1962
仁愛鄉	仁愛國民小學	5	6	15	71	1916
	親愛國民小學	26	12	19	107	1937
	法治國民小學	35	6	13	108	1946
	合作國民小學	42	6	11	58	1953
	互助國民小學	38	6	12	58	1949
	力行國民小學	42	12	20	36	1953
	南豐國民小學	42	6	12	44	1953
	中正國民小學	42	6	12	75	1953
	盧山國民小學	42	6	11	38	1953
	發祥國民小學	42	7	10	15	1953
	萬豐國民小學	47	6	11	51	1958
	平靜國民小學	47	6	12	35	1958
	春陽國民小學	49	6	12	60	1960
	紅葉國民小學	52	6	12	27	1963
	清境國民小學	57	6	12	50	1968
總計			1418	2650	24349	

　　由上表顯示，除康壽、溪南、大鞍、永樂、新城、北港、永興、法治、合作、發祥、萬豐、清境 12 所學校，學生數微幅增加，其餘各校在少子化的大環境下，學生數明顯減少，甚至產生學校整併的危機，令人不得不加以正視。呈現出本縣未來在推動國民小學的教育工作上，仍然存在的挑戰以及努力方向。

第二節　國中教育

　　根據我國國民教育的學制，國民中學受教育時間有 3 年，每年度再分成上、下二個學期。從民國 57 年（1968）推行「九年國民義務教育」，逐漸提升國民教育水準，連帶亦促進國家整體經濟發展，優秀人力更累積各產業的競爭力。「十二年國教」的推動，勢必對本縣未來國中階段的學校教育，產生更嚴格的挑戰。

　　「國民中學」在整體學校系統中，係學生逐漸進入「適性發展」的嘗試期，為以往在升學主義的偏差觀念下，學業成績被過度重視，令學生未能探索個人的學習興趣與生涯走向，「十二年國教」的目標即是期望能扭轉並導入正軌，本縣教育處於民國 80 年度（1991）加強縣內國中「技藝教育」，教育部復於民國 88（1999）、97（2008）以及 104 年（2015），提出「國民中學技藝教育實施辦法」，要求全國各國民中學採職群方式，針對國民中學三年級學生，開設「技藝課程」，全學年度由規劃的十三職群中，任選一至四職群，開設課程由國三學生選修。南投縣在逐年努力下，「技藝教育」逐漸受重視，民國 104 年度（2015），全縣 32 所國中，共開辦 214 班，有 4,861 位學生參加技藝教育學程的試探

課程，本縣也每年辦理「國中技藝競賽」，提升「技藝課程」的關注程度，藉由在國中階段先接觸職群課程，提前探索「十二年國教」，幫助升入高中職時，面對 13 職群的分類，可有較適當的抉擇。本縣也重視國中階段英語教學，於民國 91 年（2002）提出「國中小雙語教學實驗實施計畫」，因為國中學生的英語能力與其未來發展，至為相關。

　　根據表 1-01 資料記載，本縣在國民中學教育的部分，於民國 83 年至民國 104 年度期間（1994~2015），雖學生數減少九千餘名，但專任教師由 1,417 人僅略減為 1,386 人。面對近年少子化的挑戰，南投縣仍然以全縣人口的變化為依據，思考新設國中的必要性，設校通常僅需思考就學人口，然而南投縣多處山脈縱橫區域，亦須考量學子交通問題，在少子化、人口外流等因素的衝擊下，將原旭光國中升格為旭光中學，兼收招收國中部學生。同時在南投市增加營北國中 1 所，其餘國民中學維持原狀，以下針對該校介紹：

　　「營北國民中學」，位於本縣南投市市區，校址：南投市鳳鳴里八卦路 896 號。該校營北里（1-8,16,22-24,26,33-37,42-44 鄰）、光華里、光輝里、營南里為專屬學區；光榮里、營北里（9-15,17-21,25,27-32,38-41 鄰）、山腳里 5-14、21-31、35 鄰為自由學區，上述區域原分屬，光華、光榮、營盤、虎山 4 所國民小學的學區。民國 104 年度（2015），全校 21 班，師生共 607 人。創校校長蕭進賢，校地面積約 2.79 公頃，起初建校徵地作業因九二一大地震，校地先搭建組合屋暫時收容災民，待民國 93 年（2004）拆解組合屋，始恢復建校工程，於民國 99 年（2010）7 月校舍 2 期工程完成後，決定自該年 9 月份起，開始逐年招生。

　　該校在設校時，係考量紓解中興新村鄰近國中學生過多、學習環境擁擠現象，呼應教育部小班小校之政策而興建，校區位於省府及中部辦公區內，附近自辦重劃區大量別墅住宅陸續建成，預期將增加大量學齡人口。學校係設定「品格」及「英語」為兩大特色，發展學校課程主軸，除延續同學區內國小各項特色培養外，特別加強語言和資訊教學設施與課程規劃，並設立全英語實境與互動式學習情境，藉以全面提升學生學習英語興趣及培育具國際觀之優秀人才。

照片 1-21：營北國民中學 104 年度校慶
（學校網站下載；民 105.07.26）

照片 1-22：虎山健走淨山 104.12.18
（學校網站下載；民 105.07.26）

另外，本縣也於民國 90 年（2001）8 月，權衡未來教育發展的需要，決定將旭光國中升格為縣立旭光高級中學，為南投縣第一所縣立中學並兼收招收國中部學生，也是一所具備完全中學形態的縣立學校。

整體而言，本縣目前擁有 31 所公立國中與旭光高中附設國中部，散佈於縣內 13 個鄉鎮市，便利縣民子弟就學。為進一步介紹各校發展，整理 104 年度（2015）校務資料，列表如下：

表 1-14：國民中學校務一覽

鄉鎮市	學校名稱	創校時間（民國）	104年度			備註（西元）
			班級數	教師數	學生數	
南投市	南投國民中學	53	41	96	1104	1964
	南崗國民中學	57	41	96	1119	1968
	中興國民中學	57	60	143	1837	1968
	鳳鳴國民中學	61	5	12	112	1972
	營北國民中學	87	21	46	561	1998
埔里鎮	埔里國民中學	35	58	137	1503	1946
	宏仁國民中學	59	35	79	1059	1970
	大成國民中學	57	24	58	651	1968
草屯鎮	草屯國民中學	35	54	125	1484	1946
	日新國民中學	59	12	27	308	1970
竹山鎮	竹山國民中學	35	27	66	737	1946
	瑞竹國民中學	63	3	12	67	1974
	延和國民中學	57	32	74	888	1968
	社寮國民中學	65	4	11	83	1976
集集鎮	集集國民中學	35	9	24	215	1946
名間鄉	名間國民中學	46	18	44	493	1957
	三光國民中學	51	11	28	260	1962
鹿谷鄉	鹿谷國民中學	49	8	21	178	1960
	瑞峰國民中學	64	3	11	45	1975
中寮鄉	中寮國民中學	51	8	18	182	1962
	爽文國民中學	57	6	21	125	1968
魚池鄉	魚池國民中學	46	8	16	201	1957
	明潭國民中學	60	3	12	35	1971
國姓鄉	國姓國民中學	45	11	28	279	1956
	北山國民中學	59	7	16	149	1970
	北梅國民中學	68	5	15	81	1979
水里鄉	水里國民中學	46	20	48	518	1957
	民和國民中學	65	6	18	127	1976
信義鄉	信義國民中學	53	6	18	122	1964
	同富國民中學	60	7	19	156	1971

鄉鎮市	學校名稱	創校時間（民國）	104年度			備註（西元）
			班級數	教師數	學生數	
仁愛鄉	仁愛國民中學	57	7	20	152	1968
草屯鎮	旭光高中國中部	57	38	未列	1063	1968
總計			598	1359	15894	

　　如前所述，本縣深受少子化影響，各國中都呈現不同程度的衰退現象，因此 本縣教育處必須運用有限資源，針對國中教育轉而追求「質量並重」目標。

　　近年「十二年國教」政策確實具有遠景，但是面對「城鄉差距」日益擴大的 南投縣而言，先天上即處於競爭不利的局面，如何提升各項課程學習的效果，如 何將學生繼續留在本縣，以延續本縣中等教育的發展，亟待探討。

第三節　私立國中小

　　鼓勵「私人興學」本是全球趨勢，教育部於民國 82 年（1993）2 月 23 日發布「捐資教育事業獎勵辦法」，希望以全台各民間力量逐漸匯集，投入私人興學的行列。復於民國 87 年（1998）12 月修正發布「各級各類私立學校設立標準」，大幅降低私立國中小設校所需校地面積，南投縣迅即成為私人團體爭相規劃的地點。

　　回顧民國 83 至民國 104 年底期間（1994～2015）本縣私立國中小共成立五校，這些私立學校有 3 校位置在埔里鎮（普台國小、普台高級中學國中部、均頭國民中學附設國小部），其餘分布於魚池鄉（三育高級中學附設國中部）、民間鄉（弘明實驗高級中學附設國中小）各 1 校，這是本縣學子之福。借鏡歐美國家先例，私人經營的教育事業，往往比起公立學校更有特色，各項表現毫不遜色，以下依序介紹「普台國民小學」與「均頭國民中小學」2 校。

　　「普台國民小學」位於埔里鎮的郊區，校址：南投縣埔里鎮中台路 3 號，學生來自各地學子報名來校就讀，104 年度（2015）全校有 21 班，教師 32 人，學生 597 人。創辦人即是中台禪寺的惟覺大和尚，該校是宗教團體開設的私立國民小學。學校民國 87 年（1998）獲准成立籌備處，歷經 6 年寒暑，民國 93 年（2004）7 月獲南投縣政府立案許可，同年 8 月正式招生。創校校長蔡俊和，自民國 93 年（2004）擔任校長連任至今。

　　該校硬體設備充足，不但擁有寬敞校區規畫與教學空間，還提供 2 棟宿舍大樓與餐廳，供應全體學生起居、膳食。教學方面，除符合一般課程大綱與學習的要求外，從小學一年級即重視國學古籍學習，規劃學生以 12 年（普台國小 6 年加上普台高級中學 6 年）學習英、法、西、日四國語言，該校因要求一律住校，能注重學生生活與品格教育，讓家長放心將子女交給學校，學生人數逐年增加，顯示該校辦學著有特色，受到各地家長的肯定。學校部分校園照片如下：

照片 1-23：普台國民小學校門

（王光燦拍攝；民 106.01.26）

照片 1-24：開學典禮 104.09.04

（學校網站下載；民 106.07.24）

　　「均頭國民中學附設國小部」位於埔里鎮，校址：南投縣埔里鎮水頭路 48 號，學生來自全國報名欲來就讀的學子，民國 104 年度（2015）國小部有 6 班，教師 9 人，學生 166 人；國中部 12 班，教師 26 人，學生 398 人。

　　該校的創辦人即為佛光山創辦人星雲大師，該校亦是宗教團體開設的私立國民中小學，佛光山之前創辦多所學校，包括幼兒園、普門高中、佛光大學……等。 為落實星雲大師人間佛教的精神及教育事業往下紮根的理念，積極籌辦創校。民 國 86 年（1997）8 月提出申請，逢九二一地震而暫停，投入救災工作，民國 89 年（2000）3 月由南投縣政府核准設校，於民國 93 年（2004）8 月開始招生。創校校長易瑞僅。

　　學校校地寬闊平坦，群山環抱風景秀麗。除符合一般課程大綱與學習的要求 之外，該校擁有寬敞明亮的教學空間與新穎設備，具多元學習空間。校區景觀能 融合科技與人文特色、溫馨舒適、學習環境優良，而且整個體系由幼兒園、國小、 國中、高中與大學，可前後相互銜接，亦有利於整套教育設計與課程學習；學生 一律住宿，除培養學生獨立精神之外，也方便老師進行課後輔導與品德教育。學校部分校園照片如下：

照片 1-25：均頭國民中小學校門

（學校提供；民 105.05.17）

照片 1-26：均頭國民中小學操場

（學校提供；民 105.05.17）

除上述二所外，普台高級中學國中部、三育高級中學附設國中部與弘明實驗高級中學附設國中小，本身都是高級中學所附設的國民中學以及國民小學，因此 留待第四章「中學教育」，再行介紹。為能進一步介紹本縣私立國中小，各校目前的發展狀況，遂整理民國 104 年度（2015）的校務資料，比較如下：

表 1-15：私立國中小校務一覽

學校名稱	創校時間（民國）	104 年度國小部			104 年度國中部		
		班級數	教師數	學生數	班級數	教師數	學生數
普台國民小學	93	21	32	597	---	---	---
普台高級中學國中部	99	---	---	---	21	---	652
均頭國民中學附設國小部	93	6	9	166	12	26	398
三育高級中學附設國中部	95	---	---	---	6	---	140
弘明實驗高級中學附設國中小	96	13	14	328	7	---	172

由上表可知，民國 104 年度（2015）私立國民小學，本縣以普台國民小學的學校規模最大，全校班級數 21 班、學生數達 597 名；私立國民中學，以普台高級中學附設國中部的規模最大，全校班級數 21 班、學生數 652 名。總計民國 104 年度，本縣私立國中（部）學生人數 1362 名，私立國小（部）學生人數 1091 名。雖然少子化讓部分公立學校招生受到考驗，但私校卻不斷增班，似乎看不到招生的壓力，可見學校經營特色的重要性。本縣雖處在各種時代變遷因素互為交錯的影響下，但仍持續以最大努力，增進國民教育的發展，提升縣內學子們的受教品質。

第四章　中等教育

在大多數現代教育體系國家中，「中等教育」囊括受教育者在青春期所進行的正規教育，因我國將「進修教育」歸屬「社會教育」，本章以日間學制為範圍，不述及進修學校。它被當做是從常規的義務性初等教育、向有競爭力的高等教育或技能教育的轉化期。以往國內的教育制度是將中等教育，區分為高中與高職二大類，並直接對應到高等教育的高教與技職二大體系，但近年已在「延後分流」的教育理念下，逐漸打破傳統藩籬，讓國內學子在中等教育的選擇，更趨多元化。

南投縣中等教育於民國 83 年至 104 年間 (1994 ~ 2015)，成長迅速。本縣民國 83 年 (1994)，僅有高級中學 4 校、職業學校 5 校，至民國 104 年 (2015)，已成長為 15 校，包括高級中學 8 校、職業學校 6 校、實驗高中 1 校，惟本縣中等教育的學校較集中於南投市 (4 校)、草屯鎮 (3 校)、埔里鎮 (3 校)，其他鄉鎮僅 5 校；專任教師數由民國 83 年度 (1994) 的 723 人，民國 104 年度 (2015) 大幅增加為 1,279 人；學生總數由民國 83 年度 (1994) 12,185 人，民國 104 年度 (2015) 大幅增加為 15,021 人。顯示本縣中等教育在這段期間，獲得各方支援而茁壯。

本縣中等學校民國 88 年 (1999) 九二一大地震時，校舍受到損的學校，計有南投高中 (崇德樓、誠正樓、修齊樓及機工大樓)、中興高中 (科學館、專科教室、圖書館和女生宿舍)、南投高商 (道慈樓及教室)、竹山高中 (教學大樓、美術館、商科大樓側樓、蓮心樓與習竹館) 及埔里高中 (校學大樓及宿舍)，後直接改制為暨南國際大學附屬高級中學，經各界協助修復或重建工程，讓師生得以在新穎安全的校舍，恢復各種教學與學習活動。

中等學校在整體學校教育系統，係居於「中介與轉換」的角色，因此在學制 與教材教法上的區別，常有明顯差異，課程設計亦須隨時代需要而調整。教育部 於民國 84 年 (1995) 10 月發布「高級中學課程標準修正」復於 85 年 (1996) 1 月發布「高級中學課程標準實施要點」，隔年頒布「完全中學課程規劃原則」。隨後，教育部於民國 89 年 (2000) 6 月發布「高級職業學校課程標準」，但似乎仍有改進空間。復於 94 年 (2005) 2 月訂定發布「職業學校群科課程暫行綱要」，決定於民國 95 學年度 (2006) 實施。課程制定係依據職業學校法的區分，先按照不同選項 (工業類、商業、農業、家事、海事與水產、藝術 7 類下分 15 個職群)，再往下分科規範專業與基礎課程。基礎課程仍遵循七大領域 (語文、自然、社會、數學、藝術、體育與生活)，但加入專業科目、實習 (含相關實驗、實務科目) 與專題製作，強調學以致用與就業能力。課程改革透露出教育部求新求變的決心。

民國 84 年 (1995) 教育部為配合國中小課程標準修訂及因應社會變遷，修訂「高級中學課程標準」並自 88 學年度 (1999) 入學之一年級學生起逐年實施社會學科規劃「三

民主義」、「歷史」、「地理」、「公民」20 學分，以及「世界文化－歷史篇」、「世界文化－地理篇」、「現代社會」等必選科目 8 學分，共計 28 學分；另在自然學科安排「基礎物理」、「基礎化學」、「基礎生物」、「基礎地球科學」必修 8 學分以及「物質科學－物理、化學、地球科學」與「生命科學」等必選科目 4 至 6 學分，共計 12 至 14 學分。學分的概念與運用，遍行於整體學校教育系統。

　　教育部復於民國 90 年（2001）配合國中小九年一貫課程之實施，修訂「普通高級中學暫行課程綱要」，民國 95 年度（2006）起實施。範圍涵蓋：國文、英文、數學、地理、公民與社會、家政、生活科技、音樂、美術、藝術生活、體育、健康與護理、國防通識、生命教育、生涯規劃、綜合活動、物理、化學、生物、地球與環境、歷史總計 22 科課程。除延續九年一貫精神，承接國中小學習領域（仍區分：語文、自然、社會、數學、藝術、體育與生活共 7 大領域）精神外，也考量將來與大學基礎課程銜接，並將選修科目下放給學校，自行選擇與規劃。

　　民國 97 年（2008）3 月發布「職業學校群科課程綱要」，自 98 年度（2009）起實施；民國 100 年（2001）修正發布「普通高級中學課程綱要」總綱及國文課程綱要（含中華文化基本教材），並自 101 年度（2002）由高中一年級逐年實施。但是教育部為配合十二年國民義務教育的政策轉變，規劃高中高職課程能向前與國中國小的課程接軌，向後也可成為大學基礎教育先修課程，遂於民國 103 年（2014）11 月發布「十二年國民基本教育課程綱要」。預定要從民國 107 年（2018）開始，逐步實施最新的課程綱要。

　　「十二年國民義務教育課程綱要」之核心素養，係以培養人為本的「終身學習者」，在「自主行動」、「溝通互動」、「社會參與」三大面向，設定九大項目（「身心素質與自我精進」、「系統思考與解決問題」、「規劃執行與創新應變」、「符號運用與溝通表達」、「科技資訊與媒體素養」、「藝術涵養與美感素養」、「道德實踐與公民意識」、「人際關係與團隊合作」、「多元文化與國際理解」）作為各教育階段課程的主軸與內涵，培養學生循序成為均衡發展的現代國民。

　　根據教育部「十二年國民基本教育課程綱要」所述，重新定義的「高級中學」包括：「普通型高級中等學校」、「技術型高級中等學校」、「綜合型高級中等學校」與「單科型高級中等學校」四類，學校本身必須先設定類群並提出招生名額，供學生選擇適合自己性向（趣）的學習，學校也必須依照不同類群排出學生應修習課程，例如，「技術型高級中等學校」需根據所選「類群」，設定必修（基礎科目＋專業科目）與選修科目，預料將逐漸形成「學校特色」，並走向優質化。自民國 103 年（2014）開始，我國十二年國教納入「中等教育」，多所高中職感受沉重招生壓力。為進一步了解各校狀況，整理 104 年度（2015）資料如下：

表 1-16：高中職校務一覽

鄉鎮市	學校名稱	創校時間（民國）	104年度			備註
			班級數	教師數	學生數	
南投市	中興高級中學	46	33	99	1205	
南投市	南投高級商業職業學校	44	35	102	1113	
南投市	五育高級中學	86	17	33	473	90學年度開始招生
南投市	南投高級中學	35	45	118	1576	
草屯鎮	旭光高級中學	90	21	153	742	由旭光國中升格
草屯鎮	同德家事商業職業學校	59	64	112	2489	
草屯鎮	草屯高級商工職業學校	44	46	135	1525	
埔里鎮	埔里高級工業職業學校	42	40	101	1238	
埔里鎮	普台高級中學	96	15	72	555	98學年度開始招生
埔里鎮	國立暨南國際大學附屬高級中學	99	33	97	1060	由埔里高中改制
仁愛鄉	仁愛高級農業職業學校	21	18	51	519	
名間鄉	弘明實驗高級中學	96	3	18	95	98學年度開始招生
水里鄉	國立水里高級商工職業學校	85	33	76	1045	
魚池鄉	三育高級中學	95	6	25	152	
竹山鎮	竹山高級中學	55	39	103	1234	
總計			464	1279	15021	

　　教育部於民國 86 年（1997），公布「完全中學課程規劃原則」並開始試辦，復於民國 88 年（1999）7 月修改高級中學法，明訂我國高級中學適用「完全中學、綜合高級中學、實驗高級中學」三種學校類型。民國 90 年（2001）8 月，本縣教育局制訂「縣立高級中學組織規章準則」，隨後，民國 93 年（2004）6 月教育部修正「高級中等學校教育實驗辦法」，並同意籌設「南投縣私立弘明實驗高級中學」。同年另一所私立學校「普台中學」亦獲准設立並招生。本縣教育處訂定「南投縣學校型態實驗教育實施要點」並公布實施，可見本縣重視「鼓勵私人興學」。

　　雖說以往在中等教育的事務上，學校大都以教育部中教司為翹首，跟地方政府互動較少，可是教育處仍參與本縣的中等教育發展，努力為南投縣規劃未來。 為減輕弱勢學生學費負擔，本縣早於民國 88 年（1999）3 月 24 日公布「中等以上學校優秀學生獎學金辦法」，獎勵縣內優秀學子在學校努力學習，隨後制定「縣立高級中學組織規章準則」

（民90）、「學生家長會設置辦法」（民92）等具體措施；為落實照顧弱勢家庭的學子的美意，亦訂定「低收入戶學生及中低收入戶學生就讀南投縣立旭光高級中等學校」（民101）、以及「高級中等以下學校提供家庭教育諮商或輔導辦法」（民101）等。

此外，民國99年（2010）12月將國立埔里高中，改制為「國立暨南國際大學附屬高級中學」。民國101年（2012）1月再訂定「低收入戶學生及中低收入戶學生就讀南投縣立旭光高級中學學費減免辦法」，近年本縣教育處著力於健全學校行政運作，民國104年（2015）8月制定「縣立高中及公私立國民中小學學生家長會設置辦法」、「高級中等學校學生申訴評議委員會組織及運作辦法」。

國家新政策的推行，亦仰賴本縣教育處的配合，例如：當民國102年（2013）7月通過「高級中等教育法」並廢止「高級中學法」與「職業學校法」。新法規定十二年國教的「高級中等教育」採免試入學為主，由學生依其性向、興趣及能力自願入學，並依一定條件採免學費方式辦理。我國於民國103年度（2014）推行十二年國教政策，進入高中職將有兩個管道：『免試入學』及『特色招生』。本縣教育處亦製作網站做政策宣導，亦將相關資料轉至縣內各國中，做好資訊傳達角色，便利縣內眾學子。南投縣在「中等教育」的發展上，雖已走過民國83至104年（1994～2015），仍有許多值得紀錄的重要事件，整理如下：

表 1-17：中等教育大事紀要

時間（民國）	大事紀要
86.10	南投多位地方鄉紳人士共同發起創辦「私立五育中學」，這是本縣第一所私立完全中學。
88.09	遭逢九二一大地震，各級學校建築毀損嚴重，中等教育的實施受震災影響，多所校舍全毀，災民生命、財產損失無法估計。
90.07	私立五育中學於今年度正式招生(國中部六班、高中部四班)。
90.08	旭光國中升格為旭光中學，這是本縣第一所完全中學，也是草屯鎮第一所高中，次年更名為南投縣立旭光高級中學。
90.08	教育處依法訂定「縣立高級中學組織規章準則」全文12條並正式公布實施。同年12月再次修訂並公布實施。
95.10	本縣「私立弘明實驗高級中學」獲教育部同意籌設。
97.03	教育處修訂「中等以上學校優秀學生獎學金辦法」並公布正式實施。
98.09	「私立弘明實驗高級中學」於本學年度起，開始招收高中部。
98.09	「私立普台中學」於本學年度起，開始招收高中部。
99.12	埔里高級中學正式改制為「國立暨南國際大學附屬高級中學」。
101.01	教育處依法訂定「低收入戶學生及中低收入戶學生就讀南投縣立旭光高級中學學費減免辦法」全文10條並正式公布實施。

時間 (民國)	大事紀要
102.01	教育處依法訂定「縣立高中及公私立國民中小學學生家長會設置辦法」全文 18 條、並公告正式實施。
104.07	教育處依法訂定「南投縣高級中等以下教育階段非學校型態實驗教育實施要點」、「南投縣學校型態實驗教育實施要點」並公布實施。
104.09	教育處依法訂定「高級中等學校學生申訴評議委員會組織及運作辦法」全文 14 條並公告於民國 104 年 8 月正式施行。
104.09	教育處依法訂定「高級中等學校學生獎懲委員會組織及運作辦法」全文 19 條、並公告於民國 104 年 8 月正式施行。

中等教育介於國民教育與高等教育的銜接時期，也是學生選定未來專長領域 的重要時刻，以下依：一、高級中學；二、職業學校；三、實驗中學，分別敘述。

第一節　高級中學

根據我國中等教育的學制，高級中學受教育時間有 3 年，每年度再分成上下二個學期。教育部目前規範，高級中等學校得依《 高級中學教育法 》辦理「普通科」、「專業群 (職業) 科」、「綜合高中」、「實用技能學程」。本縣中等教育學校各依其發展方向，呈現豐富多樣的招生內容，提供每年一萬餘名的就讀名額，給予進入中等教育的學生，有更多選擇的機會。

截至民國 104 年度 (2015)，南投縣共有高級中學 8 所，包括國立中學 4 所，縣立中學 1 所，另有私立中學 3 所，為本縣在這段期間新設的高級中學，大致分布於本縣人口彙集或交通便利之處，其中包括南投市 3 校 (南投高級中學，簡稱南投高中，以下類推；中興高中、五育高中)，埔里鎮 2 校 (暨南附中、普台高中) 以及草屯 (旭光高中)、竹山 (竹山高中) 魚池 (三育高中) 各 1 校。而在民國 83 年與 104 年度期間 (1994～2015) 有三所新設學校：三育高級中學、五育高級中學以及普台高級中學 3 校，以下依序介紹。

「三育高級中學」位於魚池鄉，地址：南投縣魚池鄉瓊文巷 39 號。該校原為屏東大津三育聖經學校 (中學部)，民國 69 年 (1980) 遷校與三育學院整合改為「三育基督書院」，民國 88 年 (1999) 2 月，「中學部」由本縣核准設立為「南投縣體制外私立三育實驗完全中學」，九二一大地震時，綜合行政大樓及松鶴樓皆倒塌，幸能迅速復建。民國 95 年 (2006) 8 月，教育部核准立案為「南投縣私立三育高級中學」，並開始招生，創校校長為陳慕華。民國 104 年度 (2015) 國中部 6 班，學生 140 人；高中部 6 班，教師 25 人，學生 152 人。音樂與英語為該校特色。

該校起初以神學為設立之宗旨與目的，以耶穌基督為中心，力求在靈、智、體三方面並進之宗教教育，但在加入我國中等教育學校體制後，三育高級中學強調「生命關懷、誠信忠實、公義慈愛、終身學習」，經過多年不斷增建，該校擁有多棟美麗校舍，包括

音樂廳、教學大樓、行政大樓 …. 師生宿舍等俱全，該校特別注重英語與音樂課程。該校校園同時擁有國中、高中與大學部，可發揮教學相長的優勢，該校因學習環境優美，聲名遠播，常是許多遊客與攝影者理想景點。

照片 1-27：三育高中校門

（王光燦拍攝；民 106.03.16）

照片 1-28：三育高中校園活動

（學校提供；民 105.08.25）

「五育高級中學」位於南投市區，地址：南投縣南投市樂利路 200 號。設校之初，係以發展學生『德、智、體、群、美』五育均衡的全人教育為願景，遂以五育為校名。民國 86 年（1997）開始籌設，民國 88 年（1999）董事會成立，逢九二一大地震，遂延至民國 89 年（2000）6 月開始整地、10 月動工興建校舍，民國 90 年（2001）8 月正式招生，當年招收國中部 6 班，高中部 4 班，民國 104 年度（2015）仍有高中部 17 班，教師 33 人，學生 473 人，創校校長賴文吉。學校位於南投市八卦山腰，校舍採歐式建築，學習環境優雅，校地近十公頃。

民國 100 年度（2011）該校增設職業類科後，陸續加入資料處理、多媒體動畫、美容、應用外語科系，民國 104 年度（2015）起，新增圖文傳播科與服務照顧科，各招收 1 班學生。該校位於南投市區交通便利，普通科與職業類科併列，提供學生更多選擇，面對少子化與 12 年國教的變化，學校仍然努力向前迎接挑戰。

照片 1-29：五育高中校門與校舍

（學校提供；民 105.09.02）

照片 1-30：103 年度社團活動成果

（學校網站下載；民 106.07.26）

「普台高級中學」位於埔里鎮郊區，地址：南投縣埔里鎮中台路 5 號。學生來自各地學子來校就讀或是本身附設的國中部直升。民國 87 年 (1998) 即積極籌建，逢九二一大地震，即暫停先投入救災工作，隨後校舍興建完成，於民國 93 年 (2004) 8 月，國中部奉准招生；民國 98 年 (2009) 8 月，高中部開始招收學生。學校發展至 104 年度 (2015) 為止，高中部 15 班，教師 72 人，學生 555 人，附設國中部 21 班，學生 652 人。創辦人為中台禪寺的惟覺大和尚，屬宗教團體開設的私立高級中學。創校校長林秋惠，自民國 98 年度 (2009) 起，擔任校長至今。該校為同時擁有國中、高中部的完全中學。

學校硬體設備充足，擁有寬敞校區規畫與教學空間，包括天文館、音樂中心、藝術大廳.、外語教學區…..等新穎設施，還提供宿舍大樓與餐廳，供應學生起居、膳食需求。教學方面，除符合一般課程大綱與學習的要求之外，該校除延續普台 國民小學的課程特色，如國學課程、書法課程以及英、法、西、日四國語言教學，又再設立通識講座，增加課程學習與社會連結，而且學生一律住校，讓老師能夠 隨時督促生活作息與品格教育，上述特色讓家長放心將子女交給學校。

照片 1-31：普台高中校門

（王光燦拍攝：民 106.01.26）

照片 1-32：普台高中宿舍

（學校網站下載：民 106.07.05）

綜觀這 3 所新校，都是私立高中，其經營方式比較傳統公立學校更有特色，三育高級中學與普台高級中學都受到宗教團體支持，經費源源不絕是一大優勢，相較之下，五育高級中學則必須以自身經營特色獲取優勢，壓力似在所難免。

比較上述 8 所公私立高級中學，三育、五育、普台高級中學與縣立旭光高中，這 4 所學校都是同時擁有國中、高中部的完全中學學制，也是在九二一大地震後，改制或新設的學校，似是提前準備「十二年國教」的到來，這現象正是本縣中等 教育的特別之處。

第二節　職業學校

　　「職業教育」可培養基層技術人力資源，協助促進經濟發展、讓學生自我實現，因而解決日後的就業問題（張天津[8]，1983），「職業教育」也是台灣早年極為成功的技術人才培養管道，當初規劃係由高職連接到技職體系（現今的專科與科技大學）。政府遷台初期，運用美援辦理農、工類別「示範學校」方式，以實習為主、理論為輔，使學習者精習一技之長。民國 44 年（1955），教育部選定 8 所工業職業學校，啟動「工職示範計畫」；復於民國 53 年度（1964）公布「農業、工業、商業、水產、護理、助產、家事職業學校課程標準」，明定職業教育目標，高職進入教育體制。

　　我國教育部為配合民國 103 年（2014）8 月十二年國教的正式實施，將規範高職的《職業學校法》與規範普通高中、綜合高中《高級中學法》合併成立《高級中等教育法》，且於民國 102 年（2013）7 月通過「高級中等教育法」，並廢止「職業學校法」。原本「高級職業學校」已改稱「技術型高級中等學校」，而此類學校得自行選擇適當類群，以符合學校發展方向，達成「學生適性發展」與「特色化學校」的理念。

　　南投縣共有技術型高級中等學校 6 校，其中 5 校為國立，私立 1 所（同德家事商業職業學校，簡稱同德家商，以下類推），大致分布於本縣人口彙集或交通便利之處，包括草屯鎮 2 校（草屯商工、同德家商），南投市（南投高商）、埔里鎮（埔里高工）、水里鄉（水里商工）、仁愛鄉（仁愛高農）各 1 校。民國 83 年至 104 年期間（1994～2015），本縣新設「國立水里高級商工職業學校」1 校，該校介紹如下：

　　「國立水里高級商工職業學校」，位於水里鄉，地址：南投縣水里鄉 南湖路 1 號。當初為增加南投縣學子的選擇，教育部同意設校。該校於民國 85（1996）開始招生，設有日間部與進修學院，校地面積 6.2318 公頃。截至民國 104 年度（2015）為止，全校有 33 班，教師 76 人，學生 1045 人。創校校長為陳慶田。

　　學校擁有國家提供資源，師資、教學設備皆優良，充分提供學生訓練與實驗，該校目前設有餐飲管理科、資料處理科、電機科、觀光事業科、資訊科、體育班、綜合職能科（餐飲服務科）、實用技能學程（餐飲技術科）及應用外語日文組。除鼓勵學生專業認證與執照考試外，該校重視學生閱讀經驗累積，廣開各式社團，鼓勵學生參與、體驗。提供學生更多的選擇，準備好自己，進一步進入大學或是職場。

　　該校面對少子化與十二年國教，採取塑造本身優質化與特色化策略，持續向 前邁進。以下是該校提供的部分校園照片：

---

[8] 張天津著，《技術職業教育行政與視導》，臺北市：三民書局，1983。

照片 1-33：國立水里商工校園
（學校提供；民 105.08.25）

照片 1-34：划船隊練習場地
（學校網站下載；民 106.07.26）

第三節　實驗中學

　　我國於民國 89 年（2000）7 月通過公告「高級中等學校教育實驗辦法」，後於民國 93 年（2004）6 月、103 年（2014）修正發布。內中提及高級中等學校，得就「學校制度、經營管理、行政組織、課程教學、學生入學、學生學習成就評量、學生事務及輔導、社區及家長參與、區域及國際合作、雙語課程、..因素」，向教育部提出申請書辦理。又可分成「非學校型態」與「學校型態」兩類型，本縣教育處曾依法訂定「南投縣高級中等以下教育階段非學校型態實驗教育實施要點」、「南投縣學校型態實驗教育實施要點」並公布實施（民 104）。民國 90 年（2001）2 月，私立三育高級中學亦曾先以「三育實驗完全中學」方式申請設立，後續再正名。目前本縣所輔導實驗中學，僅弘明實驗高級中學 1 校，介紹如下。

　　「弘明實驗高級中學」位於本縣名間鄉，地址：南投縣名間鄉東湖村大老巷 102 號。該校係由弘明教育機構所創辦，中投地區另有多所弘明幼兒園以及弘明實小，皆屬台中縣弘明佛教基金會。民國 95 年（2006）10 月，該校向教育部申辦「私立弘明實驗中學」並獲准，同年 12 月開始動工興建校舍，於民國 96 年度（2007）10 月開始招收國小及國中部新生，民國 98 年（2009）該校成立高中部開始招生高一新生。民國 104 年度（2015），有高中部 13 班，教師 18 人，學生 95 人；附設國小部 13 班，教師 14 人，學生 328 人；附設國中部有 7 班，學生 172 人。創校校長陳火爐，民國 104 年（2015）8 月起，該校換由張宏儒接任校長至今。

　　該校提供所屬學生的學制與課程設計，係以品德教育為核心，並以領域教學為基礎，經典教育為主軸，強調藝術課程以及傳統文化的學習，因此欲藉由從幼兒園直到高級中學，一個縱貫 15 年的現代書塾的學習系統，來達成「涵養學生向善的心靈、明辨的智慧、寬過的胸襟與博雅的能力」。透過優良師資的努力、充足的科技設備與學習設施，提供每位學生合宜的學習環境，也因具備上述特色，使該校成為本縣學生的選項之一。

該校校舍係九二一大地震後興建的，不管是校門或其他建築物皆著有特色，以下提供該校部分校園照片：

照片 1-35：弘明實驗高級中學校門

（王光燦拍攝；民 106.01.26）

照片 1-36：弘明實驗高級中學校園

（學校網站下載；民 106.07.20）

　　整體而言，私校在經營理念以及招生策略的擬定上，常是比公立學校更有彈性些，規劃執行亦更講求效率，可提供彼此在學校經營上，一種相互學習的機會，本縣有多達 5 所的私立高中職，其中 3 所為完全中學，且都是宗教性團體所創設，或會有別於一般私人經營者的教育理念，相信此類學校的設立，必能豐富南投縣中等教育的發展方向。

　　南投縣在 12 年國教的教育政策下，教育處未來對各校將有更多參與的空間，不拘是高級中學、職業學校或實驗中學，勢必在「特色化學校」的前提下，呈現中等教育的多重面向，因而豐富本縣的教育體系，有別於其他縣市的發展潛力。

第五章　高等教育

　　「高等教育」具有培育未來人才的任務，而且大學所培育的人才素質，關係 到一個國家的未來發展（吳清山[9]，2011）。我國「大學法」第一條規定：「大學 以研究學術、培育人才、提升文化、服務社會，促進國家發展為宗旨」。今先進國家莫不以提升大學教育品質，發展卓越教育競爭力，為該國關鍵策略之一。

　　我國「高等教育」包括：專科四、五年級、二專與大學。這裡所謂的「大學」又分為：綜合大學與科技大學二種系統，一般將「綜合大學」設為「高教體系」，將「科技大學」稱為「技職體系」。一般大學科系的正常修習年限都是四年，但建築、藥學、醫學系則為 5-7 年。目前我國的高等教育分為專科學校、獨立學院及大學與院校研究所。日間與夜間部均採用學分制，但日間部入學必須經過特定考招管道才能入學，例如，申請推薦入學（學測或比賽）、考試分發（指考）。 專科以上學校大多設有進修部，學生以在職青年為主，進修部學生可參加聯招或 學校獨立招生。兩者修滿學分後、通過畢業門檻，都可獲頒畢業證書。

　　台灣的高等教育發展已有一段歷史，楊思偉[10]、陳盛賢 (2011) 認為，台灣的 大學溯自日治時期（民國 17 年）在台北設立的「帝國大學」（台灣大學前身），以及三個獨立學院，當時高等教育學生近 3000 人。二次大戰後台灣高等教育，在解嚴之前（民國 76 年）是以配合經濟發展目標與維持政治安定為原則，遵循國家訂定之體系運作模式，直到解嚴後，在政治局勢開放、經濟熱絡與社會環境變遷快速等多重因素影響下，高等教育品質與數量的發展（陳伯璋[11]，2005），由 16 所大學、3 所學院與 105 所專科，迅速轉變成民國 104 年的 149 所大學、15 所專科，學生人數愈 100 萬名，其中私立學校不論在校數或學生數，都約占總數的 3/2，我國私人興學的風氣已然盛行。但整體高等教育的發展，迨民國 83 年 (1994)「大學法」與「大學法施行細則」修法，方落實大學自治權。

　　民國 84 年 (1995) 本縣「國立暨南國際大學」順利在埔里掛牌復校，民國 88 年 (1999) 教育部通過大學招生策進會「大學多元入學新方案」，並於民國 91 年度 (2002) 開始實施。教育部於民國 90 年 (2001) 核准，當時「私立南開工商專科學校」升格為「私立南開技術學院」；民國 97 年 (2008) 再次核定「私立南開技術學院」，升格為「南開科技大學」。隨後多次修訂大學法相關條文。我國高等教育的治理方式，因此逐漸跟上先進國家的腳步。

---

[9] 吳清山著，〈我國大學評鑑的回顧與展望〉．收於國家教育研究院編《我國百年教育回顧與展望》，臺北市：國家教育研究院，2011 。

[10] 楊思偉、陳盛賢，〈我國高等教育發展特色與趨勢分析〉，收於國家教育研究院編《我國百年教育回顧與展望》，臺北市：國家教育研究院，2011 。

[11] 陳伯璋著，〈台灣高等教育的發展與改革〉收於《新世紀高等教育政策與行政》，台北市：高等教育，（頁 3-37），2005。

南投縣的高等教育計有，國立暨南國際大學（高教體系）、南開科技大學（技職體系）兩所大學，兩校都鄰近國道六號。民國 85 年 (1996) 8 月，國立暨南國際大學的大一新生開始入學，本縣高等教育的師生人數明顯增多，民國 104 年 (2015) 12 月的資料顯示，南投縣高等教育的專任教師人數 463 名，學生人數也增為 12,458 名。兩者皆較民國 83 年 (1994) 學生 5119 名，增加超過一倍，顯示高等教育在本縣，亦是蓬勃成長的現象。從民國 83 至 104 年期間 (1994~2015)，應該會有許多值得紀錄的重要事件或活動，茲將這些紀錄加以整理成大事紀要如下表：

表 1-18：高等教育大事紀要

時間（民國）	大事紀要
60.08	本縣「私立南開工業專科學校」創立，屬五年制專科學校。
84.07	國立暨南國際大學在埔里高中舉行掛牌儀式，首任校長袁頌西。
85.08	本縣國立暨南國際大學本年度開始招收大一新生。
88.09	南投縣遭逢九二一大地震，各級學校建築毀損嚴重，災民生命、財產損失無法 估計。國立暨南國際大學師生暫移至台灣大學，借用教室上課。
89.02	國立暨南國際大學大學校舍修建完成，暨大師生回到埔里上課。
90.07	本縣「私立南開工商專科學校」通過教育部評鑑，升格為南開技術學院。
97.08	本縣「南開技術學院」奉教育部核定，改名為南開科技大學。
104.12	總統令修正公布「大學法」第 5「自我評鑑」、9「校長遴選委員會」、15「校務 會議」、33 條條文「學生會、申訴制度」；並增訂第 33-1「申訴制度」、33-2 條 條文「訴願提出」。

南投縣雖僅有兩所大學校院，但綜看歷年成果，「高等教育」對於本縣所發揮的效應深遠，不論是大學教師或是大學生，他們在專業領域的貢獻或生活層面的付出，其實皆對南投縣以往的工商發展，產生難以估計的影響力，長遠來看，高等教育亦是本縣將來的潛力。以下分為：一、高教體系；二、技職體系，再進一步說明。

第一節　高教體系

「暨南大學」可遠溯自滿清時代，民國前 4 年 (1907) 為教育海外僑民專門設立之「濟南學堂」，後因辛亥革命爆發而停辦。後於民國 6 年 (1917) 復校，並更名為「國立濟南學校」，設「商業」與「師範」兩科，幾經更迭，該校於民國 27 年 (1938) 合併男、女生部，在上海真茹校區，改組為「國立暨南大學」。然學校為躲避戰亂，歷經多次遷移，最終停辦。

民國 40 年 (1951) 由各地校友在台北創立國立暨南大學校友會，並遊說各界人士，積極推動復校事宜，又於民國 79 年 (1990) 3 月 15 日成立「國立暨南大學籌 備處」，民國

80 年 (1991) 9 月 17 日，奉行政院核示「同意設校」，遂聘請顏秉嶼博士為籌備處主任，展開設校工作，選定本縣埔里鎮桃米坑台糖土地為設校校址。 教育部復於民國 83(1994) 年 4 月 7 日函告，在原校名加上「國際」二字，民國 84 年 (1995) 7 月 1 日「國立暨南國際大學」成立，首任校長袁頌西博士。

在多項因素考量下，校方是從在台復校的年份來計算建校的時間，民國 84 年 9 月順利招收中國語文研究所碩士班、比較教育研究所碩士班、社會政策工作研究所碩士班、國際企業研究所碩士班、經濟研究所碩士班，學生共 75 人，並設置語言教學與東南亞，兩個研究中心。民國 85 年 (1996) 9 月，該校首屆大一新生，招收經濟學系、社會政策與社會工作學系、土木工程學系、公共行政與政策學系。該初期設有人文、管理、科技三個學院，逐漸擴展相關系所，該校經過二十年的發展，已發展成擁有人文學院、管理學院、科技學院、教育學院，4 大學院、19 個學士班、27 個碩士班、14 個博士班以及 6 個研究中心，成為一所活力十足的綜合性大學，受到產、官、學界的重視。

「國立暨南國際大學」位於埔里鎮外圍，地址：南投縣埔里鎮大學路 1 號，校地廣達 150 公頃。校園面積廣達 150 公頃以上，校內各式建築與週遭花木環境，搭配得宜，可謂埔里鎮民的花園。學校緊鄰以生態保育聞名的桃米村，也是師生課餘休閒之處，各式專業課程、多樣活潑的各式社團活動與殷殷向學的男女青年，讓該校在各方面充滿生命力。

南投縣高教體系的大學，僅有該校 1 間，在地方人士殷切期待下，該校正式建校，其建校理念係基於強調前瞻性與國際觀的培養、兼顧科技化與人文觀的平衡、發揚中華文化與強化僑教功能等三項理念，以培養國內與僑界高級人才為努力方向。民國 88 年 (1999) 九二一大地震的破壞，導致該校多座校舍受損，學校在校長李家同在優先考量師生安全下，曾暫時北上借用國立台灣大學校舍復課，至民國 89 年 (2000) 2 月遷回。部分校園照片如下：

照片 1-37：國立暨南國際大學校門

（王光燦拍攝；民 106.01.25）

照片 1-38：國立暨南國際大學學人會館

（王光燦拍攝；民 106.03.14）

對於南投縣來說，高等教育除帶來學校師生的消費，加速學校周遭地區的經濟擴充外，高等人力引入的技術、知識面的內化，也是本縣位居內陸，非常需要的創新能力來源。這些專業人才是南投縣的人力寶庫之一。

大學的發展跟領導者有關，尤其大學校長往往又是學有專精的學者，截至民國104年（2015）止，學生6,139人、專任教師264人、職員110人。國立暨南國際大學的校園內，各種建築不拘是教學大樓、實驗室、行政大樓或圖書館，都充分顯出國立大學形象，雖然國內教育環境有少子化問題，未來大學生的來源逐漸減少，但因該校是國立大學，壓力相對較輕，而且藉助國際化、招收外籍學生、姊妹校交換學生學習、……等方式，讓學校持續突破與發展。

第二節　技職體系

南投縣技職體系大學，僅有南開科技大學一所，該校於民國60年度（1971）創校，當時係由顧李淑華所主持之董事會所創立。創校初期僅設電子、電機、機械三科，係五年制專科學校，招收國中畢業生入學，校名為「南開工業專科學校」，校地面積9.203公頃，以勤、篤、簡、樸為校訓。民國71年（1982）成立二年制夜間部，招收機械工程科二班。該校創立之初招生不易，慘淡經營，之後校務蓬勃發展，學生不斷增加，至民國74年（1985）有學生40班1,963人。民國81年（1992）增設日間部資訊管理科，民國82年（1993），再增設不動產經營科，校名亦改為「私立南開工商專科學校」，當時該校已有專任教師人數187人，學生人數5,119人。創校校長顧不先先生。

民國85年（1996）2月，該校校長因與新任董事長顧珮箴，治校理念不合而辭職。同年六月，因新任校長之聘任案引發董事會之爭議，不同意見兩派董事發生內訌而無法開會，以致校務發展受到影響，幸賴全體教職員師生之協力經營下，學校仍能順利成長。民國85年（1996）8月，該校又增設二年制專科進修補校，專門招收高中高職畢業之社會在職人士，利用週六及週日時間來校進修。然民國88年（1999）6月，該校董事會爆發爭議，在多方協調無效後，教育部為恐校務發展受影響，遂解散原董事會，並改派公益董事接管學校，避免持續惡化（參考草屯鎮志續修[12]，頁56）。

九二一大地震致該校校舍嚴重受損，計有二棟教學大樓及一棟行政大樓倒塌。學校一方面趕工搭建簡易教室，做為師生上課之用，一方面進行危樓拆除與重建工作。由於災後重建效率奇高，曾被教育部譽為「九二一校園重建中最佳典範」。民國90年（2001）7月完工落成，共興建教學大樓、工程大樓與行政大樓各一棟。該校歷經九二一大地震與災後重建過程，民國90年（2001）獲教育部核准，升格為「私立南開技術學院」。除招收五年制及二年制專科學生外，並同時設有二年制及四年制技術學院，當時，該校已

---

[12] 洪英聖主編，《草屯鎮志續修》，（草屯：草屯鎮公所，2005）。

擁有教學大樓二棟、工程大樓一棟、商學館、科學館、活動中心、圖書館一棟，另有男、女生宿舍各一棟，行政大樓一棟及實習工廠數棟。學校升格之後，校務運作經師生共同努力，民國 97 年（2008）8 月，再獲教育部核准，順利升格為目前校名「南開科技大學」。

　　「南開科技大學」係以「務實」(Realization)、「創新」(Innovation)、「宏觀」(Comprehensiveness)、「通識」(Harmonization) 作為其教育標竿，簡稱 RICH。學校 地址：南投縣草屯鎮中正路 568 號。學校校址位於草屯通往國姓、埔里的交通要道， 是本縣重要地標之一，雖歷經時代變遷，仍不減其重要性。創校經歷超過四十年的發展，成就該校在各領域的發展成果，至民國 104 年度（2015）為止，該校擁有民生、管理、電資、工程四個學院 16 個學士班、4 個碩士班，專任教師 195 人，職員 85 人、學生 6,675 人，歷年畢業生皆為本縣重要人才。該校部分校園照片如下：

照片 1-39：南開科技大學校門

（王光燦拍攝；民 106.01.25）

照片 1-40：南開科技大學中庭

（王光燦拍攝；民 106.03.14）

　　南開科技大學歷來與草屯地區居民往來密切，許多課程進修、研習與產學合 作都有連繫，也是本縣位於其鄰近地區工商企業的技術支援管道，對南投縣各項 人才的培育，貢獻良多。面對少子化危機，該校已跟鄰近高中職進行策略聯盟， 派遣教師進入高中職輔導學生，扎根經營以吸引學生申請入學。學校也跟隨時代 腳步，不斷嘗試校務拓展與轉型的可行性，以充分運用現有資源。

　　南投縣於民國 83 年度（1994）前，僅「私立南開工商專科學校」一所。民國 84 年度再加入「國立暨南國際大學」一所，本縣更要好好珍惜上述兩所大學，運用大學的學術與技術人脈，連結外界甚至國際，發展的機會才會更高。相對的，「高等教育」雖標榜校園自主，但鼓勵師生與外界往來，不論是策略聯盟或是產 學合作……等合作模式，都是更上一層的機會，令人期待。

　　本縣與「國立暨南國際大學」、「南開科技大學」，合則互蒙其利，應可再細部思考，以確切的策略，規劃可行的合作方案，這可能是南投縣現有學校教育體系，最具爆發力的一環。

第六章　特殊教育

台灣地區特殊教育的實踐，溯自長老教會英籍牧師甘為霖（William Campbell）於西元 1891 年在台南所設立的「訓瞽堂」（今日台南啟聰學校的前身），而後各地區陸續有「啟明」、「啟聰」學校的設置。日本軍醫木村謹吾於民國 6 年（1905）在台北市設立盲啞教育所（今日台北啟明學校與台北啟聰學校的前身）。至民國 45 年（1956），基督教兒童福利基金會創立之盲童育幼院（惠明學校前身），開私人興辦特殊教育風氣，專注於啟聰（聽障）與啟明（視障）（吳武典[13]，2011）。然僅依賴私人或教會的資源，不足以滿足國內特殊教育的需求。

學者吳武典亦提及我國於民國 51 年（1962），先於台北市中山國小，試辦智能不足兒童教育班，民國 57 年（1968）頒布之「九年國民教育實施條例」之第十條明定「對於體能殘缺、智能不足及天才兒童，應施以特殊教育或予以適當就學機會」，教育部隨後頒布「特殊教育推行辦法」（民 59），自此，包括特教師資培育、特殊兒童普查……等，關於特殊教育的推動，皆有明確的方向與原則。特殊教育逐漸受到政府重視，迨民國 73 年（1984）公布「特殊教育法」，漸奠定我國特殊 教育發展的基石。

教育部也於民國 79 年（1990）實施「全國第二次特殊兒童普查」，除將普查對象年齡層向上擴增至 15 足歲學生，另在障礙類別增加，語言障礙、行為異常、學習障礙、顏面傷殘及自閉症等五類；教育部依普查所得結果，復於民國 82 年（1993）訂定「發展與改進特殊教育五年計畫」，除擴大接受特教服務學生數量，亦提昇特殊教育服務品質。民國 84 年（1995）完成特殊教育白皮書「中華民國身心障礙教育報告書—充分就學、適性發展」。教育部以「零拒絕」為目標，障礙教育遂能由「隔離走向融合」，並正式在我國各級學校教育系統全面啟動。

但執行作業層面的諸多考量，仍有待各方配合解決，民國 86 年（1997）5 月「特殊教育法修正案」公布後，明訂將身心障礙學生入學年齡，向下延伸至 3 歲，並規定特殊教育經費比率，中央政府不得低於 3%，地方政府不得低於 5%，保障其經費來源，讓我國的特殊教育得以全面推動，而且，教育部相繼訂定「特殊教育法施行細則」、「特殊教育課程、教材及教法實施辦法」、「特殊教育學生入學年齡修業及保送甄試升學辦法」、「中小學資賦優異學生提早升學學力鑑定實施要點」及「高級中等學校數學及自然學科資賦優異學生輔導要點」等法規，鼓勵各級政府教育機關，選擇適當的學校設置資優班，我國特殊教育的推動方向大致確立，學制與課程的彈性及師資培育，亦有法定基礎，遂能在學校系統全力發展。

---

[13] 吳武典著，〈我國特殊教育之發展與應興應革〉收於國家教育研究院編《我國百年教育回顧與展望（頁 199-220）》，臺北市：國家教育研究院，2011。

南投縣特殊教育因資源不足，一直跟隨國家特殊教育的政策、法規和特殊教 育的時代發展潮流，逐步向前邁進。民國 88 年（1999）設置「南投縣特殊教育學生鑑定及就學輔導委員會」，辦理身心障礙學生的鑑定、安置及輔導相關事宜，讓本縣特殊教育鑑定安置工作，朝更周延與精緻方向發展。民國 89 年（2000）7 月在教育處成立「特殊教育課」，以統籌全縣特殊教育業務的推動，當時本縣因受民國 88 年（1999）九二一大地震影響，資源運用皆以重建為先，僅能勉強維持運作。

配合民國 89 年（2000）教育部推動〈身心障礙學生十二年就學安置計畫〉， 欲讓所有具升學意願障礙學生，如願就讀社區內高中職。本縣隨即於民國 91 年（2002）10 月 29 日通過「特教諮詢委員會設置要點」，並聘請專家學者、家長代表、相關團體與行政人員，指導解決推動特殊教育所遭遇之問題。其後教育處又多次公布或修正，有關特殊教育學生學費補助、交通費補助、獎助申請辦法，以及身障與資優的鑑定辦法、就讀普通班身心障礙學生教學原則與輔導辦法..等，都是讓特殊教育更具成效的行政措施。待民國 97 年（2008）1 月 1 日，配合地方制度法修正，改制為「特殊教育科」。謹將本縣有關特殊教育的大事紀要，整理如下：

表 1-19：特殊教育大事紀要

時間（民國）	大事紀要
84.03	縣政府動支殘障福利金，購置學生交通車三部，提供南投、埔里國小及旭光國中的殘障學生上下學，並在縣府設置殘障電梯。
88.06	本縣依特殊教育法規定，通過「特殊教育學生鑑定及就學輔導會設置要點」並正式實施。
89.04	教育處依特殊教育法訂定「國民教育階段重度身心障礙學生教育補助費申請辦法」全文 11 條並公布正式實施。
89.04	教育處依法訂定「國民教育階段身心障礙學生獎助申請辦法」全文 9 條並公 布正式實施。
89.04	教育處依法訂定「國民教育階段身心障礙學生就學費用減免辦法」全文 8 條並公布正式實施。
89.05	教育處依法訂定「就讀普通班身心障礙學生安置原則與輔導辦法」全文 12 條並公布正式實施。
89.07	教育處由學管課現有業務中，將特殊教育業務獨立，成立「特殊教育課」。
91.10	本縣依特殊教育法規定，通過「特教諮詢委員會設置要點」並正式實施。
92.10	教育處依法修訂「國民教育階段身心障礙學生就學交通費補助實施辦法」並正式實施。
95.03	教育處依法修訂「就讀普通班身心障礙學生教學原則與輔導辦法」並公布正式實施。
97.01	本縣配合地方制度法修正，將「特殊教育課」改制為「特殊教育科」。

時間 (民國)	大事紀要
97.07	教育處依法修訂「就讀普通班身心障礙學生教學原則與輔導辦法」並公布正式實施。
99.05	教育處依法修訂「國民教育階段身心障礙學生就學交通費補助實施辦法」並公布正式實施。
99.06	本縣特殊教育諮詢會議經多次修正，通過「南投縣特殊教育短中長程發展計畫 (民 101-106 年)」並正式實施。
104.09	教育處修訂「就讀普通班身心障礙學生教學原則與輔導辦法」與「國民教育階段身心障礙學生獎助申請辦法」並公布實施。

　　南投縣的特殊教育，初期雖以輔導智能障礙者「啟智班」、視覺障礙「啟明班」或是輔導資賦優異者「資優班」為主。後期大致區分「身心障礙」與「資賦優異」兩大類。本縣於民國 91 年 (2002) 成立「特殊教育輔導團」，直屬教育處特教科，輔導團設有分區召集人及專業特教研究員和輔導員，區分身心障礙與資賦優異兩組，另設「特殊教育學生鑑定及就學輔導會」，補足輔導專業治療不足之缺口。

　　本縣特殊教育的實施，以縣內各級學校為主，但是因專業特教師資不足、特 教課程缺乏與偏遠地區的交通限制等困難，面臨很大挑戰。遂於民國 93 年 (2004) 至 97 年 (2008) 進行「學前身心障礙特殊教育五年計畫」結合社政、衛生及相關民間團體，以提昇學前特教服務之品質。隨後「特殊教育輔導團」提出民國 96 年 (2007) 至 102 年 (2013) 特教短中長期發展計畫，經多次修正，更名為「南投縣特殊教育短中長程發展計畫 (民 101-106 年)」(2012 ～ 2017)，短程目標 (民 101-102 年)(2012~2013) 係以「落實特教學生鑑定與安置」；「營造學生中心的特教課程」；「提昇特教教師之專業知能」；「向中央爭取設立國立南投特殊教育學校」為主。中程目標（民 103-104 年）（ 2014~2015）則以「改善特教班學生就學交通及充實特教資源相關設備」；「與大學特教中心合作各項研究案」；「建置無障礙校 園環境」三項。長程目標 (民 105-106 年) (2017~2018) 欲建構全人化的特教教學與專業團隊服務模式，塑造優質特教環境。特殊教育輔導團在推動短程目標前，南投縣設有啟智、資源、啟聰、視障、啟幼、聰幼、巡迴輔導、智優、音樂、美術、學術性向資優等類別之特殊教育班，安置於 51 所國民中小學與 7 所高中職，總計 110 班，並於縣立旭光高中設置「特殊教育資源中心」，下設五個分區中心和 一個資優資源中心共同負責，工作項目如下表：

表 1-20：特殊教育資源中心及各分區中心工作項目

資源中心名稱 / 鄉鎮區域 （ 負責學校 ）	工作內容
特教資源中心 / 全縣 （旭光高中）	1. 建立本縣特殊教育資源體系，整合並有效運用現有特教資源。 2. 宣導特殊教育法規、推廣特殊教育理念。 3. 提供縣內特殊學生之教學、鑑定之諮詢服務。 4. 研發有關特殊教育之課程、教材、教法及教具。 5. 進行特殊教育教學資源與新知之搜集與交流。 6. 本縣鑑定安置中心。
南投區 / 南投市、名間鄉、中寮鄉 （南崗國中）	1. 配合特教資源中心規劃辦理相關業務。 2. 協助規劃鑑定評量發展與實務運作。 3. 分區鑑定安置中心。
草屯區 / 草屯鎮、國姓鄉 （草屯國小）	1. 配合特教資源中心規劃辦理相關業務。 2. 協助規劃專業團隊發展與實務運作。 3. 分區鑑定安置中心。
埔里區 / 埔里鎮、魚池鄉、仁愛鄉 （埔里國中）	1. 配合特教資源中心規劃辦理相關業務。 2. 協助規劃情緒行為障礙輔導與實務運作。 3. 分區鑑定安置中心。
水里區 / 水里鄉、集集鎮、信義鄉 （水里國小）	1. 配合特教資源中心規劃辦理相關業務。 2. 協助規劃學前特殊教育發展與實務運作。 3. 分區鑑定安置中心。
竹山區 / 竹山鎮、鹿谷鄉 （雲林國小）	1. 配合特教資源中心規劃辦理相關業務。 2. 協助規劃到校教學輔導與研討。 3. 分區鑑定安置中心。
資優資源中心 / 全縣 （光華國小）	1. 配合特教資源中心規劃辦理相關業務。 2. 提供縣內資優學生之教學、鑑定之諮詢服務。 3. 研發有關資優教育之課程、教材、教法及教具。 4. 分區鑑定安置中心。

　　藉助民國 101、102 年的發展，擴大學生安置人數、培訓各級學校特教教師與開發特教課程，南投特教學校亦於民國 102 年 (2013) 設立。而 103、104 年度與大學頻繁合作，在民國 104 年度共開設逾 120 班、合格教師比率亦已提高……，中程目標似已奏效，且民國 105 年 (2016) 7 月，在台中教育大學特教中心協助下，「南投縣特殊教育白皮書[14]」完稿；該計畫已於民國 101 年、102 年各投入 290 萬，再於民國 103 年、104 年各投入 650 萬，民國 105 年、106 年仍將每年投入 300 萬。

---

[14] ＜ 南投縣 105 年度特殊教育白皮書 ＞，台中教育大學特殊教育中心，台中教育大學：台中， 2016。

本縣特殊教育針對「資賦優異」的部分，係採不分區方式，輔導其正常發展，為提升特教師資專業能力，特殊教育輔導團不定期舉辦研習，部分活動照片如下：

照片 1-41：鑑定安置增能研習 104.03　　　　照片 1-42：特教巡輔教師進階研習 104.03
（直接由南投縣特殊教育輔導團網站 [15] 下載；民 106.07.23）　（直接由南投縣特殊教育輔導團網站 [16] 下載；民 106.07.23）

由於特殊教育進入教育體系時間稍晚，現有資料係自民國 97 年（2008）開始，依照「身心障礙」與「資賦優異」兩類，統計歷年班級數、學生數與教師數如下：

表 1-21：特殊教育的發展 [17]（民國 97~104 年度）

類別　年度	身心障礙			資賦優異		
	班級數	學生數	教師數	班級數	學生數	教師數
97	92	2211	245	37	1275	34
98	99	2194	258	39	967	39
99	100	2279	269	28	776	---
100	103	2486	265	23	598	---
101	103	2507	248	22	558	34
102	103	2486	255	19	493	28
103	103	2379	254	19	513	31
104	103	2389	263	19	519	33

綜觀上表，本縣安置的身心障礙學生人數有逐年提高的趨勢，顯示更多學生 能夠接受特殊教育系統課程與教學方式。本縣另有「署立南投啟智教養院」與「私立德安啟智教養院」2 所機構，惟因歸屬「社會福利」，在此不另贅述。

---

[15] 南投縣特殊教育輔導團 http://ms1.skjhs.ntct.edu.tw/~center/v/index.html.（瀏覽日期：2017/03/26）

[16] 南投縣特殊教育輔導團 http://ms1.skjhs.ntct.edu.tw/~center/v/index.html.（瀏覽日期：2017/03/26）

[17] 教育部特教通報網 https://www.set.edu.tw/（瀏覽日期：2016/08/24）

我國《特殊教育法》第二十七條及《特殊教育法施行細則》第十八條特別提出，需為每一位身心障礙之學生設計「個別化教育計畫」，上述法令規範乃為確保身心障礙學生得到適性且個別化的服務，並促進教師有效率的教學，同時整合家長、教師及專業人員的意見與期望，不至於失之主觀。然而特殊教育實施 的過程端賴一整套系統性的課程架構，方得以有效推展。

　　國民教育階段的特殊教育課程設計應以學生為主體，以生活經驗為重心，培養九年一貫課程綱要所提及學生需要之十大基本能力。此外，民國 88 至 90 年間（1999～2001），教育部相繼完成啟聰、啟明、啟仁、啟智..及高中特教班職業學程課程綱要的修訂工作。教育部正規畫推動「高級中等學校以下特殊教育課程大綱」，未來勢必連結「十二年國民基本教育課程綱要」，將對我國特殊教育的發展，產生深遠的影響。

　　南投縣財政較拮据且幅員遼闊，因地理環境較難聘到足夠的合格特教教師，但本縣正逐漸擺脫困境，尤其學前階段的特殊教師合格率達至 100%；國小階段的特殊教師合格率亦達到 95%；整體特殊教育教師合格總比率，由 77% 提升至 81%，本縣 103（2014）、104 年度（2015）特殊教育教師[18] 合格率變化如下圖：

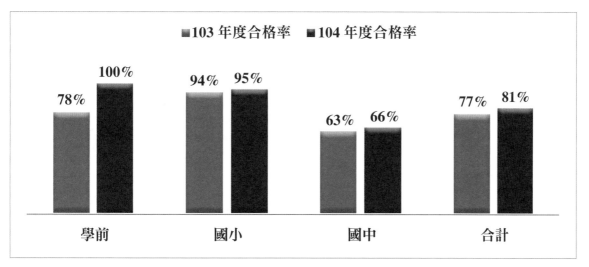

圖 1-1：民國 103、104 年度各教育階段特殊教育教師合格率

　　南投縣的特殊教育歷經數十年努力而有今日，實因背後有許多人默默奉獻，為說明特殊教育的成果，依序介紹：一、身心障礙教育；二、資賦優異教育。

第一節　身心障礙教育

　　我國「特殊教育法」明定「身心障礙」的範圍，包括：智能障礙、視覺障礙、聽覺障礙、語言障礙、肢體障礙、腦性麻痺、身體病弱、情緒行為障礙、學習障礙、多重障礙、

---
[18]〈南投縣 105 年度特殊教育白皮書〉，台中教育大學特殊教育中心，台中教育大學：台中，2016。

自閉症、發展遲緩、其他障礙。各縣市設有特教中心與專業網站，便利業務推展並互相提供特教資源，藉以保障身心障礙學生的學習權益。

南投縣目前的身心障礙班級型態，分為學前融合教育、學前集中式特教班；國中小階段有資源班、集中式特教班、巡迴輔導班（含不分類、聽障、視障、情障、在家教育），依據身心障礙學生的需求，提供適性安置的環境。本縣中小學身心障礙學生安置於普通學校接受教育的融合率已達 89.71％，顯現本縣融合教育發展趨勢，並在身心障礙學生的鑑定與安置方面，逐漸看到成果。本縣民國 97 年（2008）至 104 年（2015）接受特殊教育的學生數，依「幼兒教育」、「國民教育」、「中等教育」、「高等教育」與「特教學校」分類，資料整理如下表：

表 1-22：身心障礙教育學生數變化（民國 97 年~104 年）

年度	總計	幼兒教育	國民教育		中等教育	高等教育	特教學校
			國小	國中			
97	2211	126	1024	653	408	157	0
98	2194	173	1010	616	395	184	0
99	2279	233	988	629	429	197	0
100	2486	291	1042	683	470	207	0
101	2507	246	1040	720	501	167	54
102	2486	231	1002	734	519	183	99
103	2379	235	968	730	446	205	126
104	2119	233	976	726	2	192	149

南投縣除提供教育、交通…各項補助外，本縣配合教育部的策略方向，於民國 100 年（2011）至 105 年（2016）陸續完成縣內各教育階段特殊教育教師參與特教新課綱之研習，並配合教育部政策逐步推動特殊教育教師參與十二年課綱之實施。重點包括將特殊教育教師列入學校課程發展委員會（以下簡稱課發會）成為委員、學校本位課程包含特殊教育等，使身心障礙學生能得到較有效的學習。

國中小特殊教育教師，亦可按照學生的需求及新修訂特殊教育課綱的原則，為身心障礙學生擬定並執行個別化教育計畫，也根據個別學生的需求調整或編製適當的課程與教材進行教學。教育處已設置網站，供全縣特教教師上傳自編教材，並推動特教教材、教具製作比賽，鼓勵教師研發教材教具與互相交流。

根據教育部特教通報網 [19] 統計資料，本縣 104 學年度（2015）學前教育有身心障礙班 9 班 233 人，其中安置於一般幼兒園 12 人、不分類巡迴輔導班 186 人、不分類集中式特教班 34 人、聽障巡迴輔導 1 人；國小教育有身心障礙 54 班 976 人，安置於不分類分散式資源班 484 人、不分類巡迴輔導班 284 人、智能障礙集中式特教班 73 人、聽覺障礙集

[19] 教育部特教通報網 https://www.set.edu.tw/(瀏覽日期：2016/08/24)

中式特教班 2 人、情緒障礙集中式特教班 30 人，視覺障礙巡迴輔導班 1 人，聽覺障礙巡迴輔導班 6 人，在家教育巡迴輔導班 13 人，普通班接受特教服務 83 人。

國中教育有身心障礙班 40 班 726 人，其中安置於不分類資源接受特教服務 448 人，不分類巡迴輔導班 115 人，智能障礙集中式特教班 71 人，情緒障礙巡迴輔導班 8 人，聽覺障礙巡迴輔導班 1 人，在家教育巡迴輔導班 17 人，於普通班接受特教服務者有 61 人。高中職教育階段身心障礙學生有 2 人，全部安置於普通班接受特殊教育服務。各級學校特殊教育的學生總數 2119 人。

整理南投縣 101 年度至 104 年度的特殊教育開班情況，比較發現針對智能障礙的「集中式特教班」由 29 班變成 21 班，顯示正減班中，取而代之的是，「不分類的分散式資源班」以及「不分類的巡迴輔導班」。因目前特殊教育主張「融合教育」，學生盡量安排隨正常班級上課，再依需要給予個別輔導，本縣也朝此方向調整。

近期對本縣特殊教育發展有正面影響的因素，應該是「國立南投特教學校[20]」的成立。校址：南投市中興新村仁德路 200 號。校區位於環境優美並具有歷史、文化價值的中興新村，校地面積 1.97 公頃，於 102 學年度 (2013) 開始招生。根據教育部特教通報網，該校 104 學年度 (2015) 有高職部 7 班，國中、國小各 3 班，學生 149 名，專任教師 29 人，職員 19 人，創校校長陳韻如女士。該校係教育部依據「特殊教育法」，基於人性尊嚴、本諸人本關懷及落實教育機會均等之民主理念，核定成立之特殊教育學校。該校為一間社區化的特殊教育學校，以個別化及適性化為原則，發揮教學、研究、輔導、服務及轉銜之功能。經各方奔走爭取，南投縣特殊教育學校終於成功設校。

在教育設計上，南投特教學校係本於學生能垂直銜接學前教育、國小、國中 階段特殊教育課程及高職，畢業後轉銜至家庭、社區與社會生活，具備最新教育理念之優勢，以培養學生獨立生活能力、社區生活能力及職業生活能力，並提供全方位且無接縫之轉銜服務。南投特教學校同時致力結合教育與醫療，建立完整特殊教育支援服務系統，提供區域性特教諮詢服務與支援平臺，目標成為南投地區高中職特殊教育資源中心。該校的部分校園照片如下：

照片 1-43：國立南投特教學校校門

（學校提供；民 105.08.24）

照片 1-44：國立南投特教學校校舍

（學校提供；民 105.08.24）

[20] 國立南投特殊教育學校網站 http://www.ntss.ntct.edu.tw/index_main.php?page=about. (瀏覽日期：2015/01/22)

第二節　資賦優異教育

　　我國「特殊教育法」明定「資賦優異」範圍包括：一般智能資賦優異、學術性向資賦優異、藝術才能資賦優異、創造能力資賦優異、領導能力資賦優異、其他特殊才能資賦優異。我國「藝術才能優異」學生佔全部「資賦優異」學生的百分之 56.8，其次為學術性向類，佔百分之 26.9（教育部特教小組，2100），但不同教育階段的佔比仍有差別。伴隨創造力教育受到全球重視，資優教育似乎已成為國內教育專家、學者們力捧之下的新寵。

　　國內教育界對於「資賦優異教育」的關注，比較「身心障礙教育」落後許多，民國88 年（1999）台北市先發布「台北市資優教育白皮書」，隔年成立「資優教育資源中心」，俟民國 89 年（2000）教育部推「創造力與創意設計師資培育計畫」，並於民國 91 年（2002）公佈「創造力白皮書」，至民國 95 年（2006）教育部研訂「資優教育白皮書」、規範鑑定辦法及設班方式。開始引發學校與家長的關注。

　　教育部復於民國 99 年（2010）公告實施「特殊教育課程教材教法及評量方式實施辦法」，內中第三條條文明定「資賦優異教育之適性課程，除學生專長領域之加深、加廣或加速學習外，應加強培養批判思考、創造思考、問題解決、獨立研究及領導等能力。」然立法的美意，卻可能因學校或家長過度強調「智能資賦」，效果大打折扣，本縣亦盡力修正此種現象，讓「資賦優異教育」走上正軌。有關南投縣在資賦優異教育的發展，根據 17 教育部特教通報網的統計資料，本縣於民國 97 至 104 年間（2008~2015），資優班學生人數變化如下表：

表 1-23：資賦優異教育學生數變化（民國 97-104 年度）

年度	總計	國民教育		中等教育
		國小	國中	
97	1275	128	877	270
98	967	116	631	220
99	776	102	356	218
100	598	77	242	279
101	558	73	157	328
102	493	65	107	321
103	513	62	140	311
104	519	55	153	311

　　由表 1-6-07 可知，南投縣近年來積極回應特殊教育政策與法規的變革，由於部分學校與家長，常將資賦優異教育限縮在課業成績，造成本縣國民教育階段的資優班招生，常出現擠破頭的現象，人情關說等偏差現象不斷，各級學校亦困擾，但從本縣民國 97 年（2008）至 104 年（2015）的變化發現，國小學生接受「資賦優異教育」人數已大幅減少，

由 128 名降為 55 名；而國中生自 877 名降為 153 名；這改變似受教育部嚴格審視各校申請條件影響，有利「資賦優異教育」資源運用。

　　南投縣各級學校於民國 104 年度（2015），僅光華國小辦理一般智能資優班 4 班；南崗國中辦理不分類資優班 2 班；中興國中辦理一般智能資優班 2 班。高中學生人數由 270 人增為 311 人，包括南投高中音樂班 3 班；中興高中數理班、語文班各 3 班；竹山高中 3 班。以下是本縣竹山高中與光華國小 2 校的部分活動照片：

照片 1-45：全國美術比賽竹山高中獲獎者合影 104.12.17（學校網站下載；民 106.07.23）

照片 1-46：特教輔導團參訪光華國小資優班 104.11.20（學校網站下載；民 106.07.23）

　　本縣特殊教育追隨國家特殊教育的政策、法規和特殊教育的時代發展潮流，逐步向前邁進，期能達到「使身心障礙及資賦優異之學生接受適性教育，充分發展身心潛能，培養健全人格」的目標，這也讓本縣特殊教育工作者不敢鬆懈。

　　「學校教育」常帶有許多人學習與成長的美好回憶，當「十二年國教」上路，日趨完整的學習規劃，加重我們對學校教育的期待。從年齡看，「學校教育」乃是 3 歲到 22 歲，總共 19 年的黃金時光，包括幼兒教育、國民教育、中等教育到高等教育，是個接續學習的教育系統，影響學生的個人發展甚鉅。

　　觀察過去的 22 年，發現本縣各級學校教育的發展，差異極大，「學前教育」、「國民教育」、「中等教育」與「特殊教育」，各章係透過各級學校的變遷過程，看到南投縣教育工作者的汲汲不倦，令人領悟以「百年樹人」詮釋教育人的深意。本縣學校教育透過來回整理，重拾這些珍貴的經驗值，對於新生一代彌足珍貴。「學校教育」不僅是身歷其境的教育工作者的成果，其實也是所有參與者，奉獻他（她）的一己之力，何其幸運，大家能共同見證這段歲月的真實軌跡。

參考資料

一、基本史料

劉枝萬者，《南投縣教育志稿》，（南投：南投文獻委員會，1960.6）。

黃耀能、陳哲三總纂，《南投縣志》，(南投：南投縣政府，2010)。

陳哲三總編纂，《竹山鎮志》，(竹山：竹山鎮公所，2001)。

洪英聖主編，《草屯鎮志續修》，(草屯：草屯鎮公所，2005)。

不著撰者，《魚池鄉志》，(魚池：魚池鄉公所，2001)。

周國屏主編，《名間鄉志》，(名間：名間鄉公所，2001)。

周國屏主編，《南投市志》，(南投市：南投市公所，2002)。

尹志宗編，《水里鄉志》，(水里：水里鄉公所，2007)。

沈明仁編，《仁愛鄉志》，(仁愛：仁愛鄉公所，2008)。

潘海英主編，《國姓鄉志》，(國姓：國姓鄉公所，2012)。

陳哲三總編纂，《集集鎮志》，(集集：集集鎮公所，1998)。

林文彥主纂，《鹿谷鄉志》，(鹿谷：鹿谷鄉公所，2009)。

二、專書與論文集

< 南投縣105年度特殊教育白皮書 > ，台中教育大學特殊教育中心，台中教育大學：台中，2016.07。

林妙徽篆稿，< 學前教育 > ，收於姜添輝編篆《 嘉義市志‧卷六‧教育志 (上) 》，嘉義：嘉義市政府，2003。

吳武典著，< 我國特殊教育之發展與應興應革 > ．收於國家教育研究院編《 我國百年教育回顧與展望 》，臺北市：國家教育研究院，2011。

吳清山著，< 我國大學評鑑的回顧與展望 > ．收於國家教育研究院編《 我國百年教育回顧與展望 》，臺北市：國家教育研究院，2011。

陳伯璋著，< 台灣高等教育的發展與改革 > 收於《 新世紀高等教育政策與行政 》，台北市：高等教育，2005.07。

段慧瑩著，< 我國幼兒教育發展之議題與興革 > ．收於國家教育研究院編《 我國百年教育回顧與展望 》，臺北市：國家教育研究院，2011。

楊思偉、陳盛賢著，< 我國高等教育發展特色與趨勢分析 > ，收於國家教育研究院編《 我國百年教育回顧與展望 》，臺北市：國家教育研究院，2011。

張天津著，《 技術職業教育行政與視導 》，臺北市：三民書局，1983。

黃能堂著，< 我國技職教育之變革及其影響因素分析 > 國家教育研究院編《 我國百年教育回顧與展望 》，臺北市：國家教育研究院，2011。

鄭素卿編，《堅忍奮鬥 -- 九二一大地震重建總報告》，南投市：南投縣政府，2001。

鍾起岱編，《重建地區 24 鄉鎮市九二一重建成果願景與重大施政彙編》，南投縣：行政院九二一震災災後重建推動委員會，2002。

三、期刊論文

潘麗珠、曾美惠、萬家春，< 九年一貫語文領域本國語文詩歌吟誦創意教學研究成果推廣行動研究結案報告 > ，教育部顧問室《創造力教育先導型計畫：創意教師行動研究》，2005。

馬惠娣，< 國民小學小校裁併政策之可行性研究 - 以南投縣為例 > 《南投文教》，28，2009，42-46。

陳廷楷，優質教育的營造，《南投文教》，33，2013，30-33。

吳碧霞，< 「人文揚品‧閱讀德興」美麗實現 > ，《南投文教》，34，2014，61-64。

黃寶園，< 優質教育的營造 > ，《南投文教》，33，2013，6-18。

黃寶園，< 營造優質具競爭力的南投教育：南投教育願景的塑造> ，《南投文教》，34，2014，6-18。

四、學位論文

黃宗輝，< 南投縣 921 震災後影響國民中小校園重建因素之研究 > ，國立暨南國際大學教育政策與行政研究所碩士論文，2002。

五、報刊文章

張正宜，< 閱讀磐石獎屢獲佳績 > ，《南投報導》，79，2016.04，48-49。

謝忠哲，< 學習技藝多元發展 > ，《南投報導》，81，2016.09，54。

南投縣政府編，《南投縣統計要覽》，(1994~2015)。

六、網路資料

教育部統計處 http://www.edu.tw/statistics/publication.aspx?publication_sn=1734.(瀏覽日期：2015/01/22)

內政部統計查詢網 http://statis.moi.gov.tw/micst/stmain.jsp?sys=100. (瀏覽日期：2017/03/17)

南投縣政府教育處 http://www.ntct.edu.tw/files/13-1000-230.php. (瀏覽日期：2015/01/22)

國立南投特殊教育學校 http://www.ntss.ntct.edu.tw/index_main.php?page=about. (瀏覽日期：2015/01/22)

教育部特教通報網 https://www.set.edu.tw/ (瀏覽日期：2016/08/24)

全國幼保資訊網 http://www.ece.moe.edu.tw/ (瀏覽日期：2016/08/25)

國民教育社群網 http://teach.eje.edu.tw/9CC2/9cc_97.php.（瀏覽日期：2016/08/25）

教育部部史網站 / 大事紀要 http://history.moe.gov.tw/milestone.asp.（瀏覽日期：
2016/08/21）

國際暨南大學 105 年校務及財務資訊公開內容 http://www.ncnu.edu.tw/ncunweb/page/
showDetail.aspx?id=f6812ebe-ac8a-4074-849e-40feced1161e&board=unit&target=i（瀏覽
日期：2017/01/02）

南開科技大學 104 年度校務資訊公開內容 http://www.nkut.edu.tw/main.php（瀏覽日期：
2017/01/02）

南投縣特殊教育輔導團 http://ms1.skjhs.ntct.edu.tw/~center/v/index.html.（瀏覽日期：
2017/03/26）

南投縣竹山高中網站 http://iread100.blogspot.tw/2015/（瀏覽日期：2017/07/23）

南投縣光華國小網站 http://163.22.60.220/photo/#!Albums/album（瀏覽日期：2017/07/23）

社會教育篇

撰稿人：邵祖威

概　論

　　前志《南投縣志》卷五《教育志‧社會教育篇》，主要論述荷人治台至戰後社會教育之概況，時間斷限約為 1624 年至民國 82 年（1993），時期則分為清領時期、日治時期以及戰後之社會教育發展。

　　荷西治台及鄭成功來台時期，本縣並無推行可見之相關社會教育。至清代時期，主要是藉由宣講聖諭，以作為百姓為人處事的準則。[21] 南投本地則於乾隆、嘉慶年間設立社學進行宣導，至道光年間則改為書院，如藍田書院、登瀛書院等，至同治年間林圮埔創建文昌祠、光緒年間於集集堡創建明新書院等。除宣講聖諭外，敬惜字紙在清代亦是為政者所提倡之社會教化的主要手段之一，各地設「聖蹟亭」以供焚化字紙。本縣經考證可徵之「聖蹟亭」有五處，分別位於竹山頂福戶福德廟前、媽祖廟連興宮右畔、國姓爺廟沙東宮右畔、社寮開漳聖王廟左畔及鹿谷鄉新寮村。[22] 此外尚有「旌賞善行」之推行，意即對社會中有關忠孝節義、善行事蹟、「鄉賢」、「樂善好施」、「節孝」、「急公好義」予以旌表、獎賞，作為社會典範，以維持倫理綱常，並達到社會教化之目的。經《南投縣志‧教育志‧社會教育篇》中考證，本縣於此部分共可有等項目獲得旌賞。[23]

　　原住民的教育部分，清代蓋分為平埔族、化番與高山族，並對原住民之教化積極推行於清末，在社會教化部分，教育內容與方式與漢人相近，內容主要以淺近之語列出人倫日常之用，然效果不甚明顯，[24] 至清末甲午戰後割台於日本，清代之原住民社會教育則宣告終止。

　　日治時期社會教育之推廣，大致可分為「部落」的教化、日語的推行、青少年教育、圖書館發展等四個層面。[25] 其社會教育目標主旨為將臺灣人民教化成為具有高度日民意識的忠良皇民，由教育經費中社會教育經費僅次於國民教育經費，[26] 可見日本對此之重視。

　　具體實施上，臺灣總督府文教局內設置社會課統轄全台社會教育事務，當時本縣屬於臺中州，亦於大正 9 年（1920）設立社會教育係（股）。民間則有林獻堂等人於大正 10 年（1921）7 月 17 日成立臺灣文化協會，發行會報，辦理各項講習會，大正 11 年（1922）臺中州有組織的社會文化機關之開端。

　　昭和 6 年（1931），九一八事變發生，林獻堂等人成立臺灣文化協會，昭和 8 年（1933）3 月 26 因意識型態與路線爭議而分裂解散。後另成立臺中州教化聯盟，繼續推廣社會教

---

[21] 《南投縣志》卷五《教育志‧社會教育篇》，頁 221。
[22] 《南投縣志》卷五《教育志‧社會教育篇》，頁 223。
[23] 相關獲得表彰之人物請見《南投縣志》卷五《教育志‧社會教育篇》，頁 225-228。
[24] 《南投縣志》卷五《教育志‧社會教育篇》，頁 229。
[25] 《南投縣志》卷五《教育志‧社會教育篇》，頁 233。
[26] 《南投縣志》卷五《教育志‧社會教育篇》，頁 231。

育。[27] 並組織「部落振興會」，藉此進一步加強控制部落住民。

　　昭和 12 年（1937）臺中州將教化聯盟改為教化聯合會，以郡守為會長，並舉辦各項講習會、座談會、研究會、洽談會等活動，並表揚達成教化目的的功勞者。[28]

　　昭和 14 年（1939）臺中州發起「臺中州報國總動員」，積極推展社會教化工作，即所謂「皇民化運動」。

　　昭和 16 年，臺灣總督府組織「皇民奉公會」，以官方力量強迫臺人參與，推行奉公運動。

　　成人教育部分，日人治台主要以成立家長會、主婦會為推行組織。其內容包含生活改善方面、農業改良部分、智德修養方面、社會服務等方面。[29] 本縣家長會、主婦會創設於大正 10 年（1921）至大正 12 年（1923）間，家長會長由街庄長或臺人士紳任之。爾後部落振興會崛起，昭和 8 年（1932）其工作項目併入其中，家長會改稱部落振興會家長部，主婦會改為主婦部。

　　昭和 12 年（1937）七七事變後，臺灣總督府頒布「國民精神總動員實施要綱」，同年臺中州議制訂「國民精神總動員臺中州支部規程」。其主要工作內容為皇民化之推行。[30] 同年臺中州頒布「臺中州報國總動員實施要項」，通令各郡成立報國總動員支部。[31]

　　日語教育的推廣部分，主要分為國語（日語）普及會、國語（日語）講習所、國語（日語）普及要項等三項。

　　國語（日語）普及會部分，本縣至大正 9 年（1920）開始具體推行普及日語措施，各地開始自行開設國語（日語）夜學會。大正 10 年（1921）臺中州頒布「國語（日語）夜學會準則」，本縣之日語教育發展才漸有制度。[32]

　　臺灣總督府於昭和 6 年（1931）公布「關於在臺灣特殊教育設施案」，各郡紛紛設立國語（日語）講習所，[33] 及簡易國語（日語）講習所，主要教授較淺近之日常用日語會話及禮儀作法。[34] 以昭和 14 年（1939）統計，可看出本縣南投郡日語普及百分比為 60.89；新高郡為 44.41；能高郡為 65.06；竹山郡為 65.12，全縣日語普及率則為 58.70。[35]

　　青少年社會教育部分，本縣於大正 2 年（1913）由山本將茂倡導成立南投青年會。初期以會員親睦為目的，並無明顯活動。自大正 8 年（1919）適逢第一次世界大戰末，各地民族自決思潮展開，因此多有藉青年會之結社，以圖團結青年人。

---

[27] 《南投縣志》卷五《教育志‧社會教育篇》，頁 231。
[28] 《南投縣志》卷五《教育志‧社會教育篇》，頁 235。
[29] 《南投縣志》卷五《教育志‧社會教育篇》，頁 236-237。
[30] 《南投縣志》卷五《教育志‧社會教育篇》，頁 239。
[31] 《南投縣志》卷五《教育志‧社會教育篇》，頁 240。
[32] 《南投縣志》卷五《教育志‧社會教育篇》，頁 242。
[33] 《南投縣志》卷五《教育志‧社會教育篇》，頁 244-245。
[34] 《南投縣志》卷五《教育志‧社會教育篇》，頁 246-247。
[35] 《南投縣志》卷五《教育志‧社會教育篇》，頁 249。

大正 10 年（1921）黃茅格倡導成立能高協會，以埔里街臺人青年為會員，標榜改善風俗為主要工作。然而在日人抵制下，青年會淪為日人的「御用團體」[36]，大正 13 年（1924）由臺灣文化協會的洪元煌、李春哮等人成立炎峰青年會，以草屯庄臺人青年為會員，大受農村青年歡迎。但隨著文化協會內訌，日人趁虛而入，青年會轉為推行日語、改良風俗等活動[37]，此外，日本官方於大正 15 年（1926）通飭「關於青年團體之件」，團員為 20 歲以下之初等教育畢業生。本縣青年團之設立，起初為男子青年團，女子青年團則以昭和 4 年（1929）成立之草屯女子青年團為開端，青年團的發展至昭和 5 年（1930）已達飽和，且名存實亡，形同虛設。直到昭和 12 年（1937）七七事變發生，青年團轉型推行皇民化運動的推行單位，至昭和 16 年（1941）太平洋戰爭爆發，青年團的之推展已與戰爭緊密相連。本縣青年團成立如下表：

表 2-1：〈日治時期本縣青年團成立表〉[38]

成立時間	地點	首任團長	主要工作
大正 15 年（1926）	中寮青年團	張伯	月例會、繳稅宣傳、修理道路、練習樂隊。
	土城青年團	洪周南	補習課業、研究副業、修理道路、集體勞動。
	集集青年團	高木嘉幸	講習會、讀書會、體育會、樂隊練習、繳稅宣傳、修理道路。
昭和 2 年（1927）	埔里青年團	谷口清之助	露營遠足、體育會、音樂會、冬防戒備、繳稅宣傳。
	頭社青年團	黃瑞	講習會、音樂會、敬老會、籌建青年會館、勞動服務、道路修理。
	史港青年團	島袋嘉民	講習會、體育會、網球會。
	烏牛欄青年團	小川滋	音樂會、體育會、學課補習、遠足。
	國姓青年團	佐久田昌和	夜間補習班、音樂會、體育會、傳閱「向陽雜誌」、修理橋樑。
	名間青年團	吳東明	講習會、讀書會、體育會、冬防戒備、繳稅宣傳、修理埤圳、遠足。
	龍眼林青年團	李應森	補習班、音樂會、勞動服務
	碧峰青年團	林枝重	講習會、音樂會、體育會、協助招生、繳稅宣傳、勞動服務。
	言吶青年團	廖添進	補習班、爬山、網球、繳稅宣傳、勞動服務。

---

[36]《南投縣志》卷五《教育志‧社會教育篇》，頁 250。
[37]《南投縣志》卷五《教育志‧社會教育篇》，頁 250-251。
[38] 由於舊志青年團成立部分，有些許重複，故基於修補舊志之闕的前提，故重新整理，並修正舊志重複之處。

成立時間	地點	首任團長	主要工作
昭和 2 年（1927）	社子青年團	陳阿日	講習會、觀月會、遠足、勞動服務。
	水里青年團	不詳	補習教育、旅行、體育會、研究修養、納稅宣傳。
昭和 3 年（1928）	鹿谷青年團	三島孝治郎	補習班、推行日語、體育會、爬山、露營、勞動服務。
	北山坑青年團	石掘忠四郎	講習班、勞動服務。
	竹山青年團	石原昇	講習班、讀書會、體育會、遊藝會。
	皮子寮青年團	張蓮池	音樂會、體育會、傳閱書刊、繳稅宣傳、經營集體農園。
昭和 4 年（1929）	草屯青年團	李秋庚	講習會、補習班、勞動服務。
	草屯女子青年團	陳氏環	家事裁縫講習班、推行日語、敬老會。
	土城青年團	平野鹿之助	手藝講習班、幫忙招募女生。
	能高郡聯合青年團	守澤井益衛	補習班、幹部講習班、聯合青年大會。
昭和 5 年（1930）	南投女子青年團	山端憲一	烹調、洗衣、裁縫、插花等講習會、敬老會、旅行。
	溪南青年團	劉春華	傳閱書刊、集體訓練、副業研究、教育宣傳。
	埔里女子青年團	谷口清之助	家務實習、裁縫刺繡講習會、遊藝會、招待節婦。
	魚池青年團	肥後盛弘	講習會、演講會、協助招生、網球、遠足、繳稅宣傳。
	勞水坑青年團	陳文達	講習班、音樂會、體育會、勞動服務。
	東埔吶青年團	鶴田儀三	公民講習班、推行日語、勞動服務。
	社寮青年團	伊志嶺朝堅	修養會、講習班、繳稅宣傳、勞動服務。
	竹山郡聯合青年團	朝倉哲雄	聯合青年團總會、幹部訓練班、展覽會、體育會。
	頂新厝青年團	陳招烈	傳閱書刊、夜間講習班、體育會、繳稅宣傳、勞動服務。
	南投青年團	張錫喜	補習班、講習會、推行日語、體育會、繳稅宣傳、勞動服務。
	南投郡聯合青年團	松本平次郎	青年團總會、幹部講習班、體育會。
	能高女子青年團	渡邊誠之進	讀書、音樂、遊戲、手藝、種花。
昭和 6 年（1931）	新庄青年團	林坤地	講習會、體育會、國防獻金、勞動服務。
昭和 7 年（1932）	竹山女子青年團	山口正俊	講習班、修養會、傳閱書刊。
	小半天青年團	陳挫	傳閱書刊、露營、勞動服務、經營集體農園。
	木屐囒青年團	張朝	講習班、繳稅宣傳、愛護森林宣導。

成立時間	地點	首任團長	主要工作
昭和 8 年（1933）	社寮女子青年團	不詳	體育會、音樂會、講習班。
	坪子頂女子青年團	不詳	修養會、主婦會指導、旅行。
昭和 9 年（1934）	集集女子青年團	不詳	不詳
昭和 10 年（1935）	魚池女子青年團	不詳	不詳
	頭社女子青年團	不詳	不詳
昭和 11 年（1936）	水里女子青年團	不詳	不詳
	鹿谷庄女子青年團	不詳	不詳
昭和 12 年（1937）	過溪青年團	不詳	不詳
昭和 13 年（1938）	勞水坑女子青年團	不詳	不詳
總計	49 個青年團		

資料來源：整理自《南投縣志》卷五《教育志‧社會教育篇》，頁 253-260

日治時期，於大正 4 年成立台北少年義勇團，為少年團（童子軍）開創之始，本縣則遲至昭和 9 年（1934）始成立南投少年團及集集少年團，至昭和 12 年（1937）又成立能高少年團，昭和 14 年（1939）成立竹山少年團，始遍及全縣[39]。

日治時期的原住民社會教育部分，大抵上分為日語教育與各種自助機關，與平地相當類似。比較特別的是，日人常挑選主要頭目或有勢力者，送往都市或日本觀光，或利用電影放映機等方式，讓原住民瞭解都市的生活，並展現富國強兵的現狀。

戰後的社會教育，為洗滌日本文化色彩，以推行「三民主義」為最高教育指導原則，並同時推行「新生活運動」，制訂相關社會教育規範，然推行成效有限。本縣則是至民國 39 年（1950）於縣府教育科設社會教育股專管其事，此後才漸上軌道。

在具體作為上，分為：

補習教育，包含設立補習學校、短期補習班、失學民眾補習教育、自學進修學力鑑定等。

電化教育、影劇業及遊藝場業管理；

民教活動，包含圖書館的設立，本縣於民國 40 年（1951）成立縣立圖書館、設立文化中心、社會教育館社教工作站、成立讀書會等。

推行國語文教育，設立國語推行機關、頒訂國語文教育計畫。

推行國民體育，除舉辦縣級體育比賽外，並推行社區全民運動，以及興建運動公園及補助社區興建運動場地，具體展現則是於民國 73 年（1984）起，每年均舉辦一次社區

---

[39]《南投縣志》卷五《教育志‧社會教育篇》，頁 262。

全民運動大會。

　　續修南投縣志計畫，乃是接續前志，時間斷限為民國 83 年（1994）至民國 104 年底（2015），編纂方式上，將針對本縣社會教育之類型進行論述，並以年繫事。

　　本篇除概論外，共分為六章。概論部分將就前志進行簡述，並針對本篇章節分布進行說明。第一章始將針對本縣之社會教育機構含縣政府相關社會教育局處工作執掌之介紹，以及縣內各項社會教育機構之成立與社會教育政策之執行，按年代進行分述，並論述其成效。第二章將針對本縣轄內的社會教育相關園區進行論述，第三章探討本縣的進修學校與補習教育，並論述其成果與對縣民之回饋，第四章將針對本縣新住民之就業輔導、親職教育等進行論述，截至 104 年（2015）1 月 31 日止，外籍配偶與大陸籍配偶人數約佔全縣總人口 1.6%，故本章將針對新住民之國語文教育、親子教育、就業輔導教育等層面進行論述。第五章將探討本縣的終身學習活動與成果，包含各鄉鎮所設立之圖書館沿革與其特色，以及終身教育學習的成果，包含本縣社區大學、長青學苑與婦女大學之設立，行文上將藉由其課程內容，瞭解縣府對終身教育之政策，且南投曾經歷 921 地震之災，故對於災害防救之教育亦相當重視。另南投縣境內原住民亦佔全縣人口比 5.6%，故藉由文化體驗活動，了解與尊重不同文化之差異。爾後論及生命教育部分，生命線等相關終身教育之內容。另由於社會教育除縣府推行外，尚需要各地方之配合，故一併探討本縣社區營造計畫與社區活動中心，希冀藉此完整瞭解縣府於社會教育部分之用心與成效。

第一章　社教政策與社教機構

第一節　社教政策

　　本縣社會教育之法源依據，乃是根據《南投縣政府推動終身學習實施要點》。訂定時間為民國 90 年（2001），其主要目地為增進學習機會，提升國民素質。具體辦理單位及辦理項目：

（一）國民中小學：辦理免費之補習學校教育、成人基本教育及教育部有關政策推 動課程或研習。

（二）高級中等學校：辦理進修學校教育及教育部有關政策推動課程或研習。

（三）社區大學：辦理多元課程及教育部有關政策推動課程或研習。

（四）家庭教育中心：辦理生命歷程家庭教育及終身學習相關課程。

（五）新移民學習中心：有關外籍配偶生活適應及成長課程。

（六）社會團體法人：辦理充實生活教育及教育部有關政策課程或研習。

（七）各公私部門：辦理在職教育、生涯輔導、法令及政策宣導教育。

　　至於各項終身學習之教育內容包含：

（一）國民補習學校教育：依國民中小學附設補習學校課程內容辦理。

（二）進修學校教育：依高級中等學校附設進修學校課程內容辦理。

（三）多元課程：社區大學、社會團體培育社區人才及現代國民各項學程及相關課程。

（四）生活教育：辦理各項親職、休閒、藝文、技藝、活動等課程。

（五）外籍配偶生活適應及成長課程：外籍配偶識字教學、有關外籍配偶家庭各項生活適應及成長課程。

照片 2-1：老人大學第 32 期與婦女大學第 25 期畢業典禮。南投縣走向高齡化縣份，縣府積極推動老人福利，讓長輩們健康快樂的老化。照片來源：縣政府提供。

照片 2-2：101 年度老人大學第 29 期課程內容為教導縣內長輩進行雕塑之創作。

照片來源：文化部台灣社區通 http://sixstar.moc.gov.tw/frontsite/ 擷取時間：2016 年 7 月 25 日

續修 南投縣志

卷八‧教育志

（六）在職教育、生涯輔導、法令及政策宣導教育：辦理各該單位員工在職教育、生涯輔導、法令及政策宣導有關課程。

　　蓋社會教育之受教對象為全縣縣民，因此內容主要以終身教育為主，以建立「活到老，學到老」的教育風氣。然而隨著我國逐漸進入老年化的社會，本縣特別針對縣內之老人，在社會照顧之外，希望老人更可於空閒之餘，增加接受新知，並多與人群接觸。因此本縣於南投市、草屯鎮、埔里鎮、集集鎮、竹山鎮、國姓鄉、魚池鄉等地，設有老人樂齡中心，並於水里鄉、仁愛鄉，設立長期照顧管理中心分站。

第二節　社教機構

　　社會教育一般係指學校正規教育之外，以全體民眾為對象的非正規教育活動。廣義而言，視其為與學校教育同樣重要的全民教育方式，故除學校教育外，為全民所實施有計畫的教育活動均屬之。即使家庭教育的活動，國內亦由社會教育機構倡導。就社會教育的類型而言，大致可分為、大眾科技教育、藝術教育、家庭教育、親職教育、語文教育、休閒教育、成人教育等。推廣方式則除學校式教育外，尚有包含電視、廣播、函授、參觀、展覽、講座、輔導、諮商等。至於受教對象則包含全民。

　　南投縣社會教育主要是由縣府教育處下轄社會教育科所負責。其執掌包含

（一）綜理社教科業務
（二）統籌社區大學業務
（三）協助綜理家庭教育中心業務
（四）交通安全教育相關業務
（五）道安會報聯繫暨交通安全評鑑業務
（六）教育事業財團法人立案及管理
（七）模範兒童審查及表揚
（八）青年節表揚活動
（九）統籌本縣補習班業務稽查管理及消費者保護事宜
（十）美術教育
（十一）紙影戲及偶戲
（十二）音樂、舞蹈等競賽
（十三）各項藝文展演
（十四）補校及學力鑑定考試業務
（十五）社區多功能學習中心
（十六）經典會考
（十七）身心障礙成人教育
（十八）成人基本教育業務

照片 2-3：救國團南投縣終身學習中心 104 年年中師生成果展演

說明：為縣內婦女展現美妙舞姿。　來源：南投縣團委會

（十九）協辦縣語文分區賽 (客語及原民語)

（二十）語文競賽縣賽本土語部分 (含參加全國賽賽前集訓)

（二十一）配合台灣閱讀推廣中心相關業務

（二十二）推展終生學習教育等

　　現行組織架構上，設科長一名，科員二名，課程督學一名，輔導員三名，並有數名約聘人員共同負責本縣各項社會教育之工作。然而社會教育之內容廣博，因此本縣社會教育的推廣乃是由各處室相互配合辦理，

　　基於建立「知識南投」的目標，本縣教育處之社會教育科於各市鄉鎮設有終身學習機構，其表示如下： [40]

---

[40] 資料來源：南投縣教育處社教科。

表 2-2：南投市社會教育機構表

機構屬性	名稱	備註
社教機構	文化局圖書館	◎開館日：星期二至星期六 08:30~20:30；星期日 08:30~17:00 ◎休館日：星期一及國定假日 ◎文化局唯一在外的一個課室 ◎ 921 震災之後每星期六、日開設「歡樂故事列車」 ◎全縣公共圖書館的自動化中心 ◎前身為南投縣立圖書館，於民國 40 年（1951）成立。民國 71 年（1982）12 月南投縣立文化中心成立後併為圖書組；民國 89 年（1990）7 月因應地方制度法實施，南投縣立文化中心改制為南投縣政府文化局，圖書組編制改為圖書課，民國 94 年（2005）11 月圖書館遷移至中興路 669 號，館名為南投縣政府 文化局圖書館，97 年（2008）1 月機關編修圖書課改為圖書科，仍由圖書科主理館務，屬「科館並制」。
	南投市立圖書館	◎開館日：星期二至星期日 9:00 - 17:30 ◎休館日：星期一及國定假日 ◎建於民國 85 年（1996），91 年（2002）啟用，是本縣最晚成立的圖書館。 五樓閱覽中心設有讀經班、兒童暑期輔導等服務。
	省府圖書館	◎民國 48 年（1959）轉型朝公共圖書館服務。 ◎民國 87 年（1998）精省後被整併為省府「資料室圖書科」。民國 102 年（2013）併入國立公共資訊圖書館，更名為「國立公共資訊圖書館中興分館」。 ◎館藏特色為民國 34 年（1945）至 94 年（2005）底出版之「臺灣省政府公報」、「省政建設參考彙編叢書」，「臺灣省政府施政報告」及政府公報。 ◎週二至週六：上午 9 時至下午 8 時 週日：上午 9 時至下午 5 時
	國史館 臺灣文獻館	◎民國 37 年（1948）6 月成立臺灣省通志館，旋於 38 年（1949）7 月改組為臺灣省文獻委員會。民國 47 年（1958）改隸民政廳；86 年（1997）改隸文化處。88（1999）年再度隸屬臺灣省政府。 ◎民國 91 年（2002）1 月 1 日改隸國史館，更名為「國史館臺灣文獻館」。 ◎圖書閱覽：週一至週五 08:30--12:00、13:30--16:50 ◎展覽參觀：週二至週日 9:00--17:00 檔案閱覽：週一至週五 08:30--16:50
	南投陶展示館	◎民國 86 年（1997）揭幕啟用。民國 90 年（2001）10 月重新開幕。（921 大地震嚴重毀損） 開館時間：週二至週日，09:00-17:00

機構屬性	名稱	備註
社教機構	南投縣史館	◎民國 85 年（1996）成立「縣史館籌備處」，開始規劃縣史館成立事宜。 ◎民國 86（1997）年正式揭幕使用 　設有該縣古道、古蹟、台灣原住民文化、古文書、文獻、碑碣拓本、及老照片展示等
	南投縣文學資料館	◎民國 94 年（2005）邀請縣內作家組成「南投縣文學資料館諮詢委員會」，民國 95 年（2006）獲行政院文化建設委員會補助，民國 96 年（2007）12 月成立。 ◎民國 101 年（2012）特立展示縣籍文學大師陳千武老師（1922-2012）著作、手稿、文物、捐贈書籍及典藏畫作。 ◎開館時間：週二至週日 08:30-17:30
	南投縣藝術家資料館	◎建於民國 41 年（1952），曾先後提供南投縣警察局、前省山地農牧局、南投縣環保局等單位辦公使用。 ◎民國 91 年（2002）爭取 921 震災重建補助，於民國 92 年（2003）正式開館營運。 ◎開館時間：週二至週日 09:00-17:00
	南投竹藝博物館	◎以彰顯傳統與現代的竹藝品為主要內容。 ◎民國 77 年（1988）竣工開幕，為全國第一座啟用的地方文物特色館。之後更分別在民國 78（1989）、80 年（1991）、99 年（2010）新建館內設施。 ◎開館時間：週二至週日 09:00-17:00
成人基本教育	南投國民中學附設國民中學補習學校	
	平和國民小學附設國民小學補習學校	
成人進修教育	南投縣社區大學本部	◎成立時間於民國 89 年（2000）。 ◎由當時暨南國際大學翁銘章博士負責，擔任南投縣社區大學籌備主任，並為南投社大第一任校長。 　以「一個鄉鎮市一個分校」為目標，希望成立 11 個分校。
	南投縣社區大學南投分校	◎成立時間於民國 90 年（2001）4 月。 　民國 105 年（2016）本校區改制「貓羅溪社區大學」（包含南投、草屯、名間、中寮）
婦女及老人教育	南投市樂齡學習中心	成立於民國 90 年。
	南投縣政府長期照顧管理中心	◎於民國 89 年（2000）9 月成立長期照顧管理聯合服務中心。 ◎服務時間：週一至週五 8:00-12:00 　13:30-17:30

照片 2-4：「歡樂故事列車」活動

說明：民國96年（2007）於南投縣文化局圖書館舉辦。
來源：南投縣政府提供

照片 2-5：南投市立圖書館外觀

來源：南投縣政府提供

照片 2-6：竹藝博物館

說明：民國76年，行政院文化建設委員會為落實文化資產
　　　保存、維護政策，並發揚各縣市文物特色，特委託
　　　江韶瑩教授規劃籌設竹藝博物館。
來源：南投縣政府文化局網站

表 2-3：草屯鎮社會教育機構表

機構屬性	名稱	備註
社教機構	草屯鎮立圖書館	• 民國 68 年（1979）7 月開工興建，70 年（（1981）7 月正式對外開館營運。 • 921 震災損毀且因原館舍位於斷層上，故於民國 93 年（2004）3 月 2 日遷館，與公所位於同一行政區上重新開放服務鎮民。 • 開館時間：週二至週日 08:30-17:30
	國立臺灣工藝研究發展中心	• 民國 43 年（1954）年成立「南投縣工藝研究班」；民國 48 年（1959），改制為「南投縣工藝研習所」。民國 64 年（1975）改制為省屬的「臺灣省手工業研究所」。 • 民國 88 年（1999）更名為「國立臺灣工藝研究所」，隸屬於行政院文化建設委員會，更確立以「文化」為核心，定位臺灣工藝之價值與方向。 • 自民國 99 年（2010）1 月 2 日起，改制為「國立臺灣工藝研究發展中心」，簡稱工藝中心。 • 國定假日開館 • 開館時間：週二至週日 09:00-17:00
	白滄沂天雕博物館	民國 96 年（2007）創立於中潭公路炎峰橋附近一座顯眼白色建築物，館設典藏 8500 件天雕作品，其多件作品榮獲國外博物院永久典藏。
成人基本教育	草屯國民中學附設國民中學補習學校	
	草屯國民小學附設國民小學補習學校	
成人進修教育	南投縣社區大學草屯分校	• 設於草屯國小 • 民國 105 年（2016）隸屬「貓羅溪社區大學」（包含南投、草屯、名間、中寮）
	南開科技大學進修推廣部	• 大學部四年制，修業 4 年，授予學士學位 • 休閒事業管理系、企業管理系、資訊管理系、工業管理系
婦女及老人教育	草屯鎮樂齡學習中心	• 承辦單位：南開科技大學進修學院 • 開放時間：每週 5 天，08:00-16:00

表 2-4：埔里鎮社會教育機構表

機構屬性	名稱	備註
社教機構	埔里鎮立圖書館	◆ 921 大地震中重創館舍全倒，受災慘烈。重新於民國 93 年（2004）6 月 12 日開館。 ◆ 譽為是全台灣最美麗的五星級圖書館，曾榮獲教育部評鑑得到「臺灣地區九十三年度營運績優公共圖書館卓越獎」。 ◆ 收藏埔里前輩文學家巫永福（1913-2008）、陳春麟（1911-2003）文庫和小鎮醫師李長、埔里鄉賢李百祿（1910-1953）捐書。 ◆ 開館時間：週二至週日 09:00-18:00
	木生昆蟲博物館	◆ 民國 8 年（1919）由第一代館長余木生首創。 ◆ 台灣光復後第二代館長余清金（1926-2012）繼承父志除向學界發表新種昆蟲。 ◆ 民國 63 年（1974）在埔里鎮南昌街重建設備完整之昆蟲館。民國 75 年（1986）擴建。 ◆ 故總統經國先生（1910-1988）、前謝副總統東閔先生（1908-2001）曾蒞臨參觀。 ◆ 開館時間：全年無休 08:00-17:30
	牛耳藝術公園 林淵美術館	◆ 成立於民國 76 年 (1987) ◆ 。亞洲首座素人雕塑林園。 ◆ 黃柄松先生為陳列其個人收藏而開闢之石雕公園。陳列三位雕刻家 - 林淵（1913-1991）、楊英風（1926-1997）、朱銘(1938-)的雕刻藝術品。都屬牛，故就此命名。 ◆ 開館時間：08:00-20:00
	王英信雕塑園區	◆ 於民國 96 年（2007）成為「地方文化館」。 ◆ 讓雕塑在大自然成長，佇立戶外。 ◆ 營業時間：09:30-12:00、14:00~17:00 ◆ 採預約制
	埔里酒廠酒文化館	◆ 早期以製造糯米酒、米酒、太白酒、清酒為主，後推出「國之名酒－埔里紹興」而名號響亮。 ◆ 921 地震「埔里酒廠」受創嚴重，重建於民國 89 年（2000）完成，並建置了台灣第一個「酒文化館」。 ◆ 特別開發出一系列的紹興養生食品。 ◆ 營業時間：週一 - 週五 08:30-17:00 　　　　　　週六 - 週日 08:30-17:30
成人基本教育	埔里國民中學附設國民中學補習學校	
	育英國民小學附設國民小學補習學校	
成人進修教育	南投縣社區大學埔里分校	◆ 隸屬水沙連社區大學（包含埔里、國姓、魚池）
婦女及老人教育	埔里鎮樂齡學習中心	

照片 2-7：埔里鎮立圖書館所設立之閱讀花園

來源：南投縣政府提供

照片 2-8：木生昆蟲博物館館藏一隅

來源：日月潭國家風景區旅遊網 http://www.sunmoonlake.gov.tw/ 擷取時間：2016/7/30

照片 2-9：木生昆蟲博物館

說明：位於埔里鎮的台灣首座以昆蟲為主題的博物館，現今的場館為民國 75 年時所遷入。「木生昆蟲博物館」是取自於首代館長徐木生之名。

來源：交通部觀光局網站

照片 2-10：王英信雕塑園區地方文化館

說明：位於草屯鎮，民國 96 年 1 月經文建會評鑑，正式核定為南投縣唯一的私人美術館和地方文化館。

來源：交通部觀光局網站

照片 2-11：埔里牛耳藝術渡假村

來源：交通部觀光局網站

照片 2-12：國立台灣工藝研究發展中心

來源：國立台灣工藝研究發展中心

表 2-5：集集鎮社會教育機構表

機構屬性	名稱	備註
社教機構	集集鎮立圖書館 向集集鎮公所查證文化服務所成立日期後補齊資料	• 設有表演與展示中心、表演館 • 開放時間：週二 - 週日 8:00-17:30 • 中午休息 • 前身集集庄文庫於大正 13 年成立，昭和 11 年改為集集圖書館，於民國 95 年（2006）改制為集集鎮文化服務所
	行政院農業委員會特有生物研究保育中心保育教育館	• 成立於民國 81 年（1992）。民國 82 年（1993）闢建生態教育園區，以人為棲地重建方式創造適宜的植被生態。 • 設有變色植物區、人工造林樹種區、珍貴稀有植物區、特有植物區等 • 開放時間：週二 - 週日 9:00-16:30
成人基本教育	集集國民中學附設國民中學補習學校	
成人進修教育	南投縣社區大學集集分校	• 隸屬濁水溪社區大學（包含竹山、集集、水里、鹿谷）
婦女及老人教育	集集鎮樂齡學習中心	

照片 2-13：集集鎮地方文化館 (圖書館)

來源：文化部地方文化館巡禮網站

照片 2-14：集集鎮地方文化館內部展示區

來源：文化部地方文化館巡禮網站

照片 2-15：行政院農業委員會特有生物研究保育中心保育教育館

來源：文化部地方文化館巡禮網站

照片 2-16：竹山鎮地方文化館內部展區

來源：文化部地方文化館巡禮網站

表 2-6：竹山鎮社會教育機構表

機構屬性	名稱	備註
社教機構	竹山鎮立圖書館	◆ 開放時間：週三至週一 8.30-1700 ◆ 週二休館
	欣榮紀念圖書館	◆ 全名「欣榮紀念圖書館暨玉蘭文化會館」。其成立目的一在報答雙親養育之恩，一在回饋故鄉。 ◆ 開放時間：週二至週六 09:00-21:00 　　　　　　　週日 09:00-17:00
成人基本教育	竹山國民中學附設國民中學補習學校	
	延平國民小學附設國民小學補習學校	
成人進修教育	南投縣社區大學竹山分校	◆ 隸屬濁水溪社區大學（包含竹山、集集、水里、鹿谷）
婦女與老人教育	竹山鎮樂齡學習中心	

表 2-7：國姓鄉社會教育機構表

機構屬性	名稱	備註
社教機構	國姓鄉立圖書館	◆ 921 大地震後由耐吉公司捐助臨時搭建組合屋的圖書館，提供當時國姓鄉民在天災地動的精神慰藉。歷經 5 年，新置圖書館於行政大樓 5 樓。 ◆ 以蒐集客家文史資料為主。 ◆ 開館日：週二至週日 08:30-17:00
成人基本教育	國姓國民中學附設國民中學補習學校	
成人進修教育	南投縣社區大學國姓分校	◆ 隸屬水沙連社區大學（包含埔里、國姓、魚池）
婦女與老人教育	國姓鄉樂齡學習中心	

表 2-8：中寮鄉社會教育機構表

機構屬性	名稱	備註
社教機構	中寮鄉立圖書館	◆ 民國 74 年於本鄉綜合活動中心落成，921 後於民國 93 年遷館，位於鄉公所合署辦公大樓五樓。 ◆ 首創閱讀結合數位電子使用。 ◆ 開館日：週二至週日 08:00-17:00
成人基本教育	中寮國民小學附設國民小學補習學校	
成人進修教育	南投縣社區大學中寮分班	◆ 隸屬「貓羅溪社區大學」（包含南投、草屯、名間、中寮）

表 2-9：鹿谷鄉社會教育機構表

機構屬性	名稱	備註
社教機構	鹿谷鄉立圖書館	◆民國 78 年 3 月啟用，921 後，90 年整修完成。 ◆館藏特色如茶、茶點、茶道書籍搜集，及有關鄉土文化圖書、地方產業圖書，俾致書香茶鄉之落實。 ◆開館日：週二至週日 09:00-17:00
	國立鳳凰谷鳥園生態園區	◆民國 71 年成立，民國 80 年改隸文教機構，95 年重新開放參觀，至民國 102 年起與國立自然科學博物館合併，更名為鳳凰谷鳥園生態園區。 ◆第一座由政府投資經營的飛禽公園。 ◆開館日：週二至週日 08:00-17:00
成人進修教育	南投縣社區大學鹿谷分班	◆隸屬濁水溪社區大學（包含竹山、集集、水里、鹿谷）

表 2-10：魚池鄉社會教育機構表

機構屬性	名稱	備註
社教機構	魚池鄉立圖書館	◆民國 77 年成立。 ◆開館日：週二至週日 08:00-17:00
	林淵樸素藝術園區	◆民國 57 年成立紀念館。 ◆開館時間：預約開館
成人進修教育	南投縣社區大學魚池分校	◆隸屬水沙連社區大學（包含埔里、國姓、魚池）
婦女及老人教育	魚池鄉樂齡學習中心	

表 2-11：水里鄉社會教育機構表

機構屬性	名稱	備註
社教機構	水里鄉立圖書館	◆民國 83 年 11 月興建完成，原館址位於代表會與圖書館共用之大樓裡，屬合署辦公大樓。 ◆遷館於原來的鄉公所臨時辦公室並於 93 年 5 月 4 日正式對外營運。 ◆開館日：週二至週日 09:00-17:00
成人基本教育	水里國民中學附設國民中學補習學校	
	水里國民小學附設國民小學補習學校	
成人進修教育	南投縣社區大學水里分校	◆隸屬濁水溪社區大學（包含竹山、集集、水里、鹿谷）
婦女及老人教育	南投縣政府長期照顧管理中心水里分站	

表 2-12：名間鄉社會教育機構表

機構屬性	名稱	備註
社教機構	名間鄉立圖書館	◆ 民國 75 年開始籌備興建建。 ◆ 民國 93 年公共空間營運改善計畫。 ◆ 上館多以家庭主婦、中小學生居多。 ◆ 開館日：週二至週日 09:00-17:00
成人進修教育	南投縣社區大學名間分校	◆ 隸屬「貓羅溪社區大學」（包含南投、草屯、名間、中寮）
婦女及老人教育	名間鄉樂齡學習中心	

表 2-13：仁愛鄉社會教育機構

機構屬性	名稱	備註
社教機構	仁愛鄉立圖書館	◆ 民國 84 年啟用，後因 921 震災損毀，全館拆除，直至 92 年遷館至仁愛鄉民眾服務分社二、三樓，再次正式成立啟用。 ◆ 積極於萬豐等地區成立部落圖書站，期待以分散式圖書站服務方式。 ◆ 深入部落辦理系列推廣活動。 ◆ 承辦「仁愛鄉鄉志」業務。 ◆ 開館日：週一至週五 08:00-17:00
	南投縣自然史教育館	◆ 民國 81 年始建，於民國 93 年啟用。 ◆ 偏重蒐集原住民農耕器具，藉農耕文物史料之展示。 ◆ 開館日：週三至週日 09:00-17:00
婦女及老人教育	南投縣政府長期照顧管理中心仁愛分站	

表 2-14：信義鄉社會教育機構

機構屬性	名稱	備註
社教機構	信義鄉立圖書館	◆ 設立於民國 67 年，名為「信義中正圖書館」，91 年改名為「信義鄉立圖書館」。 ◆ 民國 100 年獲贈行動圖書車一部，行動圖書車即鄉圖書館之延伸，配合各學校、社區、教會辦理閱讀及社會教育活動。 ◆ 開館日：週二至週六 08:00-12:00 　　　　　　　　　13:00-17:00

文化建設也是社會教育當中非常重要的一部分，南投有深厚的文化基礎，在本土文化方面有其豐富的藝術內涵，惟客觀地理條件與經濟發展先天不良的體質下，致使文化發展較為遲滯。因此需要付出更多努力與毅力，來克服文化深耕在地的種種困難。因此，在文化藝術層面的工作推展，藉由南投縣充沛的文化生命原動力，以發揚並保存鄉土文化資產為目標，讓南投縣的生命活力綿延鼓動。文化局基於輔導、推廣的立場，根據地理環境、文化傳統、特色產業及相關藝文網絡，期待建構一個屬於南投的在地文化風貌，讓民眾更了解、珍愛南投。

　　推展文化藝術、營造書香社會、深耕社區人文，發揚文化產業，一直是本縣文化局施政重點工作，期望文化紮根基層並融入生活中，朝「生活藝術化、藝術生活化」之目標邁進[41]。

　　南投縣文化局組織，設有局長一職，下轄副局長分行政科、圖書科、推廣科、藝術科、文化資產科、客家事務科、會計室、人事等部分別處理各項行政事務。

　　各科業務執掌：

1. 研考。

2. 法制。

3. 文書。

4. 印信。

5. 出納。

6. 採購。

7. 財產及庶務。

8. 各項圖書資料蒐集、整理、保存。

9. 推廣圖書資訊服務。

10. 輔導鄉（鎮、市）立圖書館。

11. 藝文推廣、研究、輔導、宣傳、研習。

12. 編印刊物。

13. 文化義工招訓。

14. 文化基金會輔導。

15. 鄉（鎮、市）社區文化活動推動輔導。

16. 視覺藝術、表演藝術之推展。

17. 表演藝術團體立案輔導。

18. 公共藝術設置審議。

19. 古蹟、歷史建築、聚落、文化景觀、遺址、民俗及其有關文物、傳統藝術、古物

之保存研究及維護。

20.客家傳統文化及語言之推廣與傳承、客家文物、史料及文獻之蒐集與保存、客家社團及地方產業之輔導。

21.依法辦理歲計、會計事項,並兼辦統計事項,以及依法辦理人事管理事項。

另於本縣其他相關社教機構之設立部分,南投縣文化局為推廣在地文化之故,於民國 90 年(2001)起於各地成立地方文化館[42],其主要理念即「新故鄉」的理念,透過各鄉鎮地方產業特色,讓民眾了解當地的特色,並且透過文化館,可以凝聚民眾的向心力,以文化凝聚本縣的向心力,並發展本縣之觀光產業。其設置地點為:

一、水里鄉:山水文化館

地址:水里鄉六合街 170 號。

設立的目的主要在提升水里鄉藝文之水準,保持固有文化,設於水里鄉圖書館,利用圖書館寬敞的空間、廣大的視野及周遭幽雅的環境,配合地方文化館各項設施,使至地方文化館的民眾能有親近大自然的溫馨感受。對於圖書館之經營主要以網頁及網站為宣傳,並與社區作結合。目前有六個社區與圖書館有做互動的交流,分別是永興社區、民和社區、上安社區、玉峰社區、新興社區及永豐社區。

二、名間鄉:臺灣豬事文化館

地址:名間鄉仁和村彰南路 256 號。

本館由南投縣政府附屬單位肉品公司籌組而成,此地方文化館之設立,乃是「資產活化」的最佳案例,藉由豬市交易場舍的傳統生產空間,打造豬事文化園區的體驗網絡空間。產業文化與教育推廣相結合:達成環保節能共識,創立生態環境。並建構豐富、多元的遊客,從身體五感交動(視、聽、嗅、味、觸)與體驗行銷組合,透過與豬事有關的知識、文化與產業主題內容,深化本土文化紮根效益,並希望成為全臺灣第一家以豬為主題的文化館。目前結合仁和, 東仁, 中山等社區進行互動。

三、魚池鄉:

本地設有兩個地方文化館,分別為魚池紅茶產業文化館以及林淵樸素藝術園區。

(一)魚池紅茶產業文化館

地址:魚池鄉農產品展示中心 (南投縣魚池鄉魚池村魚池街 354 巷 8 號)。

---

[42] 其法令依據為根據行政院 90 年(2001)5 月 22 日「台九十交文字第 O 二七一六七號函」發佈「國內旅遊發展方案將」文建會負責推動其中的「地方文化館計畫」。

本縣魚池鄉號稱「臺灣紅茶的故鄉」，當地栽種面積約有 600 多公頃，年產 400 多公噸，4 到 11 月為採收期，計有 4 款，包含：

1. 日治時期從印度引進的阿薩姆（台茶 8 號）
2. 台灣原生種山茶
3. 紅玉（台茶 18 號）
4. 紅韻（台茶 21 號）

藉由產業進行文創規劃，設立紅茶產業文化館，並自民國 93 年起，每年舉辦「阿薩姆文化季」進行本縣紅茶文化之推廣。

本縣魚池鄉紅茶產業文化館自 104 年起因另有其他用途使用，撤除館舍並停止開館營運。

（二）林淵樸素藝術園區

地址：南投縣魚池鄉共和村中興巷 6 號。

林淵 (1913--1991) 為繼洪通（1920-1987）之後國內樸素藝術的大師級人物之一，其石雕作品野趣天成，個人特色鮮明且獨樹一格。林淵素人藝術工作室現仍保存林淵及其兒子的珍貴石雕、繪畫、刺繡、裝置藝術等作品，以及部分林淵生前文物。

四、鹿谷鄉

本鄉設有三個地方文化館，分別為小半天竹藝文化館、鹿谷鄉茶文化館、鹿谷鄉旅遊資訊中心〔基隆館〕。

（一）小半天竹藝文化館

地址：南投縣鹿谷鄉竹林村光復路 174-6 號。

本館建築原是果菜市場，於 921 地震中毀損，後政府補助重建成具有多種用途的複合式建築。由於孟宗竹是小半天的特產，其產量佔全國的二分之一以上，因此竹成為本地的特色。為展現這項特色，同時也為提振農業產業、農業休閒，按本縣「一鄉一休閒園區」之計畫，故鄉公所規劃成竹藝文化館。

（二）鹿谷鄉茶文化館

地址：南投縣鹿谷鄉中正路一段 231 號。

鹿谷鄉是臺灣產茶重鎮之一，茶業文化館結合當地茶葉文化與自然人文特色、茶藝特色等，優質茶葉之行銷推廣，更發展多樣且富有特色之茶產品。本縣自民國 96 年（2007）舉辦「茶香健康節」，並自民國 99 年（2010）起，舉辦世界茶葉博覽會，推廣當地茶藝文化。本館建築以竹子建材為主，配合擺設的竹桌、竹椅，展現傳統茶道的精神。並不定時舉辦各式活動，有兒童泡茶教學、茶藝文化研習、茶與音樂的對話等。

（三）鹿谷鄉旅遊資訊中心（基隆館）

地址：南投縣鹿谷鄉彰雅村中正路一段 128 號。

本文化館又稱基隆館，乃是 921 地震後，基隆市政府捐助興建鄉公所辦公處，後公所重建，經文建會補助，轉型成為鹿谷鄉首處「地方文化館」，又名為「基隆館」，提供鹿谷鄉觀光旅遊資訊之展覽與諮詢為主。

五、竹山鎮：竹山鎮地方文化館

地址：南投縣竹山鎮雲林里公所路 120 號。

本館乃是與本鎮圖書館合一之地方文化館，藝文活動推廣，偏重在竹子文化產業為主，社區藝文為輔，鎮內由行政院文建會輔導成立的鄉鎮展演場地，有竹山鎮圖書館展覽研習場、鎮公所禮堂表演館、社寮戶外表演場。前一者空間以培訓地方藝文及工藝人力資源，後二者適合成果發表及邀演之表演活動。

鎮公所在行政院文建會「地方文化館」計畫的支持下，將圖書館轉型為文化館，做為當地文史團隊行動力的基地，推動弱勢團體參與議題空間，藉地方議題，揭露地方文化產業推動上的困境，作為行動力之基地。並透過參與機制與研究，蒐集竹山鎮地方文化、文史及竹文化產業資料等等，創設議題，成為在地活力的發起點。

六、集集鎮：集集鎮立圖書館

地址：南投縣集集鎮民生路 61 號。

本館位於集集鎮公所辦公大樓樓上，場地本身具有運動、展演功能，是集集鎮民平日均能參與的優質展演中心。其沿革從民國 85 年（1996）的文建會展演社開始演變成現今的集集鎮表演館。

七、草屯鎮：設有兩個地方文化館

分別為王英信雕塑園區與稻草工藝文化館。

（一）王英信雕塑園區

地址：南投縣草屯鎮雙冬里中正路 25 號。

館舍目前陳列均為雕塑家王英信（1949-）多年來作品，王英信為典型苦學成功的榜樣，其沒有顯赫的學院背景，也無緣師承任何大師。早年，僅憑一份對雕塑的熱愛，從苦學中領悟，其作品曾經三次入選日本帝展，是「日本日雕展」免審作家。本館民國 82 年（1993）原建制於南投縣九九峰中潭公路旁山坡地上，民國 96 年（2007）正式開放園區。隔年 1 月經文建會評鑑，正式核定為本縣唯一的私人美術館和地方文化館。

（二）稻草工藝文化館

地址：南投縣草屯鎮中正路 571-6 號。

草屯舊名「草鞋墩」，因過往盛產草鞋而得名。早期此地為通往埔里之經商要道，往來商賈皆須在此更換草鞋，遂帶動本地草鞋編織的盛行。隨著時代的演進，稻草編織的技術，因耆老的逐漸凋零而沒落失傳。草屯鄉土文教協會為了保存草屯地區傳統文化，自民國 87 年（1998）開始推動稻草工藝及地方特色文化等相關活動，深化鎮內稻草編織文化，發展稻草工藝產業。

草鞋墩稻草文化產業的價值不僅只是奠定草編工藝產業的基礎，更是具備地方活力與創意的高度展現。目前擴及全鎮 27 個社區，17 所國中小學，開辦社區大學培養社區人才及國中小學教師之學習團隊，並結合社區資源，成立草鞋墩工藝工坊，就稻草製品的種類做創新與產品開發，如：草編童玩、稻草手抄紙、傳統草鞋製作，草阜景觀設置、親子農村體驗營、稻草創意比賽、台灣文化節之草鞋墩稻米文化系列活動，有效建立社區參與的機制，成就草鞋墩地方特色工藝產業與提昇文化厚度。然「稻草工藝文化館」自民國 102 年 (2013) 起因另有其他用途使用，撤除館舍並停止開館營運。

八、國姓鄉：設有國姓鄉鄉土文物資訊館

地址：南投縣國姓鄉中興路 169 號。

本鄉推動文化下鄉生根之理念，整合農村部落重建、社區總體營造及相關富麗農村之計畫，積極著力於凝聚居民共識，鼓勵全民共同參與，重建居民的歷史記憶及文化背景，同時振興地方產業，營造悠閒生活環境，達成提升生活品質，促進地方繁榮及永續發展之目標。

本館於民國 93 年（2004）開館，依行政院文建會「地方文化館」補助設置要點，一樓陳列展示國姓鄉觀光旅遊、合法民宿等導覽資訊。二樓陳列展示社區鄉土文物。館內展出精選文物有香茅油桶、電土甕、樟腦油桶、香茅刀菜籃、安眠床、老式錄放音機等118 種，共 255 件，供民眾免費參觀。

九、埔里鎮：

設有三個地方文化館，分別為埔里偏遠醫療宣教歷史見證文化館、台灣基督長老教會謝緯紀念營地附設打里摺教育館、埔里鎮藝文中心。

（一）埔里偏遠醫療宣教歷史見證文化館

地址：南投縣埔里鎮鐵山路 1 號。

本館設施部份，外牆部份為埔基院訓「好的撒瑪利亞人」壁畫，在院史館一樓的部份為文物展示館及大型的壁畫創作，以部落或教會代表巡迴醫療的據點，涵蓋埔里、仁

愛、國姓、魚池、水里、信義地區計 45 個據點，以及埔基早期的建築模型。二樓的部份則是多媒體展示區及 60 年代的診間，其中並有早期藥局、開刀房、診療室、X 光室的縮小模型及舊式儀器文物陳列。

（二）台灣基督長老教會謝緯紀念營地附設打里摺教育館

地址：南投縣埔里鎮鯉魚路 25 號。

本文化館以打里摺教育館為據點，協助周遭族群進行文史對話、建構公民意識和公民素養。由於平埔族群面臨文化消失的情況，，如本族耆老能說流利巴宰語者僅剩 1 人，且年紀已經 93 歲，噶哈巫族也剩下不到 5 人能說族語，故亟需平埔族與此種無形的文化資產，進行有效的保留及推廣。

本館的特色在於「教育、對話」重於「陳列、展示」。藉此建構多族群台灣史觀，尤其是對平埔族群的組織和文史的研習，期能以「流亡的南蠻與平埔族群」為台灣人自我意識建構的基礎。本館目前收藏台灣各族群文物約五千件、平埔族土地契約及相關文件約 600 件、相片約 2000 張、日治時期玻璃底片約 200 片，其中以平埔族群之文物，為本館收藏之主力文物。

（三）埔里鎮藝文中心

地址：埔里鎮北安里中華路 239 號。

埔里素有藝術小鎮美稱，藝術風氣鼎盛深為各界肯定。在地方藝文工作者與政府部門的合作下，充實藝文活動中心「演藝廳」、「田園藝廊」，讓各項藝文活動有優質的展出場所。同時透過「藝文日日春」，讓埔里的文化逐漸朝向產業化的方向邁進。

921 震災後，埔里藝文中心在行政院文建會「地方文化館」計畫的支持下，朝「創藝美學文化園區」轉型，將為視覺、表演、設計及跨領域等藝術創作的重要展演舞台，一方面為創作者提供最好的發揮想像與創意的新樂園，同時也是民眾體驗生活美學的地方。

十、南投市：

縣政府文化局為發展地方文化活動，設有多處文化展演、展示中心。除了文化園區之外，還有地方文化館及文化局演藝廳。

（一）南投縣文學資料館

地址：南投市中興路 669 號。

本館匯聚本縣文學發展相關史料，透過展示讓民眾了解本縣優質文學，並作為地方文學及其相關領域的研習創作與觀摩參與之場所。典藏展示與文學活動並重，其具體作為逐步將南投文學史料透過調查、整理、出版、研究等方式，全面性地蒐集建立，以保

存珍貴之文學資源,利於各項文學推廣工作。

(二)南投縣史館

地址:南投市彰南路二段 61 號。

民國 83 年林源朗縣長指示開始規劃,並展開相關史料蒐集、文物評鑑等工作。在行政院文建會、台灣省文化處、文獻會的補助指導與各界熱心人士共襄盛舉下,於 85 年 12 月成立『縣史館籌備處』繼續推動且初具雛形。86 年 12 月 14 日由原任及新任彭縣長共同主持揭幕啟用。

展覽呈現給民眾,開拓南投先民走過的艱辛,以及在這片土地上生活的各個族群的樣貌,有文物資料以及影像的典藏與展示。為使園區服務功能更加完善,於是凝聚各界熱心人士進行培訓,並成立志願服務工作隊協助園方導覽、圖書管理、教育推廣等工作。每年元月招收新隊員,培訓後頒給聘書並辦理戶外觀摩活動。

(三)南投縣藝術家資料館

地址:南投市彰南路二段 61 號。

本館成立的目的在於建立及保存縣內藝術家史料檔案,促進縣民接觸藝術史料並與藝術工作者交流機會,並提供空間讓藝術家、民眾可以進行交流。二樓為展覽空間,提供平面固定展示,並推廣鄉土文化、藝文活動及經營管理計畫,除了進行草根的文化建設,並為地方帶來就業機會與經濟效益。

(四)竹藝博物館

地址:南投市建國路 135 號 B1。

本館之設置,是以彰顯傳統與現代的竹藝品為主要內容,並對南投地區竹材專業加工做一回顧與展望,以寓承先啟後,綿延興盛之意義。本館為全國唯一以「竹藝」為專題的地方博物館。

(五)南投陶展示館

地址:南投市彰南路二段 65 號。

本館成立於民國 86 年(1997),以具有地方特色且為早期使用之文物類之陶藝品為其主要特色。由於本縣得天獨厚的天然地理環境孕育了豐富的史前文化,從縣境內文化遺址陸續出土各類原住民陶片,可見陶與本縣淵源之深。文獻可考的南投陶超過二百年歷史,與先民生活各層面息息相關。在日治時期陶業達到鼎盛,風光一時。發展至今已成為本縣特殊產物之一。

（六）南投縣政府文化局演藝廳

地址：南投縣南投市建國路 135 號

於民國 71 年 12 月 25 日正式啟用，舞台位於一樓，屬於鏡框式劇場，觀眾席區席設 842 席，26 排排列。許多演藝類活動的展演場地，為推廣南投藝文活動的重要文化場所。

藉由本縣政府社會教育政策之規劃，並具體實施於本縣各鄉鎮之社教機構與終身教育之規劃，落實增進教育機會，提升國民素質之目標，並結合各鄉鎮特色，以發展文化財與觀光財，吸引各地觀光客，達到為本縣宣傳之目的。

照片 2-17：埔里鎮地方文化館 (藝文中心) 外觀　　來源：文化部地方文化館巡禮網站

照片 2-18：南投縣文學資料館

來源：文化部地方文化館巡禮網站

照片 2-19：南投縣文學資料館 (陳千武文庫)

來源：文化部地方文化館巡禮網站

照片 2-20：藝術家資料館

來源：文化部地方文化館巡禮網站

照片 2-21：藝術家資料館內部陳列展區

來源：文化部地方文化館巡禮網站

照片 2-22：南投縣偏遠醫療歷史見證文化館

來源：文化部地方文化館巡禮網站

第二章　社會教育樂園區

　　廣義的社會教育而言，相關具寓教於樂的園區亦屬社會教育之範疇。本縣地理位置位於臺灣中心，就人文歷史上而言有著原住民族群的文化展示，就生態環境上而言，更有多處觀光景點。故本章節針對縣內相關之社會教育類園區進行分述，行文上針對歷史文化類、生態保育類、災害防治類與藝文相關類四個層面進行介紹。

第一節 歷史文化類

一、九族文化村

　　九族文化村位在本縣魚池鄉，鄰近日月潭，是一座以台灣九族原住民為主題所打造的多元化樂園。九族文化村之建造緣於創辦人張榮義先生希望對臺灣山地文化的保存盡棉薄之力，及為海內外嘉賓提供一處良好的觀光旅遊勝地。其園區圖騰以百步蛇與人頭的形狀組合而成。百步蛇是原住民的祖靈守護神，具有守護企業的意義。蛇紋中的九個鑽石圖案代表九大族群，中間的人頭也是原住民在祭祀圖騰中很重要的象徵，在企業形象中代表「以人為本」的意義，具有發揚人心光明面的中心企業宗旨。百步蛇環繞人形則代表了以原住民文化服務人群的理念。

　　園區於民國 68 年（1979）開始規劃，並於民國 75 年正式啟用，於民國 84 年增設各項設施並於民國 98 年（2009）規劃日月潭纜車由九族文化村觀山樓通往救國團日月潭青年活動中心，將兩個景點串接起來。該空中纜車路線全長 1.877 公里。民國 99 年（2010）開辦日月潭九族櫻花祭，並於民國 102 年（2013）年獲得日本花協會認證為「櫻花名所優選之地」，同時也是日本唯一海外認證「賞櫻名所」。

　　全園區規劃分成三座主題園區：

（一）原住民文化主題園區

　　至 2016 止，政府認證的原住民族群有 16 族，園區以一次可了解 16 族原住民文化為最大特色；園區內皆有仿造各族實屋來打造原住民建築、人文風貌及珍貴的老照片，並有展現原住民舞蹈技藝的表演劇場：娜魯灣劇場與石音劇場。

　　定期舉辦原住民文化相關活動，例如「一日大頭目」，包含換穿大頭目服裝、祭典體驗、刺福球、搗麻糬、博物館導覽以及皮雕體驗等活動。電影《賽德克巴萊》上映後，園區內也增設「賽德克故事館」進一步描述電影內情結，可讓遊客更了解霧社事件歷史。

　　並於各族祭典期間，舉辦該族祭典的特色活動，例如於每年十一月份，九族賽夏族矮靈祭便會在祭典會所熱鬧開演，透過歌聲、舞蹈及祭儀的方式，忠實呈現賽夏族矮靈祭的細節內容，讓遊客可以和這個神祕的祭典有近距離的接觸；除了九族賽夏族矮靈祭

外，平日在九族文化村內也有賽夏族住屋及相關風俗的展覽。

（二）歐洲花園

歐洲花園包含巴洛克式建築，例如遊客可在巍峨壯麗的麗宮是本村主要的中式餐飲供應餐廳，巴洛克式歐風建築內可以坐擁千坪宮廷花園，享用貴族般的精緻美食。

歐洲風情組合式花園，如色彩繽紛的幾何花圃，以精巧人工修剪出的雕塑花圃，形成特殊的幾何圖紋式花圃取勝；以及每逢整點，便會敲響鐘聲的哥德式鐘樓；另有歐式小火車水沙連號，運載乘客遊玩花園一圈。

（三）歡樂世界

主題設施有空中纜車、自由落體 UFO、懸空雲霄飛車「馬雅探險」，另有其它諸多遊樂設施：金礦山探險、加勒比海探險、太空山、海盜船、熱氣球、旋轉木馬、皇家火車、單軌車等。空中纜車，路線全長 1.877 公里，連接九族文化村觀山樓到救國團日月潭青年活動中心。沿途可俯瞰日月潭湖光山色，天氣晴朗時並可眺望遠方的埔里盆地。

在園區自然生態部分九族文化村其海拔高度介於 750 公尺到 900 公尺之間，日月潭的湖水即是引濁水溪之水，從武界水庫以人工暗渠流經九族文化村下方，穿過山脈在大竹湖的出水口注入潭內。園區地形狹長，是屬沖積扇地形，坡度平緩，三面所臨之山皆為未開發之保安林地。由於全村佔地寬廣，而開發面積卻不多，因此保有大面積的林地，且在開發之時，建物皆依山勢地形而建，並未破壞自然地貌，因此園區內的生態資源仍然相當豐富。 在這裡的植物、鳥類、爬蟲類、昆蟲等生態資源豐富，發現過的物種，數量繁多。例如：冠羽畫眉、紅嘴黑鵯、黃嘴角鴞、白鶺鴒、台灣山櫻花、台灣肖楠、越橘葉蔓榕、苧麻、蘋婆樹等。

另每年固定舉辦原住民族的部落節慶：

1月、2月、3月　九族祈福祭 -- 拉阿魯哇族聖貝祭

4月、5月、6月　九族春之祭 -- 排灣族五年祭

7月、8月、9月　九族豐年祭 -- 阿美族山海戀

10月、11月、12月 九族秋收祭 -- 賽德克族收獲祭

二、寶島時代村

位於南投縣草屯鎮的寶島時代村，完工於 2012 年 6 月 30 日，由江欽良與藝人謝千惠 (藝名：小潘潘) 所共同打造的懷舊主題館。創辦人江欽良為草鞋墩人文觀光產業發展協會榮譽理事長，基於對舊時代的眷念，以夜市文化為時代回憶的起點，從人文關懷、地方特色、鄉土民情出發，融入台灣四大族群，濃縮百年生活光景，打造全亞洲最大室內懷舊主題文化村。村內演繹族群融合，濃縮百年生活光影，重現台灣豐富而多彩的社會風景。

園區園區特色，其文化景點包含：

（一）三合院

「家」自古以來一直是我國社會結構的中心，而三合院本身即寓含著文化中很重視的家庭倫理觀念，園區內重現了早期台灣農村生活的三合院場景，並利用三合院前方的大片空間——「埕」，開放給民眾在此舉辦大型活動，例如結婚辦桌、求婚、尾牙、生日等，讓民眾可在古色古香的三合院中，張燈結綵，慶祝人生盛事。

（二）寶島大戲院

古早味的老戲院掛著大紅燈籠，呈現早期人們做長板凳看戲的風貌，戲院每日輪播著村子簡介及復古的影片，如早期秀場風華復古歌舞秀、經典老歌及閃亮藝工隊之時代歌廳秀等，周六日也會有台灣傳統戲劇節目盛大的公演，讓台灣的演藝文化得以傳承。前方廣場上還會有三太子與民眾同樂。

（三）集集火車站

集集火車站是南投代表性景點之一，1922 年集集支線通車，全長 29.7 公里；當初興建是為了運送興建日月潭發電廠的材料，而後亦肩負起載運蔗糖、稻米、水果、沿線鄉鎮旅客之功能。黃金時期，往來的商旅極為頻繁，車站前後都有人力車、三輪車、擦皮鞋等服務，市街熱鬧，小鎮風光不言可喻。現在的集集火車站，是在 921 大地震之後才重建的，並非原初舊貌。

園區內裡的集集火車站，是以地震前，1942 年完成的車站設計圖為藍本建造，不論是車站內的一景一物，都是非常考據當年。如，車站內燈具採用日式風格的磨砂燈，是當時官廳或公共建築慣常使用的燈具形式；車站四周的照明燈罩、陶瓷製電線絕緣體等也是早期的格式，期望呈現給大家的是一甲子前集集火車站的原貌。

（四）原住民區

除了展示官方認定的 16 族原住民族各族文化、風貌、特色介紹，也特別展出了阿美族雕刻家 E-dai 王信一老師的許多雕刻作品，另外也有兩百年以上、原住民族一度失傳的樹皮衣等等歷史文物。屋子前方也備有竹鼓、木鼓等傳統樂器，可搭配歌舞，展現原住民文化的風采與熱情。

（五）眷村區

眷村是早期台灣文化熔爐的象徵之一，1949 年大批軍人與其家眷隨著國民政府來到台灣，政府劃地建設村落供其居住，形成一種特殊的台灣文化。園區重建了當時街景風

貌，不但完美重現了時代裡眷村的建設，也依照當年的樣子增設了軍警聯合崗哨及在村民活動中心的廣播電台。

（六）客家庄

園區內的老街是仿造新竹湖口老街，代表四大族群中的客家聚落。日治時期的湖口老街，融合了西方巴洛克式的建築風格，如紅色磚瓦砌成的圓拱，又或是日式建築上特有的日式花紋，再加上客家堂號浮雕「寅春」、「福助」，表現出文化多元融合的社會風貌；另外也因應國民政府遷台之後，許多民眾多以隨身攜帶的金銀珠寶向當鋪融資以維持生計，因此當鋪在當時也成為一種另類的市容景象。

三、霧社事件紀念公園

園區位於本縣仁愛鄉，是為紀念賽德克族抗日英雄莫那魯道，園區內有莫那魯道之塑像，以及模擬當時狀況的雕像，莫那魯道的遺骸也安葬於此，供後人瞻仰與緬懷這段歷史的悲劇。

四、明新書院

位於本縣集集鎮永昌國小內，是當地每年祭孔的地方。屬三級古蹟，建於光緒八年(1882)，主祀文昌帝君、制字先師、紫陽夫子等聖賢；民國 60 年（1971）經文建會整修，為宮殿式建築，燕尾簷，左右兩廂，磚牆、木柱、木門皆為特色；書院旁也佈置了農村民俗文物供遊客參觀包括牛車、車輪、水缸等古色古香。民國 85 年 (1996) 書院 110 年院慶時，規劃辦理了「民俗采風」藝文系列活動，隔年辦理「國家三級古蹟明新書院文化祭」系列活動，本書院於 921 大地震時受損，現已修復。

五、藍田書院

位於本縣南投市，俗稱文昌祠，或稱孔子廟，位於南投市崇文里文昌街 140 號，創建於清道光 11 年（西元 1831 年）迄今已有 170 多年，當時為學堂，道光 13 年（西元 1833 年）始改制為書院，於西元 1864 年遷移至現址，取名「藍田」是取「樹人無殊種玉」之意，希望藉此培植地方文秀並青出於藍，經內政部審定為國家第三級古蹟，為南投縣七大古蹟之一。藍田書院是一座兩進兩護龍形式建築，石雕龍柱，古色古香，在南投地方開拓歷史上佔有相當重要地位，也是清代南投地方的教育及人才培育據點。書院特色是不燒金紙不點燭火，以符合環保概念，書院內供奉有大成至聖孔夫子、文昌帝君、徽國公紫陽朱夫子及關聖帝君等。

六、登瀛書院

位於本縣草屯鎮，名字由來得自「十八學士登瀛洲」的典故，於民國 74 年（1985）被中華民國內政部列為三級古蹟。該書院於清道光 28 年 (1848 年) 由地方人士莊文蔚、洪繼純等倡捐設立，為施教場所。後來改為義學，並置有學田來供應其經費。現在的樣貌是光緒 9 年（1883 年）再修後的結果。

七、臺灣歷史文化園區

臺灣歷史文化園區位在南投縣中興新村光明里光明一路 252 號，佔地為 2.5 公頃，管理單位為國史館台灣文獻館，讓民眾能充份認識臺灣發展之歷史。本園區從民國 79 年（1990）開始規劃，建立目的在於妥善保存所典藏之檔案、文獻史料及文物，共有文獻史料館、民俗文物館、史蹟源流館，各館建築具有不同的特色。展示台灣從史前時期至現今的歷史遺跡，以及宗教、種族與文化風情等資訊，平日的國史館臺灣文獻館，會有許多學校機關到此做課外教學。藉由館內的詳細的展覽，讓來此參訪的學生們，可以更近一步地了解早期台灣的文獻特色。

隨著學校團體開放到此做戶外教學參觀，逐漸成為許多教育機構首選戶外教學的熱門教育園區。

第二節 生態保育類

一、桃米生態村

桃米生態村位於本縣埔里鎮的桃米里，海拔高度約在 430 至 800 公尺之間，面積 18 平方公里，區內 80％丘陵地，少有開發，是一處空氣清新、環境優美的生態寶地。清道光年間洪雅族先進駐墾植，咸豐後閩粵漢人陸續進入開墾遂形成聚落。早期因魚池五城缺乏米糧，需至埔里購米，挑米經過之坑谷故取名「挑米坑」，光復後因戶籍普查調整時筆誤改為「桃米坑」。

經歷了 921 地震之後，當地居民決定以自然生態為主題重建家園，在各相關單位的協力推動之下，桃米里的居民拾起書本重新認識桃米里中的生態環境，並且考取生態解說員執照，最終成立了桃米生態村。全村 369 戶，人口約 1264 人，主要寺廟有福同宮、祿天台，其他大小寺廟、道場達 16 座，學校 2 所（暨南大學、桃源國小。

園區具有全臺灣唯一一座紙教堂，紙教堂，是民國 84 年（1995）的日本阪神大地震後，一位建築師阪茂先生為倒塌的鷹取教會建造了一座紙管教堂，現在這間象徵著地震重建意義的紙教堂帶著不滅的精神遠渡重洋來到了桃米社區，沿續它震災後重生使命。教堂內共有五十八根紙管支撐起整個教堂，室內外的長管椅也是用紙製作的，教堂裡使用溫暖的黃色燈系。

紙教堂旁建有「PaperDome 新故鄉社區見學園區」，包含自然農法的「農之園」，推廣在地農產的「食之堂」，推行創作工藝的「市之集」，藝術與生態結合的「藝之地」，強調學習的「學之房」、讓人親自動動手的「工之坊」，讓紙教堂不僅是震災後重生的建築指標，也是回歸自然生態的園區。

桃米溪是桃米里第一個以生態工法改造的河流，在改造時也建造了親水公園與觀景台，並種植了九芎樹和野牡丹等植物，廁所的電力來源是太陽能光電再生能源系統，結合太陽能資源供電力，是一所融合的自然生態與環保概念的綠建築。

另園區內設有九二一紀念館是在九二一地震後的一年，桃米社區的幹部發現震災後的殘垣斷壁被一一清除，發起將福同宮活動中心改建成為紀念館的構想，於是桃米的九二一紀念館誕生，成為全台灣第一所社區型的震災紀念館。

九二一紀念館裡不僅是保留了地震遺蹟和記載當時地震的狀況，也收藏許多桃米社區的歷史文化資料與災後重建的點點滴滴，是桃米社區新興的文史資料館與地標。九二一紀念館也是桃米社區的遊客中心，塔上一隻大大的蜻蜓可警示屋內的平衡狀況。

在生態資源部分，該地勢是生物多樣性最豐富的區位，維持相當面積的自然及低開發地區。具有得天獨厚多采多姿，複雜而多樣性的森林、河川、溼地及農業生態區，野生動植物及原野景觀豐沛。溪流大小共6條，溼地有草湳溼地、田份仔溼地、茅埔坑溼地，可供生態旅遊、教育研究之用。水上瀑布擁有幽美的景色及豐富的森林資源。原生植被有水生植物、濱溪植物，天然林次生林各種林木，及近百種的蕨類。蛙類23種、蜻蜓56種，蝴蝶151種、鳥類72種。這豐富的生態資源，比其他鄉鎮更具優勢，也是發展生態村的利基點。

園區內的自然生態景點：

（一）桃米坑溪河濱步道

這條全長大約有三百多公尺的河濱步道位在桃源國小前，是順沿著桃米坑溪蜿蜒曲曲的溪道所打造的，原本只有灰色的水泥堤岸，桃米居民自動自發的在河濱步道兩旁栽種多樣的台灣原生種植物，為河濱步道新添活潑的綠意氣息。

（二）茅埔坑溼地

茅埔坑的水質清澈甘甜，是桃米里中游與下游地區稻田和筊白筍田灌溉的水源。位於茅埔坑下游的茅埔坑溼地是桃米生態村營造小組第一個以生態工法打造的河道，茅埔坑溼地公園利用生態工法使河床棲息地更為完善，並且順著水道建造生態池，也種植了台灣萍蓬草、石菖蒲和紫芋等多種水生植物，是許多水生昆蟲的棲息地，公園裡還有多種天然林種，包括呂氏菝契、桃實白日青、樟樹、竹柏以及蓮花池柃木。在民國91年（2002）2月完工後，公園裡有竹橋涼亭綠意盎然，最特別的就是公園裡那兩隻以竹材建造的巨型蜻蜓與貢德氏赤蛙，因為這是桃米生態村裡的主角，竹蜻蜓停駐草坪上，而貢

德氏赤蛙昂首期盼著遊客來訪。在茅埔坑溼地中可以見到十多種蜻蜓、豆娘、鳥類與青蛙，是一座具有保育、復育功能以及休閒遊憩的溼地公園。

（三）中路坑溼地

中路坑溼地的溪水是由中路坑溪流匯流入溼地，是桃米生態村第二個復育的試驗生態溼地。原本的中路坑溼地曾是一處水芋田，放荒了之後，意外的在大自然環境中繁衍出豐富自然生態，漫天飛舞的蜻蜓與水邊的青蛙成為生態學者眼中的寶地。在新故鄉基金會與地主黃坤良先生協商之後，黃坤良先生應許將水芋田保存成為溼地復育區，持續保育在中路坑溼地的小動物，以及造福更多喜愛豐富溼地生態的民眾。

中路坑溼地兩旁林木扶疏溪流潺潺，生態村修建水池的邊坡，利用自然土堤與砌石修築觀賞步道，將其打造為親水性的生態溼地，中路坑溼地現在已經成為桃米生態村中新興的生態教育區。

二、安雲濕地

位於南投縣埔里鎮的桃米社區內，為民國 103 年（2014）規劃完成的的生態景點。在蘊涵豐富自然資源的桃米社區裡，安雲濕地擁有特有的濕地生態。內部有著一處座落於茂密的樹林裡的生態池，濕地旁設置了蜻蜓流籠、木造的嚇一跳橋，還有木製的賞蜒、賞蛙步道，提供大自然生態保育教育素材。

三、木生昆蟲博物館

館長余清金，日本人尊稱其為「昆蟲泰斗」、台灣資深的捕蟲人都稱他一聲「師父」。1926 年生於南投埔里鎮。從小即對昆蟲有極濃厚的興趣，大自然中，翻山越嶺走遍台灣各平地、山地，收集調查昆蟲迄今七十年之久；以其實際體驗並閱覽世界各國之研究資料，為國際昆蟲學術界共識肯定。

木生昆蟲博物館於民國 8 年間由第一代館長余木生首創。第一代館長余木生畢生從事昆蟲採集研究之工作並發現頗多新品種的甲蟲與蝴蝶，提供學術界研究，貢獻甚大。不少珍貴標本收藏，奠定昆蟲館之基礎，但因受到戰亂影響，珍貴標本損毀殆盡。

台灣光復後第二代館長余清金繼承父志除向學界發表新種昆蟲，如「木生鳳蝶」、「木生綠小灰蝶」、「木生長尾水青蛾」、「余清金角金龜」等，並不惜重資細心蒐集國內外昆蟲製成標本並為紀念先父對昆蟲界莫大之貢獻以及為繼續發展父志，乃於民國 63 年在埔里鎮南昌街重建設備完整之昆蟲館，供社會各界及學生參觀。

其主題展區包含：

（一）蝴蝶鎮之歷史館

介紹本館八十年來的歷史，及埔里『蝴蝶鎮』的由來和蝴蝶手工藝品加工業的興衰

等。館內收藏 60 至 70 年代製作蝴蝶貼畫及蝴蝶手工藝品的器具及蝴蝶加工的照片。

（二）珍奇世界標本館

珍奇世界標本館內收藏世界各國稀有的昆蟲標本，有蝴蝶、甲蟲、蜻蜓、螳螂、竹節蟲等昆蟲約一萬多種，包括價值八百萬世界最貴的蝴蝶、世界最大的蝴蝶、世界最小的蝴蝶、最毒的蝴蝶、最重的甲蟲、最長的竹節蟲、消失的蝴蝶及雌雄同體之蝴蝶、鍬形蟲等，價值不凡之昆蟲不勝枚舉。

（三）蝴蝶生態園區

大型網室蝴蝶生態園區，提供遊客觀賞及欣賞翩翩飛舞的蝴蝶，讓遊客不但看得到，更可以摸得到蝴蝶，享受與蝶共舞，有如置身於世外桃源般。

（四）模擬生態教育

展示多種不同生活習性及生長的環境，包括台灣三大蝴蝶谷：高雄黃蝶翠谷、屏東紫蝶幽谷和埔里彩蝶夢谷，以及製球天才-糞球金龜堆糞球的可愛模樣及昆蟲偽裝術等。

（五）蟲蟲活體飼養

本館飼養了許多種類的昆蟲，包含獨角仙、鐵甲武士鍬形蟲；不是昆蟲的蟲，如蠍子、世界最大的蛾蛇頭蛾、蟋蟀、非男非女的竹節蟲、還有昆蟲的天敵蜘蛛、蜥蜴、樹蛙、螳螂等。

四、錦吉昆蟲館

位於埔霧公路，台十四線的眉溪旁山坡地上，為羅錦吉先生所設立，館內擁有超過 150 種活蝴蝶的網室蝴蝶園，及收藏近二萬件的蝴蝶，以及一間昆蟲標本館。活蝴蝶園內以鳳蝶數量最多，其中還包括了極為珍貴稀有的曙光鳳蝶、珠光鳳蝶和黃裳鳳蝶。標本館除展出本土蝶類與昆蟲外，同時還收集了不少東南亞地區的蝴蝶及昆蟲標本。館內收藏有珍貴的陰陽蝶，陰陽蝶出現的機率是百萬分之一，它是由兩個精子同時進入一個卵子，才有可能產生的雌雄同體蝴蝶，還要在它短暫的生命中捕捉到，為世界罕見的標本。

五、燕拾林（燕始林木屋）

燕拾林即為演習林公園，是中興大學在埔里的實驗林場，園區中有一棟建於民國 7 年的日式木屋，至今已有 90 多年的歷史，目前已修建完善。演習林公園為日據時代的農林專門學校，周圍種植許多珍貴的老樹種，包括貝殼杉、星蘋果及銀葉樹等，形成一片小森林，公園中設置有木棧道，提供當地居民運動休閒、聚會及孩童們嬉戲娛樂的場所。

六、楓香巨木群

楓香巨木群位在埔里鎮蜈蚣里的楓香社區中，推測大約有四百多年的歷史，社區在此建立一座小公園，讓當地的民眾可以到這裡聚會談天。楓香樹為落葉大喬木，屬於台灣的固有種，楓香社區中的巨木群原有二十二棵，每一棵都約有三層樓以上的高度，近年來有幾棵巨木死去，留下的巨木顯得更加珍貴，也喚起地方保育的重視。

第三節、藝文相關與其他類

一、牛耳藝術渡假村

牛耳藝術渡假村建成於民國76年（1987年），佔地約2萬坪，可俯瞰埔里市區。園區密植樹木花草，每年四月，桐花盛開；六月到十月的賞蝶季，是最生動的自然教室。結合藝術與地方文化，素人藝術家「林淵」作品遍布園區，漫步其中，隨時可欣賞到石雕創作，因為林淵原為農夫，故其作品充滿了樸質的韻味，而每件作品幾乎都有故事。

於園區特色部分：

（一）林淵美術館

素人藝術家「林淵」，又稱他為原生藝術家。從66歲才開始從事雕刻藝術工作，但其在台灣藝術發展上具有國際性的肯定地位，且受法國當代重要藝術家 Jean Dubuffet 讚賞。短短的十數年創作（1977年至1991年），有約一萬多件的作品，包括木雕、石雕、繪畫、刺繡以及組合藝術等五大類。

（二）林貴工坊

受到父親「林淵」的影響，林貴因而愛上雕刻藝術。為了繼續父親的夢想，在父親過世後採用父親遺留下來的器具，延續父親藝術創作之路。

（三）四季景觀

埔里一向有蝴蝶王國的美稱。為了積極維護環境生態，回到童年的記憶，近年園區開始推動復育蝴蝶的計畫。最佳賞蝶時機在每年的六月～十月。約500公尺的賞蝶步道、十多種蝴蝶種類、上千隻的蝴蝶都在這覓食及孕育下一代，是最珍貴的生態資產。

（四）油桐花季

每年四至五月油桐花開的時節，公園裡的油桐林就會以一整片既素潔又繁鬧的花顏，為園區營造出另一種繁華似雪的夢境。

二、赤崁頂農場

赤崁頂農場位於埔里西北角，面積 105 公頃，是台灣糖業公司埔里副產加工場的農場之一，海拔 400~500 公尺的平坦坡地，東北兩面有牛眠山與關刀山屏障，南面連接埔里鎮街。

近年來台糖公司為積極配合政府的農業政策及公司多元化經營的發展方略，已將此農場規劃為休閒農業區，以增加農民所得及提高農業之經濟效益。

赤崁頂農場除固有的自然景觀資源外，其最大的特色係其『寓教於樂』的知性、教育之旅的精神內涵，赤崁頂農場預計將規劃以下教材：

（一）設置民俗文物館

將埔里鎮之農業發展史和民俗文化之脈絡相連，做系統性的完整介紹。

（二）建立當前農業發展示範區

讓遊客瞭解現有農業之農藝，並可身體力行田園耕作之實際經驗。

（三）將台糖公司特性融入休閒農業

讓遊人明白相關農產品之原料栽培方法及製作過程，以建立台糖和民眾相結合的企業新形象。

照片 2-23：紙教堂

來源：交通部觀光局網站

照片 2-24：台灣豬事文化館

來源：文化部地方文化館巡禮網站

照片 2-25：集集火車站

來源：交通部觀光局網站

照片 2-26：明新書院

來源：交通部觀光局網站

照片 2-27：日月潭纜車

來源：交通部觀光局網站

照片 2-28：鹿谷鄉農會茶業推廣中心

來源：交通部觀光局網站

照片 2-29：台灣工藝研究所

來源：交通部觀光局網站

照片 2-30：國立鳳凰谷鳥園

來源：交通部觀光局網站

第三章　進修學校與補習教育

　　補習教育亦為社會教育中重要之環節，本章節將針對南投縣之補習教育進行探討。此章節將分兩部分探討，首先論述本縣的進修教育，又稱補習學校、補校，其成立之原因乃是早年因經濟或其他因素導致失學，日後想再次進修之管道，其法源依據為中華民國教育部《教育部補習及進修辦法》，其中分為國小進修學校、國中進修學校、高中進修學校等。

　　其次分述短期補習教育，按所謂短期補習教育，其定義為充實國民生活知識、提高教育程度、傳授實用技藝，培養健全國民，促進社會進步為目的，對外公開招生、收費、授課、學生人數五人以上，並有固定班址之短期教育機構[43]。其補習內容分為二類，分別為：

一、技藝類：包括有關農、工、商、資訊、家政、藝術、運動及其他。

二、文理類：包括國文、外國語文、歷史、地理、數學、生物、化學、物理、法政、經濟及其他[44]。本縣補習教育之探討由民國83年（1994）起至民國104年（2015）止，另本篇所探討之短期補習教育，乃是依已立案的補習班為主，未立案及已廢止則不在敘述內容中，特此說明之。

第一節　進修學校概況

　　進修學校又稱補習學校、補校，意旨在為義務教育外，提供之基礎教育，是為成人教育之一。本縣按「南投縣國民中學附設國民中學補習學校實施辦法」、民國92年（2003）修正、「南投縣國民小學附設國民小學補習學校實施辦法」民國102年（2013）修正、為配合當前教育發展需要，期使未受國民中小學教育之失學逾齡國民接受完整國民教育之機會，並免予學費。其資格受教資格為：

一、國小補校：

　　無入學資格限制，但應年滿12足歲由學校予以編級測驗，或憑成人基本教育研習班結業文件，編入與其程度相銜接之部級或年級就讀。

二、國中補校：

　　凡年滿十五足歲，具備下列資格之一即可報名：

---

[43] 依民國90年（2001）公告之「南投縣短期補習班管理自治條例」第一條之規定。

[44] 依民國90年（2001）公告之「南投縣短期補習班管理自治條例」第二十六條之規定。

（一）國民小學或國民學校畢業。

（二）國小補校高級部畢（結）業或修業期滿，持有畢業證書、結業證明書或學業及格證明書。

（三）經國民小學畢業程度自學進修學力鑑定考試及格，持有及格證明書 。

（四）修畢國民小學或國民學校前五個學年課程，成績及格，因故輟學一年以上，持有修業證明書；惟五年級肄業生不得以同等學力資格登記入學。

（五）其他持有國民小學畢業同等學力證書（證明書）[45]。

本縣現有：

南投市：南投高商進修學校、中興高中進修學校、和平國小補校、南投國中補校、光榮國小補校。

國姓鄉：國姓國中補校。

水里鄉：水里商工進修學校、水里國中補校、水里國小補校。

中寮鄉：中寮國小補校。

信義鄉：信義國中補校。

名間鄉：名間國小補校。

集集鎮：集集國中補校。

埔里鎮：埔里高中補校、育英國小補校、埔里國中補校、暨大附中補校。

草屯鎮：草屯商工進修學校、同德家商進修學校、草屯國中補校、草屯國小補校。

竹山鎮：竹山高中進修學校、竹山高中補校、延平國小補校。

下為本縣自83學年度（民國82年8月-83年7月）至104學年度（民國103年8月-104年7月）之受補習教育之人數表：

表2-15：南投縣國中小補校人數概況表 [46]

學年度	學校數			學生數		
	高中	國中	國小	高中 [47]	國中	國小
83	6	7	5	3038	513	303
84	6	8	5	3251	404	319
85	6	8	8	3333	435	394
86	7	8	8	3340	419	429
87	7	8	7	3343	463	440

---

[45] 南投縣政府公報，民國103年（2014）7月15日，秋字第一期。

[46] 資料來源：中華民國教育部統計處，國中小補校概況表；南投縣政府主計處。

[47] 含一般高中與職業學校人數總計。

學年度	學校數			學生數		
	高中	國中	國小	高中[47]	國中	國小
88	7	8	8	3160	476	363
89	7	8	8	2838	373	284
90	7	8	8	2569	338	276
91	7	8	7	2450	316	305
92	7	8	7	2415	269	335
93	7	8	7	2365	232	312
94	7	8	6	2274	183	311
95	7	7	6	2241	141	395
96	7	7	6	2193	179	384
97	7	7	6	2076	145	314
98	7	7	5	2069	159	257
99	7	6	5	1824	218	112
100	7	3	3	1618	123	147
101	7	5	3	1456	93	115
102	7	5	3	1333	104	112
103	7	4	3	待查	94	113
104	7	4	3	待查	88	111

由上表可看出自民國 83 年（1994）至民國 104 年（2015），各級接受進修教育的人數呈現逐年下降的趨勢，此原因可能為我國自民國 57 年（1968）實施九年國民教育之故，因此因失學導致無法接受義務教育之人數降低，故顯示於歷年接受補校教育人數減少。以 103 年（2014）埔里國中補校為例，是年補校畢業生只有 4 人，其中明星、林玉鎖是中國籍配偶，周媚、張氏識則是越南籍配偶，今年的一、二年級生加起來也只有 9 人。同年補校畢業生最多是草屯國中，但也僅有 8 人，其中 1 人是外配，其他 7 人都是銀髮族。補校畢業生次多的水里國中有 7 位，全部都是外籍配偶，南投國中補校畢業生也只剩 6 位，2 位是外籍配偶；集集國中補校今年則沒有畢業生[48]。可見申請補校之縣民人數減少，為補校教育現階段面臨的問題。

第二節　短期補習班之成立時間統計

根據本縣教育處社會教育科統計，本縣已立案之短期補習班，由民國 83 年（1994）年至民國 104 年（2015）之立案補習班，下依成立時間製作表格顯示。

---

[48] 2014 年 6 月 17 日，自由時報報導「埔里國中補校 4 畢業生皆外配」。

表 2-16：民國 83 年成立短期補習班表（計 3 家）

名稱	地點	性質	備註
私立吉的堡美語短期補習班	南投市	外語類	
私立全腦美語短期補習班	草屯鎮	外語類	
私立立人文理短期補習班	埔里鎮	文理類	

表 2-17：民國 84 年成立短期補習班表（計 3 家）

名稱	地點	性質	備註
私立小博士珠算短期補習班	南投市	商類	心算、珠算、會計
私立東華文理短期補習班	埔里鎮	文理類	
私立明明舞蹈短期補習班	埔里鎮	技藝類	舞蹈

表 2-18：民國 85 年成立短期補習班表（計 5 家）

名稱	地點	性質	備註
私立博智文理短期補習班	南投市	文理類	
私立多加英語會話作文短期補習班	南投市	外語類	
私立群將文理短期補習班	草屯鎮	外語類	
私立卓能珠心算短期補習班	南投市	商類	心算、珠算、會計
私立洪老師珠算短期補習班	南投市	商類	心算、珠算、會計

表 2-19：民國 86 年成立短期補習班表（計 10 家）

名稱	地點	性質	備註
私立正心文理短期補習班	埔里鎮	文理類	
私立台大文理技藝短期補習班	南投市	文理類	
私立救國團南投縣團委會附設技藝、語文短期補習班	草屯鎮	文理類	
私立樹人文理短期補習班	竹山鎮	文理類	
私立模範生文理短期補習班	竹山鎮	文理類	
優蓓仕文教事業有限公司私立優蓓仕英語會話短期補習班	草屯鎮	外語類	
私立好朋友美語短期補習班	埔里鎮	外語類	
私立Ｅ－Ｚ語文短期補習班	埔里鎮	外語類	
私立李靜枝舞蹈短期補習班	南投市	技藝類	音樂、舞蹈
私立旺旺珠心算短期補習班	草屯鎮	商類	心算、珠算、會計

表 2-20：民國 87 年成立短期補習班表（計 5 家）

名稱	地點	性質	備註
私立政文文理短期補習班	南投市	文理類	
私立學霖文理短期補習班	埔里鎮	文理類	
私立愛心心算美語短期補習班	南投市	外語類、商類	
私立有陶園美術短期補習班	南投市	技藝類	美術、書法、攝影等
私立蘇老師文理短期補習班	魚池鄉	文理類	

表 2-21：民國 88 年成立短期補習班表（計 6 家）

名稱	地點	性質	備註
私立宏文文理短期補習班	草屯鎮	文理類	
私立正北美語短期補習班	南投市	外語類	
私立真善美文理短期補習班	草屯鎮	文理類	
私立世雯舞蹈短期補習班	草屯鎮	技藝類	音樂、舞蹈
私立王老師英文短期補習班	草屯鎮	外語類	
私立偉達文理短期補習班	草屯鎮	文理類	

表 2-22：民國 89 年成立短期補習班表（計 12 家）

名稱	地點	性質	備註
私立民傳文理短期補習班	魚池鄉	文理類	
私立日碩文理短期補習班	草屯鎮	文理類	
私立巧登美語短期補習班	集集鎮	外語類	
南投縣基督教青年會附設私立外語（英日）短期補習班	草屯鎮	外語類	
私立學廬文理短期補習班	南投市	文理類	
私立華盛頓美語短期補習班	南投市	外語類	
私立明澤美語短期補習班	草屯鎮	外語類	
私立百分點文理短期補習班	竹山鎮	文理類	
私立兒福文理短期補習班	埔里鎮	文理類	
私立依德文理短期補習班	南投市	文理類	
私立莎士比亞文理短期補習班	南投市	外語類	
私立美奇文理短期補習班	埔里鎮	外語類	

表 2-23：民國 90 年成立短期補習班表（計 8 家）

名稱	地點	性質	備註
私立勵宇文理短期補習班	南投市	文理類	
私立佳音英語會話短期補習班	草屯鎮	外語類	
私立遠見文理短期補習班	南投市	文理類	
優蓓仕文教事業私立劍橋文理技藝短期補習班	草屯鎮	文理類	
私立保進文理短期補習班	竹山鎮	文理類	
私立史古比文理短期補習班	埔里鎮	文理類	
私立學風文理短期補習班	草屯鎮	文理類	
私立學者超越文理短期補習班	南投市	文理類	

表 2-24：民國 91 年成立短期補習班表（計 10 家）

名稱	地點	性質	備註
私立小巨人文理短期補習班	埔里鎮	文理類	
私立遠莧文理短期補習班	草屯鎮	文理類	
私立建國文理短期補習班	名間鄉	文理類	
私立大碩文理短期補習班	草屯鎮	文理類	
私立惠美文理短期補習班	魚池鄉	文理類	
私立摩根美語短期補習班	南投市	外語類	
私立德蘭舞蹈短期補習班	竹山鎮	技藝類	音樂、舞蹈
私立大地文理技藝短期補習班	南投市	文理類	
私立加州美語文理短期補習班	南投市	外語類	
私立文人文理短期補習班	名間鄉	文理類	

表 2-25：民國 92 年成立短期補習班表（計 9 家）

名稱	地點	性質	備註
私立孟坊美術短期補習班	南投市	技藝類	美術、書法、攝影
私立正一心算短期補習班	南投市	商類	心算、珠算、會計
私立美語家美語短期補習班	埔里鎮	外語類	
私立巧姿舞蹈短期補習班	竹山鎮	技藝類	音樂、舞蹈
私立旭英文理短期補習班	竹山鎮	文理類	
私立捷登美語短期補習班	埔里鎮	外語類	
私立理想文理技藝短期補習班	埔里鎮	文理類	
蘋果屋文化事業有限公司附設私立蘋果屋技藝短期補習班	南投市	技藝類	音樂、舞蹈、圍棋
私立富蘭克林文理短期補習班	南投市	文理類	

表 2-26：民國 93 年成立短期補習班表（計 13 家）

名稱	地點	性質	備註
私立周琳文理短期補習班	南投市	文理類	
私立余老師美語短期補習班	埔里鎮	外語類	
私立學霖文理短期補習班埔中分班	埔里鎮	文理類	
私立康乃爾文理技藝短期補習班	草屯鎮	文理類、技藝類	心算、珠算
私立喬帝美語短期補習班	埔里鎮	外語類	
私立文林文理短期補習班	草屯鎮	文理類	
私立掄元文理短期補習班	埔里鎮	文理類	
私立名人文理短期補習班	埔里鎮	文理類	
私立檸檬樹文理短期補習班	南投市	文理類	
私立鄒老師文理短期補習班	埔里鎮	文理類	
私立浩瀚文理短期補習班	名間鄉	文理類	
私立陳老師文理短期補習班	南投市	文理類	
私立巨匠電腦股份有限公司南投分公司附設私立巨匠電腦文理短期補習班	南投市	資訊類	

表 2-27：民國 94 年成立短期補習班表（計 21 家）

名稱	地點	性質	備註
私立鴻儒文理短期補習班	竹山鎮	文理類	
私立育成文理短期補習班	南投市	文理類	
私立立揚文理短期補習班	草屯鎮	文理類	
私立蘋果屋美術 (草屯分班) 短期補習班	草屯鎮	技藝類	美術、書法
私立千九文理短期補習班	埔里鎮	文理類	
私立趙老師文理技藝短期補習班	埔里鎮	文理類、技藝類	珠算、書法
私立蒲公英文理短期補習班	南投市	文理類	
私立獅子王美語短期補習班	竹山鎮	外語類	
私立志展文理短期補習班	集集鎮	文理類	
私立領導者文理短期補習班	埔里鎮	文理類	
私立地球村美日語短期補習班	草屯鎮	外語類	
私立愛迪生文理短期補習班	竹山鎮	文理類	
私立柯林頓文理短期補習班	竹山鎮	文理類	
私立吉佑文理短期補習班	竹山鎮	文理類	
私立龍郡文理短期補習班	竹山鎮	文理類	
太一顧問股份有限公司附設私立竹山博飛特文理短期補習班	竹山鎮	文理類	
私立活力文理短期補習班	南投市	文理類	
私立九重葛文理短期補習班	草屯鎮	文理類	
私立優仕文理短期補習班	南投市	文理類	
私立蕭老師繪畫短期補習班	南投市	技藝類	美術、書法、繪畫
私立 IE 文理短期補習班	水里鄉	文理類	

表 2-28：民國 95 年成立短期補習班表（計 22 家）

名稱	地點	性質	備註
私立宣音美語短期補習班	民間鄉	外語類	
私立尚霖文理－南投分班短期補習班	南投市	文理類	
私立東林文理短期補習班	草屯鎮	文理類	
南投縣大鴻海文化有限公司附設私立大東海法商短期補習班南投班	南投市	法政類、商類	心算、珠算、會計
南投縣大鴻海文化有限公司附設私立大東海法商短期補習班	草屯鎮	法政類、商類	心算、珠算、會計
私立朱帝文理短期補習班	草屯鎮	文理類	
私立李揚文理短期補習班	草屯鎮	文理類	
私立希望種子文理短期補習班	竹山鎮	文理類	
私立大學仕文理短期補習班	竹山鎮	文理類	
私立鐘老師文理短期補習班	埔里鎮	文理類	
私立雙圓文理短期補習班	竹山鎮	文理類	
私立小天才文理短期補習班	南投市	文理類	
私立英中語文短期補習班	埔里鎮	外語類	
私立卓越文理短期補習班	竹山鎮	文理類	
私立美數館文理短期補習班	埔里鎮	文理類	
私立至揚文理短期補習班	南投市	文理類	
私立典傳文理短期補習班	埔里鎮	文理類	
私立新興威文理短期補習班	南投市	文理類	
私立功學文理技藝短期補習班	埔里鎮	文理類、技藝類	心算、珠算
私立欣宜文理短期補習班	埔里鎮	文理類	
私立伊勵特美語短期補習班	南投市	外語類	
巨匠電腦股份有限公司草屯分公司附設私立巨匠電腦短期補習班	草屯鎮	資訊類	

表 2-29：民國 96 年成立短期補習班表（計 25 家）

名稱	地點	性質	備註
私立格林文理短期補習班	草屯鎮	文理類	
私立奕升外語短期補習班	水里鄉	外語類	
私立志宜文理短期補習班	埔里鎮	文理類	
私立張量文理短期補習班	竹山鎮	文理類	
私立童畫童話短期補習班	南投市	技藝類	美術、攝影
私立百分百文理短期補習班	水里鄉	外語類	
私立文新文理技藝短期補習班	埔里鎮	文理類	
私立芷揚珠心算短期補習班	南投市	商類	心算、珠算會計
私立梅根尼美語短期補習班	草屯鎮	外語類	
私立大育文理短期補習班	南投市	文理類	

名稱	地點	性質	備註
私立智達文理短期補習班	竹山鎮	外語類	
私立小神翁技藝短期補習班	竹山鎮	商類	心算、珠算、會計
私立資優文理短期補習班	名間鄉	文理類	
私立詹姆士的家文理短期補習班	南投市	外語類	
私立集賢文理短期補習班	集集鎮	文理類	
私立吉爾登文理短期補習班	埔里鎮	文理類	
私立夏天童畫技藝短期補習班	南投市	技藝類	美術、攝影
私立培根短期補習班	竹山鎮	外語類	
私立向日葵文理短期補習班	竹山鎮	外語類	
私立大航海文理短期補習班	水里鄉	文理欵	
私立格翊文理短期補習班	南投市	文理類	
私立鈺汝文理技藝短期補習班	竹山鎮	商類	心算、珠算、會計
私立樂活瑜伽中心技藝短期補習班	南投市	技藝類	瑜珈
私立志學文理短期補習班	南投市	文理類	
私立兒培禮文理短期補習班	草屯鎮	外語類	

表 2-30：民國 97 年成立短期補習班表（計 10 家）

名稱	地點	性質	備註
私立祥春藤文理短期補習班	南投市	文理類	
私立偉丞高瑛文理短期補習班	南投市	文理類	
私立救國團南投縣團委會 草屯區附設技藝語文短期補習班	草屯鎮	外語類、 技藝類	烹飪、插花、舞蹈
私立寰宇文理短期補習班	草屯鎮	文理類	
私立林老師文理短期補習班	南投市	文理類	
私立艾老師文理短期補習班	埔里鎮	文理類	
私立喬智文理短期補習班	竹山鎮	文理類	
私立昱昇文理短期補習班	草屯鎮	文理類	
私立弘智文理短期補習班	草屯鎮	文理類	
私立小叮噹文理短期補習班	竹山鎮	文理類	

表 2-31：民國 98 年成立短期補習班表（計 13 家）

名稱	地點	性質	備註
私立李德文理短期補習班	草屯鎮	文理類	
私立宇林創意文理短期補習班	埔里鎮	文理類	
私立佳鴻文理短期補習班	草屯鎮	文理類	
私立真善美慧聖賢教育機構 文理短期補習班	埔里鎮	文理類	
智基科技開發股份有限公司附設南投私 立志光法商補習班埔里分班	埔里鎮	法政類、商類	心算、珠算、會計

名稱	地點	性質	備註
智基科技開發股份有限公司附設南投私立志光法商補習班南投分班	南投市	法政類、商類	心算、珠算、會計
私立麗達文理短期補習班	竹山鎮	文理類	
私立高老師文理短期補習班	草屯鎮	外語類	
私立敦煌文理短期補習班	草屯鎮	文理類	
私立守嶧文理短期補習班	南投市	文理類、技藝類	美術、書法、攝影
私立達程文理短期補習班	水里鄉	文理類	
智基科技開發股份有限公司附設南投私立志光法商補習班草屯分班	草屯鎮	法政類	
私立翰霖文理短期補習班	南投市	文理類	

表 2-32：民國 99 年成立短期補習班表（計 17 家）

名稱	地點	性質	備註
私立翊勝文理短期補習班	草屯鎮	文理類	
私立睿爾文理短期補習班	竹山鎮	文理類	
私立喬心文理短期補習班	南投市	文理類	
私立北育文理短期補習班	草屯鎮	文理類	
私立沛妮文理短期補習班	鹿谷鄉	外語類	
私立頂尖美語短期補習班	草屯鎮	外語類	
私立得勝文理短期補習班	南投市	文理類	
私立向上文理短期補習班	南投市	文理類	
私立凱群文理短期補習班	草屯鎮	文理類	
私立優德文理短期補習班	草屯鎮	文理類	
私立偉達文理短期補習班南投分班	南投市	文理類	
私立　立文理短期補習班	竹山鎮	文理類	
私立橘子布著色才藝短期補習班	草屯鎮	技藝類	美術、書法、美工設計
私立高林文理短期補習班	中寮鄉	文理類	
私立樂音音樂短期補習班	南投市	技藝類	音樂、舞蹈
私立鴨子學苑文理技藝短期補習班	竹山鎮	文理類、技藝類	書法、美術
私立品學文理短期補習班	名間鄉	文理類	

表 2-33：民國 100 年成立短期補習班表（計 12 家）

名稱	地點	性質	備註
私立愛樂福文理短期補習班	竹山鎮	文理類	
私立開莘文理短期補習班	南投市	文理類	
私立精銳文理技藝短期補習班	南投市	文理類、技藝類	美術、書法、攝影
私立博士門音樂短期補習班	埔里鎮	技藝類	音樂、舞蹈
私立傑立文理短期補習班	名間鄉	文理類	

名稱	地點	性質	備註
私立學冊文理短期補習班	草屯鎮	文理類	
私立叡興文理短期補習班	名間鄉	文理類	
私立喬智文理短期補習班竹山分班	竹山鎮	文理類	
私立勤學園文理短期補習班	南投市	文理類	
私立英達資優文理短期補習班	草屯鎮	文理類	
私立育林文理短期補習班	草屯鎮	文理類	
私立立智文理短期補習班	埔里鎮	文理類	

表 2-34：民國 101 年成立短期補習班表（計 8 家）

名稱	地點	性質	備註
私立益兼文理短期補習班	草屯鎮	文理類	
私立國瑞文理短期補習班	草屯鎮	文理類	
私立高飛文理短期補習班	草屯鎮	文理類	
私立精英文理短期補習班	埔里鎮	文理類	
私立先格文理短期補習班	水里鄉	文理類	
私立阿公文理短期補習班	埔里鎮	文理類	
私立嘉宏文理短期補習班	南投市	文理類	
私立新采奕短期補習班	南投市	文理類	

表 2-35：民國 102 年成立短期補習班表（計 2 家）

名稱	地點	性質	備註
私立高澄短期補習班	草屯鎮	文理類	
私立達文西資優數學短期補習班	草屯鎮	文理類	

表 2-36：民國 103 年成立短期補習班表（計 1 家）

名稱	地點	性質	備註
私立正學文理短期補習班	南投市	文理類	

表 2-37：民國 104 年成立短期補習班表（計 6 家）

名稱	地點	性質	備註
私立遠筧文理短期補習班	南投市	文理類	
私立巧登美語短期補習班水里分班	水里鄉	外語類	
私立哥白尼文理短期補習班	埔里鎮	文理類、外語類	
私立佳鑫文理短期補習班	南投市	文理類	
私立佳銘文理短期補習班	埔里鎮	文理類	
私立快樂樹英語文理短期補習班	草屯鎮	外語類	

以上為民國 83 年（1994）至民國 104 年（2015），各年已立案補習班設立之地點與類型。相對於接受補校教育的人數呈遞減的狀況，本縣補習班數量則是民國 83 年（1994）時為 3 家，從民國 89 年（2000）起至 100 年（2011）即成立 172 家，其中以民國 96 年（2007）成立 25 家居冠。若將兩方資料對照或可看出家長對於子女的學歷要求越來越高，而且希望進入較佳的高級中學、高級職業學校或五年制專科學校，因此雖然台灣人口逐漸少子化，但國中升學壓力依舊不減。至於民國 102 年（2013）開始，短期補習班之設立逐漸減少，主要原因可能是政府於民國 103 年（2014）推行十二年國教，在升學壓力減輕與市場飽和的情況下，故立案補習班之數量開始降低。

第三節　短期補習班性質類別與對縣民之回饋

上表乃是根據本縣教育局所提供之資料所建立之相關表格，而根據以上表格，可看出，自民國 83 年（1994）起至民國 104 年（2015），本縣立案之補習班總數為 222 家。而細究其補習班性質，可發現其中文理類，包含文理類、外語類、法政類性質的補習班為 196 家；技藝類，包含資訊類、家政、插花、烹飪類、音樂、舞蹈類、美術、書法、攝影、美工設計、圍棋類、商類：珠算、心算、會計、瑜珈類等，為 26 家。可見本縣補習教育偏重於文理類，文理類以國中小為主要對象的補習班佔多數，為 148 家，而外語類次之，可顯見本縣縣民對於外語能力的需求。

再以行政區而言，本縣補習班數量居冠為南投市，共有 69 家，包含文理類 54 家，技藝類 15 家；其次為草屯鎮，共 58 家，包含文理類 53 家，技藝類 5 家；埔里鎮 41 家，包含文理類 39 家，技藝類 2 家；竹山鎮 31 家，包含文理類 27 家，技藝類 4 家；名間鄉 8 家，均為文理類；水里鄉 7 家，亦均為文理類；集集鎮與魚池鄉同為 3 家，均為文理類；中寮鄉、鹿谷鄉同為 1 家，亦為文理類；仁愛鄉與信義鄉則未有縣府立案之補習班。

然而本縣雖每年均有新立案之補習班，但均為私人所成立，意即在輔導之餘，也有營利之考量。然對於弱勢家庭之子女，若有心進修，恐成為家庭經濟負擔，因此於民國 93 年（2004），由屏東縣補習教育協會率先推動「育苗專案」，即結合縣內補習教育協會之會員，提供低收入戶家庭子女免費補習教育之計畫。於民國 94 年（2005）由中華民國補習教育全國總會林進榮總會長，積極提倡「優質補教，關懷弱勢」。張萬邦接任總會長後擴大舉辦，於全國各縣市補教協會全面推動「育苗專案」提供補習教學資源，關懷弱勢學子。自民國 100 年起中華民國補習教育全國總會更擴大全面推動「育苗專案」，本縣亦於同年加入推動至今，「育苗專案」以中低收入戶、特殊境遇家庭孩子為優先，國中小、高中都有名額，可經由學校推薦。本縣補教協會更於民國 104 年（2015）榮獲育苗專案績優單位，該年補教協會共計 27 家會員提供升學文理、語文、安親、才藝等完善的補救教學資源，照料弱勢學子 423 位名額，總值高達 1200 萬元[49]。而加入「育苗專案」的各家補習班遍布本縣各市鄉鎮，也改變外界對補習班以營利為導向的刻板印象。

---

[49] 資料來源：中華民國補習教育全國總會。

第四章　新住民教育概況

　　我國約自民國 80 年代（1990）開始，臺灣男性開始大量聘娶外籍新娘，於稱謂上通常以該女性之母國稱呼，如越南籍女性稱之為越南新娘，印尼籍女性稱之為印尼新娘，中國籍女性則稱為大陸新娘，或稱陸配。然由於此種稱呼有著性別歧視的意涵，故目前均以新住民稱之。這些新住民來到臺灣後首先面臨到語言、風俗習慣、生活等各方面與其母國不同之情況，因此嫁來臺灣後，常出現適應不良的問題，政府自民國 94 年（2003）起設置「外籍配偶照顧輔導基金」，每年編列新台幣 3 億元。本縣亦積極投入新移民輔導工作，99 年度外籍配偶照顧輔導基金，補助南投縣公部門及民間團體共有 25 件，金額為新臺幣 787 萬 2,687 元。

　　另本縣執行由內政部所訂頒「新住民照顧輔導措施分工表」所定具體措施，特設置南投縣新住民照顧輔導專案小組，全名為「南投縣外籍與大陸配偶照顧輔導專案小組」，協調行政院與本縣相關單位，諸如教育處、社會勞動處、新聞及行政處、衛生局、警察菊、文化局以及行政院退輔會南投縣榮民服務處、內政部移民署等單位進行對新住民的輔導，其工作執掌包含新住民族群的生活適應輔導、醫療優生保健、保險就業權益、教育文化、協助子女教養、人身安全保護、法令制度、觀念宣導等事項。

一、新住民配偶人數統計與分析

　　本縣據統計為自民國 95 年（2006）始至 104 年（2015），南投縣新住民人數，其表示如下：

表 2-38：南投縣各年新住民人數表[50]

年度 地區	95	96	97	98	99	100	101	102	103	104
大陸	4044	4236	4435	4655	4813	4970	5114	5235	5362	5463
港澳	49	51	52	52	55	64	66	74	81	90
越南	2861	2870	2826	2830	2858	2934	2949	2986	3029	3087
印尼	887	882	853	863	868	863	875	879	890	899
泰國	203	199	191	162	154	156	157	155	161	167
菲律賓	85	84	82	87	85	89	96	103	107	110
柬埔寨	254	246	239	229	226	228	226	226	227	226
日本	16	18	17	16	18	18	21	21	24	24
韓國	3	3	4	4	4	5	5	3	3	4
其他	74	78	85	106	117	123	122	134	136	151
總計	8476	8667	8784	9004	9198	9450	9631	9816	10020	10221

---

[50] 資料來源：中華民國內政部統計處。

由上表可看出，本縣新住民中，以中國大陸籍配偶佔多數，自 95 年 (2006) 始，至民國 104 年（2015）幾乎佔所有外籍配偶的半數，其主要原因中國大陸與臺灣的語言、風俗習慣等相近，故較無適應上的問題，因此佔所有外籍配偶的近半數，其次為越南籍配偶，再者為印尼籍配偶。

另由本表可看出外籍配偶（含中國大陸與港澳籍）的人數是呈現逐年增長的情況，以民國 104 年（2015）為例，經縣府統計至 104 年 12 月 31 日，外籍配偶總數，約佔全縣總人口的 1.6％，也因此對於這些新住民的相關輔導與教育為本縣施政的重要政策之一。

二、新住民教育與輔導內容概況

因應本縣新住民的人數不斷增多的情況，縣府亦針對新住民進行相關教育輔導，主要目的使其迅速融入臺灣之生活與文化，進而成為臺灣人的母親，而非在僅為臺灣人的媳婦，故由本縣依內政部指示所成立的「南投縣外籍與大陸配偶照顧輔導專案小組」，自民國 96 年（2007）始開始針對新住民之輔導與教育進行規劃。

民國 96 年（2007）1 月至 12 月，由本縣民政處主辦，社會處協辦舉辦「外籍配偶適應輔導班」11 場次，計外籍配偶 319 人參加。同年並建置本縣「外籍與大陸配偶照顧輔導資訊網」於縣政府網站，以整合各單位（機關）輔導措施服務資訊，方便民眾查詢及提供全方位服務。另由民政處主辦，教育處、社會處、衛生局、警察局、榮民服務處協辦，本縣婦幼館設置「外籍配偶家庭服務中心」，提供便捷服務窗口、竹山鎮雲林國小內設置「新移民學習中心」，提供各項識字教學、寬頻上網、家庭親子成長團體及相關諮詢輔導服務、本縣 13 鄉鎮市戶政事務所設置外籍配偶服務窗口，提供歸化測試、歸化國籍、生活適應輔

照片 2-31：本縣新住民簡易母與學習營活動現場　照片來源：縣政府提供

導等申請及相關諮詢服務、榮民服務處於服務櫃台設專人提供生活適應諮詢服務。

　　另由教育處主辦，辦理外籍與大陸配偶成人基本教育研習班共 62 班（初級班 35 班．中級班 23 班．高級班 4 班），計 894 人參加研習。同年並舉辦信義國小、北山國小、漳興國小等校於 96 學年第 1 學期辦理多元文化週，使學童瞭解不同文化間的差異與尊重不同文化。另為增進外籍配偶之語言及識字能力，96 年 10 月開辦外籍配偶語言學習輔導班 11 班，至 12 月底共辦理完成 6 班，計外籍配偶 118 人參加。

　　在外籍配偶的家庭教育部分，由本縣教育處於民國 96 年（2007）一、為提供外籍配偶家庭教育方面之知能及學習家庭溝通技巧，於 7-12 月假育英國小、平和國小及雲林國小辦理「新移民家庭教育系列講座」共辦理 6 場次，參與人數計 210 人次。另為增進外籍配偶與家人之良好溝通，於 12 月 15 日假新移民學習中心及國立台灣工藝研究所辦理「與家人有約 - 新移民家庭成長營」，共 48 人參與。為增進外籍配偶與子女、家人之良性互動，於 7 月至 12 月假本縣各級學校（新庄、平和、育英、延平、雲林、光華、弓鞋、爽文、桶頭、過溪、愛蘭、大成等國小）辦理系列「新移民家庭教育活動」及「新移民親子閱讀活動」共 19 場次，參與人數計 520 人次。為協助外籍配偶克服因文化差異，語言障礙所衍生出來的家庭溝通，子女教養等問題，提供其適切的家庭溝通、子女教養的技巧與方法，於 7-12 月辦理「新移民子女教育輔導計畫 - 親職教育活動」，共計有僑建、北山、新街、中原、土城、廣英等國小及三光國中辦理，共計 29 場次，參與人數 840 人次。

照片 2-32：本縣新移民學習中心舉辦母國文化日活動現場　照片來源：縣政府提供。

另為讓外籍配偶更快融入臺灣社會，因此鼓勵外籍配偶參加補校進修，以民國96年（2007）12月31日統計，本縣有外籍配偶261人進入國小補校就讀，15人進入國中補校就讀。下表為民國96年（2007）辦理「外籍配偶生活輔導班」情形表：

表2-39：民國96年辦理「外籍配偶生活輔導班」情形表

編序	單位名稱	上課地點	上課時間	上課人數	備註
1	南投市公所	南投市芳美社區發展協會	96.08.08-96.08.27	38	已完成
2	南投縣民間鄉戶政事務所	南投縣民間鄉戶政事務所	96.08.13-96.08.22	33	已完成
3	南投縣國姓鄉戶政事務所	南投縣國姓鄉戶政事務所	96.09.02-96.09.10	22	已完成
4	社團法人南投縣外籍配偶關懷協會	瑪利亞咖啡書屋	96.09.04-96.09.28	23	已完成
5	南投縣竹山鎮公所（社寮班）	社寮社區發展協會	96.09.08-96.11.27	25	已完成
6	南投縣竹山鎮公所（富州班）	富州社區發展協會	96.09.08-96.12.15	20	已完成
7	南投縣集集鎮公所	集集玉映社區活動中心	96.09.11-96.09.27	24	已完成
8	家扶中心埔里分事務所	家扶中心埔里分事務所	96.11.16-96.11.30	24	已完成
9	南投縣水里鄉戶政事務所	水里衛生所	96.11.06-96.11.22	30	已完成
10	日月國際獅子會班	埔里鎮仁愛公園長青會	96.11.12-96.11.22	24	已完成
11	南投市公所	瑪利亞咖啡書屋	96.12.10-96.12.19	30	已完成
12	南投縣魚池鄉公所	魚池鄉老人會館	96.12.03-96.12.20	30	已完成

表2-40：民國97年已規劃辦理「外籍配偶生活輔導班」情形表

編序	單位名稱	上課地點	上課時間	上課人數	備註
1	南投縣國姓鄉戶政事務所	國姓鄉戶政事務所	97.03.23-97.03.31	預計30人	
2	南投縣草屯鎮戶政事務所	草屯鎮戶政事務所	97.04.07-97.04.16	預計30人	
3	南投縣埔里鎮戶政事務所	埔里鎮戶政事務所	97.04.11-97.04.25	預計30人	

表 2-41：98 年度南投縣政府辦理「外籍配偶生活輔導班」辦理情形

班次	協辦單位	開課期間	參加人數	聯絡人	開班情形
1	中寮鄉戶政事務所 - 中寮班	98.05.12-98.06.2	16	中寮鄉婦女會 劉小 2692301*5014	已完成
2	南投市公所 - 南投 2 班	98.06.01-98.07.19	32	南投市公所 黃小姐 2222110*155	已完成
3	草屯鎮戶政事務所 - 新厝班	98.06.08-98.06.17	20	草屯新厝里 簡里長 0933-638568	已完成
4	鹿谷鄉戶政事務所 - 鹿谷班	98.06.16-98.07.03	23	鹿谷鄉婦女會 理事長 2752271	已完成
5	南投市公所 - 南投 2 班	98.08.03-98.08.18	36	南投市圖書館 謝小姐 2226156	已完成

項次	辦理單位	班別	開課日期	時數	經費來源 中央補助	自籌	人數	國籍 大陸	越南	印尼	其他	聯絡人	輔導單位
1	國姓鄉戶政事務所	外配志工客語通譯訓練班	100.02.19 100.03.29	82	181,600	0	30	6	12	8	4	辦理 2721331	民政處
2	社團法人南投縣愛鄉文教協會	外籍配偶美容實務班	100.02.19 100.04.24	90	234,300	58,930	22	16	3	0	3	陳麗雙 2321399	民政處
3	社團法人南投縣愛鄉文教協會	安全上路 - 新移民機車考照輔導班	100.03.12 100.08.08	72	209,680	52,567	26	4	6	1	15	陳麗雙 2321399	民政處
4	社團法人南投縣協助失業者協進會	姐妹 e 起學電腦	100.03.02 100.04.30	72	161,500	450	30	8	9	7	6	卓佩姍 2236728	民政處
5	社團法人南投縣家長關懷教育協會	幸福彩印 one hundred 手繪拓染技藝培訓計畫	100.04.09 100.06.12	100	210,600	352	20	5	3	6	6	王淑專 0921-753855	民政處
6	社團法人南投縣愛鄉文教協會	外籍配偶服飾修改訓練班	100.05.01 100.06.05	36	142,460	0	21	12	5	0	4	陳麗雙 2321399	民政處
7	社團法人南投縣外籍配偶關懷協會	100 基礎咖啡班	100.06.13 100.06.30	48	144,000	18,480	26	10	4	5	7	李麗容 2372460	民政處
8	社團法人南投縣愛鄉文教協會	南投縣中寮鄉新台灣之子暑期育樂營	100.07.04 100.08.26	320	192,200	0	33	2	17	5	9	陳麗雙 2321399	民政處
9	社團法人南投縣愛鄉文教協會	南投縣名間鄉新台灣之子暑期育樂營	100.07.04 100.08.26	320	192,200	0	29	8	10	3	8	陳麗雙 2321399	民政處
10	社團法人南投縣社區家庭支援協會	新住民機車考照輔導班計畫	100.07.30 100.09.17	42	106,820	0	24	5	10	4	5	黃次軒 2654305	民政處
11	南投縣國姓鄉戶政事務所	外配志工客語認證輔導班	100.08.02 100.08.19	86	182,560	0	29	4	7	5	13	廖月華 2721331	民政處
12	魚池鄉公所	新移民機車考照輔導班	100.08.18 100.08.22	36	84,040	62,360	20	3	11	5	1	郭亞鶴 2895371 #45	民政處
13	社團法人南投縣外籍配偶關懷協會	100 年外籍配偶婚姻成長團體夏季工作坊	100.08.29 100.08.30	12	37,740	0	15	3	5	2	5	李麗容 2372460	民政處
14	社團法人南投縣社區家庭支援協會	我一定要成功之快樂烘培班	100.09.06 100.10.18	56	84,700	40,200	20	4	3	6	7	楊倢仔 2647906	民政處
15	社團法人南投縣家長關懷教育協會	外籍及大陸配偶家事服務管理員培訓班	100.09.14 100.11.09	72	143,400	17,557	20	6	7	4	3	卓佩姍 2236728	民政處
16	社團法人南投縣新南投婦女之友會	外籍及大陸配偶食品烘培加工培訓班	100.09.14 100.10.12	72	147,000	0	20	5	3	6	6	蕭景林 2236728	民政處
17	社團法人南投縣新南投婦女之友會	外籍及大陸配偶家事服務員訓練專班	100.10.18 100.12.22	60	112,600	0	20	7	5	4	5	蕭景林 2236728	民政處
18	社團法人南投縣愛鄉文教協會	外籍配偶手工藝品製作基礎班	100.10.23 100.12.25	90	207,300	0	20					陳麗雙 2321399	民政處
19	社團法人南投縣社區家庭支援協會	新住民技藝學習 -100 小時指甲彩繪進階班	100.10.01 100.12.24	100	193,540	0	20					黃次軒 2654305	民政處
合計				1766	2,968,240	250,896	445	108	119	72	107		

表 2-42：年度辦理新住民輔導課程或活動一覽表

項次	日期	辦理地點	活動名稱	預定人數	對象
1	101.2.12 至 101.3.18	草屯鎮外籍配偶關懷服務據點（南投縣草屯鎮芬草路二段 582 號）	外籍配偶創業點心訓練班	20 人	外籍與大陸配偶
2	101.2.19 至 101.3.24	草屯鎮外籍配偶關懷服務據點	外籍配偶親子「藝」起來基礎班	30 人	外籍與大陸配偶
3	101.3.10	外籍配偶家庭服務中心	專業人員在職教育訓練 - 外聘團督	12 人	中心工作人員及志工
4	101.3.14	草屯鎮外籍配偶關懷服務據點	內政部入出國及移民署「101 年度與移民輔導團體交流座談會」	20 人	外籍與大陸配偶
5	101.3.20	南投縣立婦幼館 202 才藝教室	志工在職訓練	30 人	本中心志工以及有意願擔任志工者
6	101.3.25 及 101.4.1	草屯鎮外籍配偶關懷服務據點	生活適應輔導班	49 人	外籍配偶來台未滿 3 年或有適應不佳或需學習者
7	101.3.31	草屯鎮外籍配偶關懷服務據點	外籍配偶創業點心訓練班及親子「藝」起來基礎班成果發表	30 人	外籍與大陸配偶
8	101.4.7	草屯鎮外籍配偶關懷服務據點	文化習俗活動	10-15 個家庭（30-45 人）	外籍與大陸配偶及其家屬
9	101.4.17	南投縣政府衛生局 5 樓大禮堂	外籍配偶生育保健通譯員再教育訓練	40 人	94 年已培訓之外籍通譯人員及對衛生保健業務有興趣之新住民
10	101.4.21 至 101.5.19	南投縣立婦幼館	外籍配偶生活適應輔導電腦基礎班	15-20 人	外籍與大陸配偶及其家屬
11	101.4.21	921 地震博物館及霧峰湧旺農場	喘息聯誼活動	35-40 人	長期負擔家庭主要照顧者的外籍和大陸配偶及其子女
12	101.4.22 至 101.6.23 （六、日）	草屯鎮外籍配偶關懷服務據點（南投縣草屯鎮芬草路二段 582 號）	手工藝製作進階班	20 人	外籍與大陸配偶
13	101.4.24	南投縣立婦幼館 202 才藝教室	志工在職訓練	30 人	本中心志工以及有意願擔任志工者

項次	日期	辦理地點	活動名稱	預定人數	對象
14	101.4.28 及 101.5.5	南投縣立婦幼館	通譯人員輔導培訓班	15-20 人	外籍與大陸配偶及其家屬
15	101.4.29 至 101.5.20 （週日）	草屯鎮外籍配偶關懷服務據點 (南投縣草屯鎮芬草路二段 582 號)	機車考照班 （草屯班）	20 人	外籍與大陸配偶
16	101.5.5 至 101.5.26 （週日）	南投縣立婦幼館	機車考照班 （南投班）	20 人	外籍與大陸配偶
17	101.5.7 至 101.5.16	名間鄉民眾服務社	外籍配偶生活適應輔導台語班	15-20 人	外籍與大陸配偶及其家屬
18	101.6.5 至 101.6.6	南投縣政府	外籍配偶照顧輔導種子人員研習班	100 人	本縣公務機關及社會福利團體辦理外籍配偶照顧輔導業務單位之承辦人員
19	101.6.12 至 101.6.22	集集鎮戶政事務所	外籍配偶生活適應輔導機車考照班	15-20 人	外籍與大陸配偶及其家屬
20	101.6.14	清境農場	外籍與大陸配偶生活適應成長營聯誼活動	70 人	外籍與大陸配偶及其家屬
21	101.3 月至 10 月	13 鄉鎮市衛生所	認識新故鄉 （衛生教育宣導）	20-30 人 / 場	外籍與大陸配偶及其家屬
22	101.1.2 至 101.7.31	育英國小	辦理國小補校	3 班 44 人 （含外配 42 人）	失學民眾
23	101.1.2 至 101.7.31	延平國小	辦理國小補校	3 班 26 人 （含外配 25 人）	失學民眾
24	101.1.2 至 101.7.31	平和國小	辦理國小補校	3 班 77 人 （含外配 71 人）	失學民眾
25	101.1.2 至 101.7.31	南投國中	辦理國中補校	3 班 35 人 （含外配 21 人）	失學民眾
26	101.1.2 至 101.7.31	草屯國中	辦理國中補校	3 班 24 人 （含外配 3 人）	失學民眾
27	101.1.2 至 101.7.31	埔里國中	辦理國中補校	3 班 31 人 （含外配 20 人）	失學民眾
28	101.1.2 至 101.7.31	竹山國中	辦理國中補校	1 班 6 人 （含外配 1 人）	失學民眾
29	101.1.2 至 101.7.31	集集國中	辦理國中補校	1 班 8 人 （含外配 0 人）	失學民眾
30	101.1.2 至 101.7.31	水里國中	辦理國中補校	2 班 19 人 （含外配 13 人）	失學民眾
31	101.3.1 至 101.5.30	草屯鎮公所	成人基本教育研習班	1 班 13 人	外籍配偶

項次	日期	辦理地點	活動名稱	預定人數	對象
32	101.3.1 至 101.5.30	魚池鄉公所	成人基本教育研習班	2 班 20 人	外籍配偶
33	101.3.1 至 101.5.30	港源國小	成人基本教育研習班	1 班 8 人	外籍配偶
34	101.3.1 至 101.5.30	雙冬國小	成人基本教育研習班	1 班 8 人	外籍配偶
35	101.3.1 至 101.5.30	中寮國小	成人基本教育研習班	1 班 14 人	外籍配偶
36	101.3.1 至 101.5.30	草屯國小	成人基本教育研習班	1 班 7 人	外籍配偶
37	101.3.1 至 101.5.30	至誠國小	成人基本教育研習班	1 班 6 人	外籍配偶
38	101.3.1 至 101.5.30	雲林國小	成人基本教育研習班	1 班 18 人	外籍配偶
39	101.3.1 至 101.5.30	僑建國小	成人基本教育研習班	1 班 8 人	外籍配偶
40	101.3.1 至 101.5.30	虎山國小	成人基本教育研習班	1 班 17 人	外籍配偶
41	101.1-12	移民署南投縣服務站	新住民法令及福利資源課程	不限	初次入境新住民及家屬
42	101.7.12 至 101.7.13	草屯鎮新庄國小	多元暑期夏令營	30 人	新住民子女（三至六年級）
43	101.7-12 月	移民署南投縣服務站	家庭教育課程	不限	一般民眾、新住民及家屬
44	101 年 11 月	本府地下室禮堂及周邊廣場	移民節慶祝活動	3000 人	本縣新住民與其家人、外籍勞工及民眾。
45	101 年 12 月	台北市	國際移民日活動		國中、小學新住民子女

　　由歷年本縣針對外配所進行之社會教育相關服務，可見由原本的座談會，轉為以具體課程名稱，並以實用為目的，深受外籍配偶支持，其成效斐然。

照片 2-33：新住民教育政策，舉辦親子活動日。因應本縣新住民的加入，故縣府多方舉辦相關親子活動，使新住更快速融入台灣生活。　照片來源：南投縣政府提供

第五章　終身學習活動

第一節　圖書館沿革

　　圖書館的設立，乃是為收藏資訊、保存資料，提供相關服務之處。目前本縣境內共有 16 座圖書館，分別為國立公共資訊圖書館中興分館、南投縣政府文化局圖書館、南投市立圖書館、名間鄉立圖書館、鹿谷鄉立圖書館、中寮鄉立圖書館、集集鎮立圖書館、竹山鎮立圖書館、草屯鎮立圖書館、水里鄉立圖書館、仁愛鄉立圖書館、國姓鄉立圖書館、魚池鄉立圖書館、欣榮紀念圖書館、埔里鎮立圖書館、信義鄉立圖書館。以下分述其沿革：

一、南投縣政府文化局圖書館

　　地址：南投市中興路 669 號。

　　文化局圖書館是由南投縣立圖書館、南投縣立文化中心圖書館改制而來，民國 71 年（1982）的 12 月 25 日，縣立圖書館併入南投縣立文化中心，成了全臺第一個成立文化中心的縣市。歷次的遷館，從南投市中山公園內的聚芳館、到三和游泳池旁的原衛生局所在地、後來到文化中心館舍，更於 94 年（2005）11 月 19 日遷館至現址。

　　就服務內容而言，除傳統書籍的借閱外，並有一群「說故事媽媽」，在 921 震災後，於每個星期六日以說故事的方式為縣民們服務，而本縣文化局圖書館更是全縣公共圖書館的自動化中心，擔負著各鄉鎮市圖書館的自動化管理工作以及各項閱讀推廣工作，諸如「「送書香到南投－全國募書活動」、「撒下一把閱讀種子的圖書巡迴展」等，都是文化局圖書館的重要工作項目。

表 2-43：南投縣政府文化局圖書館歷年館藏統計[51]

年度	中文圖書	外文圖書	中文期刊	外文期刊	中文報紙	外文報紙	其他	總計
2005	151281	2642	659	8	19	2	1003	155614
2006	160356	2762	652	8	19	2	0	163799
2007	168350	3065	549	8	19	2	22809	194802
2008	169310	3167	549	8	15	2	30340	203391
2009	177129	3281	315	10	15	2	44609	225361
2010	178085	3458	368	18	16	1	0	181946
2011	250538	3634	375	13	18	1	0	254579
2012	258093	3699	371	24	22	4	0	262213
2013	266209	3943	373	24	26	3	10958	281536
2014	292334	4102	180	22	20	1	0	296659
2015	223365	4834	369	25	33	0	0	228626

[51] 資料來源：南投縣政府文化局提供。

卷八・教育志

二、南投市立圖書館

地址：南投市漳興里漳興巷 51 號（漳興社區活動中心）。

南投市立圖書館是縣府推動「一鄉鎮一圖書館」的政策下，於民國 85 年（1996）籌創設置，於 86 年（1997）開始興建，並於 91 年（2002）10 月正式開放。南投市立圖書館的特色是與南投市立示範托兒所合用，故在格局方面，圖書館位於三、四、五樓，分別為：三樓的會議室、自習室；四樓的網路區、報章雜誌區、書庫、0-3 歲嬰幼兒專區及兒童閱覽區；五樓閱覽中心、研習教室。由於南投市轄區內已有國立公共資訊圖書館中興分館以及南投縣政府文化局圖書館，因此在工作上主要是以成立讀經班、兒童暑期輔導為主要服務內容。

由於南投市立圖書館轄區中共有 3 個圖書館，分別為台灣省政府圖書館、南投縣政府文化局圖書館及南投市立圖書館，加上南投市立圖書館是最後一個成立的鄉鎮圖書館，開館之後五樓閱覽中心十分具有特色，頗受市民喜愛，且開授的讀經班及兒童暑期輔導，成為服務的一大特色。

表 2-44：南投市立圖書館歷年館藏統計 [52]

年度	中文圖書	外文圖書	中文期刊	外文期刊	中文報紙	外文報紙	其他	總計
2005	23439	487	14	0	10	0	40	23990
2006	24896	489	14	0	10	0	40	25449
2007	25692	489	50	0	10	0	807	27048
2008	28386	489	58	0	10	0	929	29872
2009	31436	489	65	0	10	0	0	32000
2010	34297	489	65	0	10	0	0	34861
2011	36308	489	65	0	10	0	0	36872
2012	38712	489	65	0	10	0	0	39276
2013	40278	489	65	0	10	0	0	40842
2014	41478	489	65	0	10	0	0	42042
2015	41948	489	54	0	10	0	0	42501

三、名間鄉立圖書館

地址：南投縣名間鄉中正村彰南路 42-2 號 3 樓。

籌建於民國 75 年（1986）年，於民國 93 年（2004）依「公共圖書館空間營運改善計畫」改建後至今，其服務特色因應鄉民的需求，因此主要朝規劃為兒童館的方向進行。

---

[52] 資料來源：南投縣政府文化局提供。

名間鄉人口數約 4 萬人,農業人口佔 67%,是一個小而美、溫馨舒適的鄉鎮,由於農業鄉的民眾日出而作、日落而息,所以名間鄉立圖書館的讀者以家庭主婦、中小學生居多,名間鄉立圖書館有感於鄉民對兒童教育的需求,努力發展兒童館為特色。

表 2-45:民間鄉立圖書館歷年館藏統計[53]

年度	中文圖書	外文圖書	中文期刊	外文期刊	中文報紙	外文報紙	其他	總計
2005	34762	100	50	0	9	0	604	35525
2006	36011	340	50	0	10	0	0	36411
2007	36103	473	42	0	7	0	0	36625
2008	36391	584	42	0	7	0	0	37024
2009	38058	613	42	0	7	0	0	38720
2010	38856	613	44	0	7	0	0	39520
2011	40871	644	44	0	6	0	0	41565
2012	41153	644	44	0	6	0	0	41847
2013	40452	651	44	0	6	0	0	41153
2014	41294	652	44	0	6	0	0	41996
2015	41498	652	44	0	6	0	0	42200

四、鹿谷鄉立圖書館

地址:南投縣鹿谷鄉廣興村興產路 96-4 號。

鹿谷鄉立圖書館於民國 78 年(1989)3 月落成啟用, 921 震災後,90 年(2001)5 月整修完成,並增設研習教室及藝文展覽室,民國 92 年(2003)依「公共圖書館空間營運改善計畫」改建至今。由於鹿谷鄉以「茶鄉」聞名,故館藏著重於茶、茶點、茶道等相關書籍搜集,及有關鄉土文化圖書、地方產業圖書,並不定期舉辦茶藝相關活動,在營運方向上,主要朝服務老年族群,希冀實現「終身學習、活到老學到老」的目標。

鹿谷鄉圖書館在 921 震災後重建,地下室的研習教室及藝文展覽室展現出舒適氛圍,讓鄉民覺得煥然一新,贏得鄉民、遊客的一致好評。鹿谷鄉圖書館落實書香茶鄉,從新書展示區、主題書展區、兒童室結合 0-5 歲嬰幼兒閱讀區、樂齡專區結合雜誌區,以提升館藏量及豐富讀者閱讀書香的興趣,而且每年辦理各項閱讀活動,穿插有關茶藝研習,著重銀髮族專區及閱讀活動推廣,也是文化局「書香幸福運動-巡迴書箱」的借閱站,提供另類的閱讀書香服務。

---

[53] 資料來源:南投縣政府文化局提供。

表 2-46：鹿谷鄉立圖書館歷年館藏統計 [54]

年度	中文圖書	外文圖書	中文期刊	外文期刊	中文報紙	外文報紙	其他	總計
2005	40791	0	30	0	5	0	0	40826
2006	41926	0	36	0	5	0	0	41967
2007	44180	0	65	1	6	0	0	44252
2008	45874	0	65	1	6	0	0	45946
2009	46927	0	65	0	6	0	0	46998
2010	50304	0	73	0	5	0	0	50382
2011	50508	0	73	0	6	0	180	50767
2012	50814	30	73	2	8	0	181	51108
2013	49650	30	73	2	8	0	181	49944
2014	50138	30	74	2	10	0	0	50254
2015	50730	5	72	2	9	0	0	50818

五、中寮鄉立圖書館

地址：南投縣中寮鄉永平村永平路 270 號 4 樓。

中寮鄉立圖書館於民國 74 年（1985）於該鄉綜合活動中心落成，後遭逢 921 震災之故，於民國 93 年（2004）遷館至現址，位於鄉公所合署辦公大樓五樓。

於服務項目上，該館首創閱讀結合數位電子使用，學生於課後進館可上網閱讀與寫作，並於圖書館網站上進行心得留言，每年留言篇數約可達 2,000 篇左右。

另針對成人閱讀與學習方面，圖書館每年開設 10 餘門的數位資訊課程，並提供相關書籍供學員參考，使得電子科技與書籍得以相輔相成。

中寮鄉以農立鄉，學生課後閱讀活動參與不若都會學生來得方便，為進行閱讀及課業紮根工作推動，中寮鄉立圖書館首創閱讀結合數位電子使用，學生在課後進館進行網路線上閱讀與寫作，並於網站上做心得留言，每年留言篇數可達 2,000 篇左右。針對成人閱讀與學習方面，每年開設 10 餘門的數位資訊課程，並提供相關書籍供學員參考，使得電子科技與書籍得以相輔相成。針對本鄉農業發展部分，本館首重農業經營與發展，成立農業發展的書櫃區並輔以數位資訊課程提供本鄉農民與鄉民學習與經營。

本館另有優越之視聽設備供鄉民欣賞影片，每年暑假期間辦理各項影片欣賞活動，提供鄉內居民休閒娛樂與教育之用。

---

[54] 資料來源：南投縣政府文化局提供。

表 2-47：中寮鄉立圖書館歷年館藏統計 [55]

年度	中文圖書	外文圖書	中文期刊	外文期刊	中文報紙	外文報紙	其他	總計
2005	47027	0	95	0	7	0	192	47321
2006	47920	359	98	0	6	0	480	48863
2007	49000	449	97	0	5	0	172	49723
2008	50057	479	141	0	5	0	145	50827
2009	56938	499	115	2	5	0	145	57704
2010	53076	499	115	2	4	0	145	53842
2011	55829	265	178	2	5	0	145	56424
2012	53847	210	126	2	5	0	0	54190
2013	55772	210	135	2	6	0	0	56125
2014	57028	210	135	2	6	0	0	57381
2015	55772	248	133	2	6	0	0	56161

六、集集鎮立圖書館（集集鎮文化服務所）

地址：南投縣集集鎮吳厝里育才街 166 號。

圖書館原址為台灣省山地農牧局工作站，後於民國 81 年（1992）8 月在政府「一鄉鎮一圖書館」政策倡導之下，在原址興建圖書館。除了提供一般圖書館之借還書與閱讀服務外，另不定期辦理地方文化館藝文活動，是集集最重要的資訊服務與藝文展演空間。由於集集為本縣內著名的觀光景點，因此在藏書部分以「樂活集集」作為選書特色，包含「環境保育」、「健康養身」、「休閒旅遊」等三大類書籍，作為圖書館的主要館藏。

集集鎮素以鐵道及綠色隧道聞名，圖書館位於集集火車站的不遠處，在完成空間改善後，一樓期刊室的外牆改設大片玻璃，為圖書館與讀者、遊客之間提供了另類的風情，常見民眾駐足，希望可發展成另類的以地方文化圖書館為主軸的觀光路線。

表 2-48：集集鎮立圖書館歷年館藏統計 [56]

年度	中文圖書	外文圖書	中文期刊	外文期刊	中文報紙	外文報紙	其他	總計
2005	36050	0	28	0	6	0	0	36084
2006	36050	0	28	0	6	0	0	36084
2007	37655	0	52	0	50	0	0	37712
2008	39431	0	59	1	7	0	0	39498
2009	41803	0	254	0	6	0	0	42063
2010	41986	0	260	0	6	0	0	42252
2011	47431	0	58	0	7	0	0	47496
2012	49594	0	40	0	9	0	150	49793

[55] 資料來源：南投縣政府文化局提供。
[56] 資料來源：南投縣政府文化局提供。

年度	中文圖書	外文圖書	中文期刊	外文期刊	中文報紙	外文報紙	其他	總計
2013	51366	0	40	0	9	0	0	51415
2014	52193	0	58	2	8	0	0	52261
2015	50587	0	59	2	8	0	0	50656

七、竹山鎮立圖書館

地址：南投縣竹山鎮公所路 120 號。

其館藏特色為蒐集地方鄉鎮志、竹山文史資料、竹文化工藝產業等相關資料。竹山鎮立圖書館的營運特色，包括圖書資訊查詢、網路資料查詢提供設備、讀書會推廣、地方文化館展演安排、社區藝文活動策辦、文化產業觀光資訊查詢等。

表 2-49：竹山鎮立圖書館歷年館藏統計 [57]

年度	中文圖書	外文圖書	中文期刊	外文期刊	中文報紙	外文報紙	其他	總計
2005	35655	0	53	0	5	0	0	35713
2006	36143	0	53	0	5	0	0	36201
2007	36984	0	53	0	5	0	0	37042
2008	37698	0	53	0	5	0	0	37756
2009	37177	0	55	0	5	0	0	37237
2010	38717	0	55	0	5	0	0	38777
2011	39453	0	58	0	6	0	0	39517
2012	41067	0	58	0	6	0	0	41131
2013	41696	0	58	0	6	0	0	41760
2014	42767	0	58	0	6	0	0	42831
2015	45346	0	58	0	6	0	0	45410

八、草屯鎮立圖書館

地址：南投縣草屯鎮草鞋墩一街 8 號。

草屯鎮圖書館於民國 68 年（1979）7 月開工興建，70 年（1981）7 月正式對外開館營運，以做為地方文化推展中心及青年學子進修之場所；後因 921 震災損毀且因原館舍位於斷層上，故於 93 年（2004）3 月 2 日遷館，與公所位於同一行政區上重新開放服務鎮民。

圖書館每個月在四樓研習教室舉辦成人讀書會，由學員推薦一本書以及導讀，互相輪流分享，藉此帶動民眾閱讀風氣。除了大人的讀書會，暑假也辦理小朋友各項研習才藝班，例如：作文、書法、美術、陶藝班等，孩童可以利用放假期間在圖書館學習各式藝文活動。研習教室還會定期播放影片，吸引兒童多多到圖書館，減少學童在外遊蕩。

---

[57] 資料來源：南投縣政府文化局提供。

表 2-50：草屯鎮立圖書館歷年館藏統計 [58]

年度	中文圖書	外文圖書	中文期刊	外文期刊	中文報紙	外文報紙	其他	總計
2005	36453	0	23	0	10	0	0	36486
2006	52447	0	23	0	10	0	0	52480
2007	52447	0	23	0	10	0	0	52480
2008	52447	0	53	0	10	0	0	52510
2009	55716	0	53	0	10	0	0	55779
2010	67654	0	125	0	5	0	0	67784
2011	76185	0	120	0	5	0	0	76310
2012	51541	31079	120	1	5	0	0	82746
2013	87046	2350	110	1	6	0	0	89513
2014	100469	780	110	1	8	0	460	101828
2015	98327	3219	219	2	7	0	460	101774

九、水里鄉立圖書館

地址：南投縣水里鄉北埔村自由路 2 段 6 號。

水里鄉立圖書館係於政府推動「一鄉鎮一圖書館」之政策下，於 83 年（1994）11 月興建完成，民國 85 年（1996）7 月 4 日正式落成啟用。原館址位於代表會與圖書館共用之大樓裡，屬合署辦公大樓。民國 92 年（2003），於文化部推動「公共圖書館空間及營運改善計畫」，遷館於原來的鄉公所臨時辦公室並於 93 年（2004）5 月 4 日正式對外營運。由於水里幅員遼闊，聚落大部份散居在各偏遠山區，為提供民眾對圖書館的空間及資訊使用，在偏遠山區已分設立六個書會館站，分別為：拔社埔書會館站、牛轀轆書會館站、新郡安書會館（上安、郡坑、新山線）、新興書會館、玉峰書會館站、永豐書會館 [59]。

水里圖書館完成環境改善與設備升級，在改善工程中著重於服務空間的突破，打破民眾對圖書館的刻板印象，以吸引民眾「愛上圖書館」、「走進圖書館」，除了規劃館內流暢的閱讀動線並以分齡分眾區分有「樂齡」、「青少年」、「兒童、嬰幼兒」等多元閱讀空間，期望藉此吸引更多的民眾親近書本與喜愛閱讀。另外，改造工程也規劃了「開架閱覽區」、「小組討論區」、「漫畫區」、「自修區」、「研習區」、「集哺乳室」等，也為日後藝文展演增設「展覽空間」。

---

[58] 資料來源：南投縣政府文化局提供。

[59] 書會館站的設置為執行文建會推廣閱讀創意金點子計劃，希望透過商店異業連盟，在鄉內各點設置閱讀站，增加圖書展示機會及閱覽率。凡鄉內工作室、茶藝館、咖啡廳、早餐店等，有意願成立閱讀點，可自行準備圖書，或與五個書會館站、鄉立圖書館，配合執行圖書交流、互捐、互贈，共同宣導、推廣圖書閱讀。資料來源：南投縣水里鄉立圖書館提供。

表 2-51：水里鄉立圖書館歷年館藏統計[60]

年度	中文圖書	外文圖書	中文期刊	外文期刊	中文報紙	外文報紙	其他	總計
2005	36331	2	55	0	3	0	386	36777
2006	50950	15	58	0	6	0	0	51029
2007	51329	25	63	2	4	0	0	51423
2008	51830	26	40	0	4	0	0	51900
2009	52985	0	10	0	3	0	0	52998
2010	42142	0	28	0	4	0	0	42174
2011	43398	0	54	0	6	0	0	43458
2012	45939	0	55	0	6	0	0	46000
2013	47675	0	54	0	4	0	0	47733
2014	49176	0	54	0	4	0	0	49234
2015	49694	0	43	0	4	0	0	49741

十、仁愛鄉立圖書館

地址：南投縣仁愛鄉大同村仁和路 59 號。

圖書館於民國 84 年（1995）10 月 27 日落成啟用。後因 921 震災損毀，全館拆除，直至 92 年（2003）2 月遷館至仁愛鄉民眾服務分社二、三樓，並於同年 3 月 1 日再次正式成立啟用。仁愛鄉因幅員遼闊，閱讀推廣活動不易，為推動「書香傳部落」工作，故積極於萬豐等地區成立部落圖書站，期待以分散式圖書站服務方式，提供鄉內民眾閱讀及分享書香之樂。此外，為傳承原住民之傳統技藝，亦深入部落辦理系列推廣活動、並承辦「仁愛鄉鄉志」業務，。該圖書館曾於 102 年（2013）榮獲教育部「全國營運績優公共圖書館 - 讀者服務特色獎」。

仁愛鄉轄區幅員廣大，居民分散在 15 個村 24 個部落，只有仁愛鄉立圖書館；開闢「原住民圖書專區」為特色館藏，以圖書館為基地，2 臺行動書車將好書送至鄉內各部落；透過各種閱讀活動，山林原野間充滿書香，原鄉間充滿著閱讀、希望。館舍為黨部的民眾活動中心建築，2-3 樓借給圖書館使用；空間雖小五臟俱全，各角落均可看見原住民的表徵圖騰。

表 2-52：仁愛鄉立圖書館歷年館藏統計[61]

年度	中文圖書	外文圖書	中文期刊	外文期刊	中文報紙	外文報紙	其他	總計
2005	11857	0	45	0	2	0	0	11904
2006	16383	0	48	0	2	0	0	16433
2007	13765	0	45	0	2	0	0	13812

---

[60] 資料來源：南投縣政府文化局提供。
[61] 資料來源：南投縣政府文化局提供。

年度	中文圖書	外文圖書	中文期刊	外文期刊	中文報紙	外文報紙	其他	總計
2008	22137	0	48	0	2	0	0	22187
2009	31824	0	48	0	4	0	0	31876
2010	30827	0	43	0	4	0	0	30874
2011	33456	0	52	0	4	0	0	33512
2012	35279	120	52	2	4	0	0	35457
2013	36448	135	50	0	4	0	0	36637
2014	39600	135	50	0	4	0	0	39789
2015	39070	110	50	0	4	0	0	39234

十一、國姓鄉立圖書館

地址：南投縣國姓鄉石門村國姓路 267 號 5 樓。

從 921 大地震，由耐吉公司捐助臨時搭建組合屋的圖書館，在不到 100 坪稱不上寬敞舒適的空間閱讀環境，館藏的 3 萬餘冊書籍，30 餘份報章雜誌，卻也提供當時國姓鄉民在天災地動、人心荒漠、一日如三秋生活中的精神慰藉。 歷經 5 年，新置圖書館於行政大樓 5 樓，整層空間約 300 坪，規劃研習室、兒童室、期刊室，閱讀空間分散於各區，94 年增設地方文物資訊館一館。由於國姓鄉位於客家移民道路上，故館藏以客家文史資料為主體。

國姓鄉立圖書館以「樂活集集」作為館藏圖書選書特色，將強化充實「環境保育」、「健康養身」、「休閒旅遊」等三大類書籍，並將持續深化以上三類主題圖書內涵。一樓期刊室的外牆改設大片玻璃，為圖書館與讀者、遊客之間提供了另類的風情，常見民眾駐足，希望發展成另類的以地方文化圖書館為主軸的觀光路線。

表 2-53：國姓鄉立圖書館歷年館藏統計[62]

年度	中文圖書	外文圖書	中文期刊	外文期刊	中文報紙	外文報紙	其他	總計
2005	39628	0	145	0	8	0	0	39781
2006	39628	0	145	0	9	0	0	39782
2007	41443	0	145	0	9	0	0	41597
2008	42657	0	146	0	8	0	0	42811
2009	42310	0	158	0	7	0	15	42490
2010	41903	0	176	0	8	0	14	42101
2011	43566	0	225	0	8	0	0	43799
2012	43453	55	206	0	14	1	0	43729
2013	44335	55	128	0	18	0	0	44536
2014	45358	55	129	0	18	0	0	45560
2015	45657	59	145	0	19	0	0	45880

[62] 資料來源：南投縣政府文化局提供。

十二、魚池鄉立圖書館

地址：南投縣魚池鄉秀水路 233 號。

為響應中央倡導一鄉鎮一圖書館達成書香社會之政策，民國 77 年 (1988) 成立魚池鄉立圖書館，做為地方文化推展中心。

在文化局完成圖書館自動化系統連線工作之後，本館納入南投縣公共圖書館家族成員之一，共用性的書目資料庫，開啟第一線為讀者服務的大門，使書香的傳遞工作更加地快速。完成空間改善工程之後，目前一樓為兒童閱覽室、報紙期刊室及電腦檢索區，二樓則為視聽室及書庫。

表 2-54：魚池鄉立圖書館歷年館藏統計 [63]

年度	中文圖書	外文圖書	中文期刊	外文期刊	中文報紙	外文報紙	其他	總計
2005	25000	0	25	0	5	0	0	25030
2006	35000	0	15	0	4	0	0	35019
2007	38330	0	76	0	4	0	0	38410
2008	39298	0	50	0	4	0	16	39368
2009	40373	330	51	0	4	0	13	40771
2010	41105	330	62	1	4	0	13	41515
2011	41606	333	65	1	5	0	13	42023
2012	41856	0	70	2	10	2	0	41940
2013	41860	2	72	2	6	0	0	41942
2014	42856	2	72	2	10	4	0	42946
2015	41833	2	73	2	8	0	6	41924

十三、埔里鎮立圖書館

埔里鎮立圖書館於九二一大地震中重創館舍全倒，受災慘烈。幸獲文建會補助投入千萬經費，進行書香人文空間改造，重新於 93 年 6 月 12 日開館，全國各界對埔里圖書館兼具機能 · 品味 · 魅力 · 雅逸的空間美學，都給予極佳的讚賞與好評，譽為是全台灣最美麗的五星級圖書館，曾榮獲教育部評鑑得到「臺灣地區九十三年度營運績優公共圖書館卓越獎」。

埔里圖書館綠意環繞、雅典溫潤、簡約風格的書香空間，讓圖書館深具人文美學魅力。一樓主題是「閱讀花園」，是一處可以在綠樹下閱讀，在花香中閱讀，充份享受「一本好書、一杯咖啡、一份好心情」的地方。二樓是快樂的的親子「童書樂園」，有我們為孩子精心規劃的舒適閱讀環境，充滿童趣童樂。三樓則是「書香桃源」，是書香與人文交織的新桃花源。此外，還有彩繪亮麗的行動圖書館每週巡迴社區，帶給鄉間孩童閱

---

[63] 資料來源：南投縣政府文化局提供。

讀的希望；圖書館更已完成建置無線網路環境，開啟數位服務的新紀元。

埔里圖書館還收藏埔里前輩文學家巫永福、陳春麟文庫和小鎮醫師李長、埔里鄉賢李百祿捐書，是研究台灣文學發展重要的寶庫之一。主要的書香活動特色是首開風氣推動駐館文學家、駐館藝術家、駐館音樂家計畫。

地址：南投縣 545 埔里鎮六合路 178 號

表 2-55：埔里鎮立圖書館歷年館藏統計 [64]

年度	中文圖書	外文圖書	中文期刊	外文期刊	中文報紙	外文報紙	其他	總計
2005	81250	509	257	0	13	0	0	82029
2006	84754	957	287	0	13	0	0	86011
2007	93865	1027	333	1	10	0	0	95236
2008	86139	1069	347	1	10	0	0	87566
2009	91466	1247	361	4	10	0	0	93088
2010	95710	1235	384	1	11	0	0	97341
2011	96446	1794	404	1	11	0	0	98656
2012	113970	1906	412	1	13	0	0	116302
2013	119709	1954	432	3	11	1	1	122111
2014	124782	1973	437	2	13	1	0	127208
2015	126655	2280	448	2	19	0	0	129404

十四、信義鄉立圖書館

地址：南投縣信義鄉明德村玉山路 47 號。

信義鄉立圖書館設立於民國 67 年（1978），原名為「信義中正圖書館」，民國 91（2002）年改名為「信義鄉立圖書館」。由於信義鄉共設有 14 村，鄉境由濁水溪與陳友蘭溪流域所組成。因此各部落與圖書館相隔甚遠，村民到圖書館參與活動及利用圖書館資源不易，故鄉「行動圖書館書香宅急便」遍及鄉內各部落，主動結合民間社團、學校辦理閱讀、募書書展活動，募書書展後贈予偏遠部落學童，將閱讀紮根至各部落，以縮短城鄉差距。

信義鄉立圖書館一樓為兒童室、期刊、電腦區及單一櫃檯，二樓為一般書庫、館藏特色原住民圖書、鄉土文化圖書、地方產業圖書專櫃、讀書會用書專櫃及參考書專櫃。館藏特色除原住民圖書外，增購鄉土文化及地方產業書籍，將鄉圖書籍與生活緊結合。100 年獲贈行動圖書車一部，行動圖書車即鄉圖書館之延伸，配合各學校、社區、教會辦理閱讀及社會教育活動，以補偏鄉村落圖書資源不足。為擴大推動閱讀集點，結合農會將各校圖書室列入集點範圍，由於集點及借閱摸彩，因而提昇借閱率並帶動閱讀風氣。

---

[64] 資料來源：南投縣政府文化局提供。

表 2-56：信義鄉立圖書館歷年館藏統計

年度	中文圖書	外文圖書	中文期刊	外文期刊	中文報紙	外文報紙	其他	總計
2005	31323	0	70	0	5	0	0	31398
2006	33330	0	70	0	5	0	0	33405
2007	34956	0	75	0	5	0	0	35036
2008	36295	0	75	0	5	0	0	36375
2009	36750	0	70	0	5	0	0	36825
2010	36959	0	65	1	5	0	0	37030
2011	37761	0	65	0	5	0	0	37831
2012	37584	32	65	0	4	0	0	37685
2013	37903	80	65	0	4	0	0	38052
2014	38149	28	65	0	4	0	0	38246
2015	37628	0	29	1	4	0	0	37662

十五、欣榮紀念圖書館

地址：南投縣竹山鎮大勇路 26 號。

為本縣境內私人之圖書館。福田文教基金會董事長高瑞錚，於父母早年所購置之土地上，興建此座圖書館暨文化會館，並以其父母親之名，命名為「竹山鎮私立欣榮紀念圖書館暨玉蘭文化會館」，提供公眾使用，一在報答雙親養育之恩，一在回饋故鄉栽培之情。該館於 95 年（2006）2 月 9 日正式對外開放，並於同年 7 月經本縣文化局推薦榮獲第 8 屆文馨獎特別獎之年度大獎。

欣榮紀念圖書館營運項目包含閱覽服務、視聽服務、社區文化推廣服務，並不定時開辦各類研習課程、提供諮詢輔導、專題講座、種子師資培育等業務，公益團體可免費申請借用場地。

十六、國立公共資訊圖書館中興分館

地址：南投縣中興新村光華路 123 號。

國立公共資訊圖書館中興分館（以下簡稱：中興分館），前身為臺灣省政府圖書館，為便利員工使用而設置。於民國 48 年（1959）轉型公共圖書館。民國 87 年（1998）精省後，圖書館被整併為省府「資料室圖書科」，但仍持續以「公共圖書館」為名為民眾進行服務。民國 102 年（2013）併入國立公共資訊圖書館，並更名為「國立公共資訊圖書館中興分館」。民國 104 年（2015）為提升服務品質、改善老舊設施、滿足讀者期待並彰顯服務效能，進行空間改善計畫工程，並於民國 105 年（2016）全新對外開放，全新開放的圖書館，除了符合最重要的公共、消防安全及無障礙環境外，也打造分眾分齡的服務空間，使不同年齡層可以找到屬於自己的閱覽空間，使空間利用更多元。

中興分館中西文圖書館藏量約 12 餘萬多冊（至民國 105 年 4 月止），館藏特色為民

國 34 年（1945）至 94 年（2005）底出版之「臺灣省政府公報」、「省政建設參考彙編叢書」，「臺灣省政府施政報告」及政府公報，採閉架方式管理，讀者仍可透過館藏查詢系統查得，並可於館內借閱或影印等，或另亦可於「政府公報資訊網」線上查詢並瀏覽全文

　　縣府表示，本縣公共圖書館的功用與理念上的呈現，由於本縣各鄉鎮的公共圖書館多位於南投縣的地震斷層帶上，在 921 大地震時，首當其衝的除了一般民宅外，公共圖書館也無法倖免。地震過後，公共圖書館遭到損毀的情況相當嚴重，因此如何重建和改善圖書館的防災會是首要的問題。地震發生的當下，圖書館內的設施、建築結構以及整個建築本身都遭受到很嚴重的破壞，同時大地震也震出了國人對於圖書館設施設備更新的關注。在地震過後，本縣政府以及地方民間人士希望透過圖書館重建來達成地方心靈重建的目的，另一方面也希望轉型圖書館的營運方式，將公共圖書館的經營理念和當時的國際潮流相互結合，發揮更大的作用。

　　首先，在圖書館經營的部分，公共圖書館不再只是做為地方的藏書閣，更要進一步成為地方的文化中心，包含典藏、文物展示以及提供在地文現已提供相關研究和展覽。公共圖書館可以分為三個層級：國家級、縣市級和鄉鎮區級，不同分級的圖書館具備不同功能。國家級圖書館牽涉到對於整體國家制度研究，國家級圖書館在營運時雖然也有自己的原則，但是也被賦予社會使命感，負責協助全國公共圖書館朝不同的目標方向去發展，其中方向的不同在於每個國家級圖書館的分工。國家圖書館為全國書目資料中心，主要為國家圖書管理、出版等制度以及代表國家和國際接軌；國立公共資訊圖書館被賦予改善設備的功能；台灣圖書館的責任在於軟體面，如何提升大眾的閱讀風氣。因此台灣圖書館發展出閱讀植根計畫，包含閱讀升級以及閱讀環境改善。另外，國家圖書館的前身為中央圖書館，是隨著大陸遷台後而改建的，台中的公共資訊圖書館前身為國立台中圖書館。

　　另一方面，縣級地區的公共圖書館也配合國家制度去發展出縣級裡面的公共圖書館。其中南投縣縣級圖書館負責共 13 鄉鎮的輔導，當時 921 地震後有中央投注的資源，縣府才能夠用於重建圖書館以及發展南投縣公共圖書館，從整個制度面加以革新，部分是由地方鄉鎮公所尋求新的空間來建構新的圖書館建築。其中圖書館有硬體和軟體，配合設施改善的同時，也將防災概念帶進來，由於南投資源不多，除了縣政府投入之外，民間也透過募款提供圖書館發展的資源，以台灣閱讀基金會籌組一筆資金，用於購書組成行動書箱，送到各地圖書館提供借閱，其概念率先由南投縣發展，其巡迴借書的概念後擴及到全台灣各地縣市，正好能彌補南投圖書館在地震之後的損毀。這樣的觀念被稱為「愛的書庫」。

　　教育部在軟硬體的部分也發展出數期的中程計畫，每一期大約 4 年左右，每期都有不同的發展階段。剛開始從全國約 700 多圖書館，包含國家、縣市級鄉鎮著手，因為教育部有財源限度，每個縣市透過競爭型計畫的方式使教育部能夠遴選出當年度經費能夠

分配的資源來做出空間改善和美感等部分，軟體面也是從不同角度補助經費來採取分齡分眾的閱讀推廣活動，十幾年下來台灣能夠在硬體面翻新，而軟體面則能夠更加優質。南投縣這麼多年來 14 圖書館當中有大概 7、8 館在空間上有整個改善過的。

南投縣政府文化局文化資產科科長張賽青表示：「100 年之後，100-105 年之間，也是區分為幾個分期，103 年推出閱讀平權計畫。在此之前，南投縣政府於 101-103 年之間推出「藏富於民」政策，主要從不同的人口分布、教育程度、公共圖書館的資源以及在軟實力能扮演的腳色中著手，推動的過程中主要遇到資源的瓶頸，因此和民間團體採取跨域整合，來擴大公共參與以及閱讀資源的籌措，擴大閱讀習慣和風氣，使圖書館的參與度增加，進一步改善服務介面；另一方面，針對南投縣的偏鄉提供行動書車服務，因此在 101-102 時閱讀風氣提升，進而得到教育部的閱讀磐石獎。」

張科長談到：「除行動推車外，南投縣也面臨青壯年人口外移的問題，兒童老年多半留在偏鄉，較不具備移動能力，離開不了生活圈，因此科長又推動「閱讀宅急便」，針對身心障礙者等群體推動送書到府的服務，也結合社會民間團體，設立部落閱讀和部落圖書室；結合社區團體設置社區閱讀角，送到生活圈所在的角落，使偏鄉同樣也有閱讀資源。」

圖書館核心概念為分齡、分眾、分流，張科長說明：「這是圖書館學和服務上的價值核心，針對不同年齡層和背景區分不同圖書並且管理典藏空間，在空間裡能夠讓民眾多加利用圖書館，因此要擴大圖書館的空間設計，透過友善空間和家具讓人感到舒適。過去圖書館給人較死板的感覺，而在教育部的規畫之下，希望將圖書館營造為家裡書房或著客廳的感覺，這樣才能夠吸引讀者近來，並且願意長時間留在圖書館。所以在空間上自然會呈現耳目一新。」

對於圖書館的規畫，張賽青說明：「在分齡的部分，針對 0-3 歲、3 歲到幼稚園、幼稚園到國小、國中、高中、青年到成年、樂齡以及外配規劃不同空間，並且規畫屬於他們的書單。並且不定期辦理屬於不同年齡的活動，由於南投縣各鄉鎮圖書館已經形成家族式的連結，資源和活動是各鄉鎮共同配合以及分享。就公共圖書館的整體營運來說，南投縣公共圖書館的整合系統是全台灣第一個整合系統，整個系統是由文化局開發，主機在文化局，13 鄉鎮和文化局相連共享系統，可以藉由一卡通和甲館借乙館還的機制擴大服務面向，對於發展較弱的分館也可以共享到較多的資源，是南投縣帶起圖書館整合的作用。」

關於圖書館閱讀風氣政策的回顧和展望，熟悉業務的張賽青說：「從 101 年前，南投縣圖書館在以前較少串連起來並且共同結合，但是在閱讀平權過後得到企業的贊助，其中最大的贊助來源是 18 度 C 文化基金會，其贊助我愛閱讀以及閱讀護照的活動。閱讀護照主要是針對國小小朋友所舉辦的活動，設定閱讀基準，達到基準者能夠得到一桶巧克力，因而鼓勵小朋友讀書，進而養成閱讀的習慣。我愛閱讀活動已達到第 6 年了，對於小朋友而言變成很大的誘因，這是民間產官學共同合作所產生的活動，這也有助於強

化南投縣的人口素質，而南投縣所發展出來的特色也得到國際組織的關注。」

　　另外，南投縣圖書館也有包含文學館，雖然是截然不同的社交，張賽青將圖書館和文學館相互結合，在圖書館內建立館藏特色，將南投縣文學館的資料納進圖書館來，將南投縣170多文學家的作品3、4000多冊都引進來，結合暸者的資源，將文學閱讀推展到13鄉鎮去。過去文學閱讀被視為需要較多文學素養的學科，較為複雜，也被認為冷門、深澀的學問。後來在張賽青的經營之下將文學館定調為生活文學，將文學的應用、閱讀透過圖書館講座推廣到各個鄉鎮，同時也結合觀光產業做多面向的結合，將文學擴展到每個角落，進而將南投縣打造成和其他鄉鎮有截然的區分。

　　推動閱讀風氣是南投縣的重大文化政策，張賽青表示：「希望社區閱讀、部落閱讀能夠結合公共空間的規劃，特別是能夠將閱讀、圖書資源和電話亭以及車站結合，尤其是著重在人潮流動較為集中的車站，例如高鐵、台鐵或著公車站。而在高鐵站也有「漂書」設計，也就是旅客可以在高鐵站A站的書架取下自己想要的書籍，而在到達目的地的車站之後將索取的書在B站歸還，而南投縣文化局也試圖將漂書的概念運用到當地的車站，就如同台北松山機場站的自助圖書系統，市圖書館系統重大的突破，也有別於以往借書都要特地到圖書館借書的觀念，讓閱讀更為便利順暢。」

照片2-34：閱讀護照政策

照片來源：南投縣政府提供

照片2-35：閱讀南投文學地景政策

照片來源：南投縣政府提供

第二節　社區大學、高齡者教育與婦女大學

一、社區大學

（一）沿革與成立

　　社區大學的成立旨在打造一個終身學習的環境，提供成人重新暸解自己，認識他人的學習管道，南投縣政府為使縣民能暸解終身學習之真諦，因此於民國89年成立社區大學籌備處，但由於南投縣正面臨民國88年（1999）921大地震之災後重建問題，因此成

立社區大學面臨相當程度的困難，諸如校地勘查、教室設置、課程安排、師資聘用、招生宣傳、學員管理、成績考核等，但為了加速協助 921 災民的生活與心靈的重建，因此仍於 89 年（2000）9 月 1 日正式掛牌成立，並於同年 9 月 21 日開學。

本縣社區大學的相關業務主要是由教育處社會教育科負責，首任校長為翁銘章博士，爾後其因生涯規劃之故去職後，社區大學校長由教育局長兼任，各分校則由開辦學校校長兼分校主任，實際行政工作，由分校秘書與行政助理負責。校址的部份，以黃武雄教授於〈地方政府設置社區大學計劃通案〉中所言，「社區大學可以設立於現有國中小學」的原則，至民國 104 年為止，共有 11 所分校 1 所分班。

表 2-57：社區大學各分校成立地點與時間表

成立時間	分校名稱	分校地點
89（2000）	南投分校	南投市
	埔里分校	埔里鎮
	國姓分校	國姓鄉
90（2001）	草屯分校	草屯鎮
	集集分校	集集鎮
	竹山分校	竹山鎮
92（2003）	水里分校	水里鄉
94（2005）	魚池分校	魚池鄉
95（2006）	名間分校	名間鄉
96（2007）	鹿谷分校	鹿谷鄉
	中寮分班	中寮鄉
104（2015）	規劃將南投縣社區大學現有 11 所分校分為三大區，即大南投區、大埔里區、濁水溪線區；以作成三所社區大學之準備。	

資料來源：（資料來源：南投縣社區大學提供）

南投縣目前行政區劃分為 1 個縣轄市、4 個鎮及 8 個鄉。而由縣府所規劃的社區大學學區而言，可見並非獨厚市鎮，而是針對全縣縣民之需求進行設立，因此在 13 個行政區中，共設立有 11 處分校與分班，並規劃於民國 104 年（2015）將此 11 所分校分班，合併成為三所社區大學，以達成資源整合，更有效率及全面發展的目標。

（二）特色與發展成果

南投縣社區大學屬於全台早期開辦的社區大學，也是全國第一所由縣政府主辦的社區大學，也因應 921 大地震之故，因此為首座因應災區需求所成立的災區社區大學，並由於以國小校地為社區大學之故，因此擁有完善的教室空間與設備，發揮資源共享的效益，更讓學員有舒適的上課空間，不但善用教學資源，更促進學校與社區關係的聯結。

縣長林明溱表示「健康養生、活力社區及行動公民」為社大課程的主軸，因此課程

安排上，開校初期以學術類、生活藝能類與社團活動類等三大領域作為授課內容，然課程安排上並未以此為滿足，並隨著時代的需求，因而調整為七大學程，包括：經營管理、資訊管理、自然資源、人文社會、教育輔導、應用語文、生活藝能等學程。以民國 104年（2013）國姓分校課程為例，上課時間為週一至週六晚間 6 點 30 分至 9 點，課程內容包含「國際標準舞」（普通與進階）、「人文、咖啡、輕食」、「韻律有氧健身」、「瑜珈養身」、「烏克麗麗輕鬆學」、「中草藥食療保健養身」、「瑜珈養身」、「國樂賞析」、「臺灣流行音樂 K 歌」、「拈花惹草玩球趣」、「體適能健身」、「安卓手機經營網路商店」、「電鍋創意客家料理」、「客家北管」、「製皂幸福」、「活力瑜珈提斯」、「基礎日語」、「發現傳統木藝之美」；魚池分校的課程安排則為「生活日語」、「太極養生」、「電腦與資訊生活」、「烘焙 DIY」、「吉他技巧」、「紙雕藝術創作」、「流行健身舞蹈」、「電腦手機 EZ 輕鬆玩」、「中醫養生學」、「天然手工皂製作」、「手作烘焙」、「國樂賞析」、「愛上攝影」、「陶笛技巧」、「舞動肚皮舞」、「手作花藝生活雜貨」、「休閒產業行銷管理」等。

由上述課程可見，本縣所推動的社區大學，除了希望縣民擁有良好的健康，因此安排多項運動、養生之課程外；並希望藉由培養縣民第二專長，因此除了跟隨時代的網路課程外，並安排相關手工藝製作的課程，除實作課程外，亦安排相關產業行銷理論課程，希冀藉由理論與實務，使縣民能藉由社區大學之課程，達到終身學習，且能實用的效果。

由於社區大學開辦之初，適逢 921 巨變後，因此為照顧災民生計與撫慰災民心靈，開辦前三個學期均採取免收學分費方式辦理。另外，為實際照顧災民及弱勢族群，第一學期災民、中低收入戶及身心障礙者保障 3/4 名額、非災民 1/4 名額，第二學期後不再分類分配名額，均以南投縣籍民眾優先報名選課，剩餘名額才開放與外縣市籍民眾。

表 2-58：社區大學各年度學員人數與歷任校長表

年度	成立班數	學員人數	學員人次	歷任校長
89（2000）				首任校長翁銘章教授
90（2001）				因翁校長請辭校長改由教育局長陳文彥兼任
91（2002）				陳文彥
92（2003）				陳文彥
93（2004）				陳文彥
94（2005）				黃宗輝
95（2006）	17	381	436	黃宗輝
96（2007）				黃宗輝
97（2008）				黃宗輝
98（2009）				劉仲成
99（2010）				劉仲成
100（2011）	526	10695	12872	劉仲成

年度	成立班數	學員人數	學員人次	歷任校長
101（2012）	526	10695	12872	黃寶園
102（2013）	513	10542	12636	黃寶園
103（2014）	495			黃寶園
104（2015）	483	10176	12144	彭雅玲

資料來源：（資料來源：南投縣社區大學提供）[65]

　　自民國 96 年（2007）始截至 104 年（2015），本縣社區大學於教育部評鑑，每年均獲得甲等的殊榮，而學員們於課程中所學之成果發表，亦屢上新聞版面[66]。由此可見本縣社區大學辦學成效優異。

二、高齡者教育

　　隨著國人的平均壽命增加，且社會趨於老齡化，因此對於老人生活的照護，是本縣社會處的重要工作項目之一，為鼓勵老人培養正當娛樂及休閒活動，提供老人終身學習機會，因此按《老人福利法》之相關規定，由縣府補助本縣各鄉（鎮、市）公所辦理長青學苑開設 3 至 6 班，截至民國 104 年（2015），本縣長青學苑已開辦第 32 期，且會依照各地長輩之需求，開設不同之課程，以民國 101 年（2012）與 102 年（2013）課程為例：

表 2-59：民國 101 年長青學苑開設課程

地點	開設課程
南投市	台灣民謠歌唱進階研習班、民俗公像婆道具製作研習、台灣民謠歌唱研習班、創意點心研習班、健康元極舞研習班
竹山鎮	山崇歌唱班、社寮歌唱班、中央歌唱班、竹山歌唱班、富州歌唱班、延平歌唱班
草屯鎮	銀髮族健康養生班、歌謠班、電腦班
埔里鎮	電腦班、歌唱班、書法班
魚池鄉	魚池樂活腰動動健康操研習班、魚池鄉長青電腦研習班、魚池千歲國樂研習班
名間鄉	語文康樂班、歌唱班、健身操班
集集鎮	國、台語歌謠班、藝術創作班、體適能班
信義鄉	太極養生班、電腦研習班

---

[65] 由於所提供之原始文件尚有缺漏，因此各年度之相關數據會再進行補齊，另民國 100 年與 101 年成立班數、學員人數、學員人次相同，恐為誤植，此部分會加以考證，特此說明之。

[66] 如民國 103 年（2014）6 月 24 日中時電子報，即以「南投寫真情－活到老學到老 社大學習展成果」為題，進行相關社區大學成果發表之報導。中時電子報，網址：http://www.chinatimes.com/newspapers/20140624001733-260107 擷取時間：民國 105 年（2016）/8/16

地點	開設課程
國姓鄉	石門健康園藝班、乾溝養生氣功班、柑林長青歌謠 KTV 研習班
水里鄉	歌唱學語言班、絲竹二胡班、米食研習班
鹿谷鄉	歌唱研習 - 鹿谷班、歌唱研習 - 廣興班、歌唱研習 - 小半天班、歌唱研習 - 瑞田班、電腦研習班
中寮鄉	龍安槌球班、爽文外內丹功班、中寮太極氣功班
中寮鄉	龍安槌球班、爽文外內丹功班、中寮太極氣功班
仁愛鄉	南豐暨染紡技藝班、仁愛手工才藝班

表 2-60：民國 102 年長青學苑開設課程

地點	開設課程
南投市	歌唱、環保手工皂、民俗技藝、健康操、外丹功；
竹山鎮	歌唱班
草屯鎮	電腦、健康養生、花藝設計、歌唱班；
埔里鎮	書法、歌唱、水墨班
魚池鄉	電腦、歌唱班；
名間鄉	語文康樂班、歌唱舞蹈班、健身操班
集集鎮	歌唱、藝術創作、體適能班；
信義鄉	太極養生、原住民祭典及歌謠傳唱、健康操班
國姓鄉	園藝、歌謠、健康操班
水里鄉	歌謠、客家藝文、日語班
鹿谷鄉	歌唱、資訊班
中寮鄉	槌球、外丹功、太極氣功班
仁愛鄉	健康生活、健康舞蹈等班

　　由以上兩年度所開設課程可見，課程內容重複性並不高，且除了養生課程外，另有跟隨時代進步的電腦課程、實用技能的環保肥皂製作、染紡課程，以及培養興趣的如書法、園藝等相關課程。

　　長青學苑的開辦，是希望幫老人家一圓過去未能完成學習的夢想，讓老人家們在學習各種才藝課程中找到自己的一片天地，能肯定自我，活得更健康、快樂，永遠長青。並鼓勵所有長輩們一起快快樂樂地來上學、活到老學到老，增加與外界互動機會，交交新朋友，開創美麗人生第二春。

　　縣府社會處表示，南投係農業縣，早期生活較困苦，小孩子很早就要參與農事生產，無法到學校唸書。長青學苑開設的語文班，剛好彌補失學老人過去無法學習的遺憾，近年長青學苑課程變得多元化，除了語文會話類，還有運動強身類、音樂育樂類、才藝藝術類等，另外因應資訊時代來臨，也增加電腦班，提供老人學習文書處理與上網，以便

與全球資訊接軌，希望能完全滿足長輩的需要。希望藉由本縣長青學苑的開辦，能夠讓縣內長輩都能擁有一個亮麗、溫馨及快樂的晚年生活。

在具體成果部分，如 104 年（2015）12 月 8 日，縣府舉辦老人大學與婦女大學的聯合結業典禮，典禮上，鹿谷鄉小半天歌唱班除唱歌跳舞外，還帶動全場參與者一起舞動，展現年長者活力的一面[67]。

南投縣的高齡者教育除了有縣政府設置之長青學苑，亦有其他樂齡學習機構的開辦，例如：長老教會松年大學、南開樂齡大學。

（一）南開樂齡大學

地址：南投縣草屯鎮中正路 568 號

南開大學樂齡中心有開辦多項課程，服務對象為 55 歲以上之中高齡民眾 (樂齡族)。以 105 學年度第二學期，106 年 4 月 10 日開始的 10 週課程為例，自主規劃課程有：「樂齡團康唱跳活動、簡單日語歡唱班、台語四句聯仔唸歌詩基礎班、太極養生班、二胡教學、槌球、紙藝傳情紙有感動、維護健康 - 樂磁不疲、以及必修樂齡核心課程。」除此之外，也有貢獻服務課程、必修樂齡學習核心課程、政策宣導課程，多樣的課程選擇[68]。

（二）台灣基督長老教會 - 草屯教會

住址：南投縣草屯鎮中正路 826 號

草屯教會底下附屬松年大學，提供年滿 55 歲以上之長者有關語文、資訊、藝術、生活百科、體育……等學習課程[69]。

三、婦女大學

921 震災後，縣府為撫慰民心，故除社區大學、樂齡大學外，尚開設婦女大學，其課程由縣政府主辦，委託各地方鄉鎮市公所承辦，其課程多元，針對區域性婦女生活機能之需求規劃安排一系列課程，以拓展婦女生活領域，提供婦女新知，結合藝術與文化，以融入家庭生活，提昇生活品質，增進婦女生活技能、社會參與。

---

[67] M1 全國廣播。新聞網址：https://tw.news.yahoo.com/%E5%8D%97%E6%8A%95%E7%B8%A3%E8%80%81%E4%BA%BA%E5%A9%A6%E5%A5%B3%E5%A4%A7%E5%AD%B8%E8%81%AF%E5%90%88%E7%B5%90%E6%A5%AD%E5%85%B8%E7%A6%AE-%E6%B4%BB%E5%88%B0%E8%80%81%E5%AD%B8%E5%88%B0%E8%80%81-073020680.html 擷取時間：民國 105 年（2016）/7/29

[68] 南開科技大學進修學院，樂齡學習專區。網址：http://cee.nkut.edu.tw/photo/news.php?Sn=101 擷取時間：民國 106 年 (2017)7 月 18 日

[69] 草屯長老教會。網址：http://love.porg.tw/?act=siteIndex 擷取時間：民國 106 年 (2017)7 月 18 日

民國 104 年國姓鄉婦女大學

課程名稱	課程時間	課程堂數	課程時數
婦女歌唱班	104 年 5 月 6 日至 104 年 8 月 26 日止	17	35 小時
創意拼貼班	104 年 5 月 2 日至 104 年 7 月 25 日止	12	35 小時
金屬飾品設計班	104 年 5 月 2 日起至 7 月 25 日止	12	35 小時
有氧律動班	104 年 5 月 6 日起至 104 年 8 月 26 日止	17	35 小時
創意生活健康班	104 年 7 月 2 日起至 104 年 9 月 18 日止	24	70 小時

民國 105 年婦女大學

地區	課程名稱	課程時間	課程堂數	課程時數
中寮鄉	瑜珈班	民國 105 年 4 月 1 日起至 105 年 9 月 23 日止	30	73 小時
	土風舞班	105 年 4 月 5 日至 11 月 1 日	30	73 小時
	元極舞班	105 年 6 月 6 日至 105 年 9 月 7 日	30	73 小時
	日語班	105 年 4 月 3 日至 105 年 9 月 18 日	25	73 小時
	談現代婦女應知的法律權益講座	105 年 6 月 7 日	1	2 小時
水里鄉	肚皮舞種子教師研習班	民國 105 年 4 月 6 日至 105 年 6 月 29 日	13	70 小時
	韻律舞班	105 年 4 月 25 日至 105 年 10 月 3 日	24	72 小時
	台語歌唱研習班	105 年 4 月 15 日至 105 年 10 月 21 日	28	70 小時
	認識性別意識與性別暴力女性議題講座	105 年 5 月 12 日	1	2 個小時
魚池鄉	幸福魚池舞蹈研習班	民國 105 年 4 月 7 日至 105 年 8 月 25 日	21	80 小時
	幸福東光烘焙技能研習班	105 年 5 月 11 日至 11 月 9 日	27	80 小時
	幸福水社舞蹈研習班	105 年 4 月 19 日至 105 年 10 月 18 日	27	共 80 小時
	幸福家庭齊步走女性議題講座	105 年 5 月 19 日	1	2 小時
鹿谷鄉	鄉土民謠永隆班	民國 105 年 4 月 18 日至 105 年 12 月 5 日	34	60 小時
	鄉土民謠鳳凰班	105 年 4 月 6 日至 105 年 10 月 26 日	30	60 小時
	竹童玩 DIY 清水班	105 年 5 月 4 日至 105 年 11 月 23 日	30	60 小時

地區	課程名稱	課程時間	課程堂數	課程時數
鹿谷鄉	鄉土民謠秀峰班	105 年 4 月 5 日至 105 年 10 月 25 日	30	60 小時
	竹童玩 DIY 竹豐班	105 年 5 月 3 日至 105 年 11 月 22 日	30	60 小時
	性別主流化 - 談兩性平等女性 議題講座	105 年 6 月 14 日	1	2 小時
仁愛鄉	健康生活技藝班 - 法治班	民國 105 年 5 月 1 日至 105 年 8 月 7 日	15	70 小時
	健康生活技藝班 - 互助班	民國 105 年 5 月 1 日至 105 年 8 月 2 日	15	70 小時
	活出真我燦爛一生 女性議題講座	105 年 7 月 29 日	1	2 小時
埔里鎮	土風舞班	民國 105 年 6 月 3 日至 105 年 10 月 7 日	19	70 小時。
	健康瘦身律動班	105 年 6 月 2 日至 105 年 9 月 22 日	17	72 小時
	毛線編織技能班	105 年 6 月 6 日至 105 年 10 月 3 日	18	70 小時
	談兩性平等暨婦女職場 壓力調適講座	105 年 6 月 23 日	1	2 小時
竹山鎮	烘焙烹飪班	民國 105 年 4 月 6 日至 105 年 11 月 2 日	31	93 小時
	快樂媽咪 (單人) 團舞班	105 年 4 月 12 日至 105 年 7 月 14 日	14	56 小時
	太鼓班	105 年 4 月 21 日至 105 年 5 月 25 日	6	36 小時
	延平土風舞班	105 年 5 月 2 日至 105 年 8 月 19 日	16	56 小時
	竹鼓班	105 年 4 月 22 日至 105 年 10 月 7 日	25	46 小時
	兩性平權議題講座	105 年 6 月 8 日	1	2 小時
南投市	太鼓研習班	民國 105 年 4 月 6 日至 105 年 10 月 26 日	30	70 小時
	台語歌唱研習班	105 年 4 月 7 日至 105 年 12 月 1 日	36	70 小時
	咖啡繁殖與栽種研習班	105 年 4 月 8 日至 105 年 10 月 7 日	27	70 小時
	音樂律動及手工藝研習	105 年 4 月 19 日至 105 年 7 月 12 日	13	70 小時
	性別主流化之兩性平等講座	105 年 5 月 26 日	1	2 小時

地區	課程名稱	課程時間	課程堂數	課程時數
信義鄉	開設烹飪研習班	民國 105 年 4 月 2 日至 105 年 7 月 30 日	18	70 小時
	綜合舞蹈研習班	105 年 4 月 7 日至 105 年 8 月 11 日	19	75 小時
	兩性平等及法律常識講座	105 年 6 月 14 日	1	2 小時
集集鎮	拼布研習班	民國 105 年 5 月 7 日至 105 年 9 月 17 日	20	80 小時
	土風舞研習班	105 年 5 月 4 日至 105 年 9 月 21 日	21	82 小時
	元極舞健康研習班	105 年 5 月 1 日至 105 年 8 月 28 日	18	70 小時
	幸福人生講座	105 年 5 月 2 日	1	2 小時
名間鄉	生活藝術研習班	民國 105 年 4 月 14 日至 105 年 11 月 3 日	30	70 小時
	土風舞班	105 年 5 月 7 日至 105 年 10 月 15 日	24	72 小時
	中西餐料理班	105 年 5 月 28 日至 105 年 9 月 24	18	72 小時
	歌唱研習班	105 年 5 月 16 日至 105 年 10 月 31 日	25	72 小時
	男女有別打造性別春天講座	105 年 6 月 17 日	1	2 小時
草屯鎮	兩性平等暨健康促進講座	105 年 6 月 25 日	1	2 小時

就課程內容而言，並非單純以技藝類為主，並包含如歌唱、有氧律動以及生活健康相關之課程，希冀本縣婦女除能學得一技之長，或可開創事業第二春外，上能重視己身之健康。

照片 2-36：貓羅溪社區大學春季班照片　資料來源：貓羅溪社區大學 臉書

第三節　防災、生態環境保育與生命教育

一、防災教育

　　民國 88 年（1999），臺灣發生嚴重的地震事件，是為「921 大地震」，因震央位於集集，故稱之為「集集大地震」。此次地震乃是由於車籠埔斷層呈南北向，由雲林縣的桶頭，向北經過竹山、名間、中興新村、南投、草屯、霧峰，再沿著台中盆地邊緣經過大里、車籠埔、太平、大坑、豐原，再由石岡轉向東勢及卓蘭一帶。而受到 921 地震直接破壞的區域，主要即集中在車籠埔斷層帶裸露地區，並包括埔里、中寮以及屬於震央的集集，尤其以東勢鎮位於車籠埔斷層及大茅埔－雙冬斷層交會地帶，震波能量聚集，破壞最為嚴重。

　　此次地震，本縣受創受創甚鉅，10 多個鄉鎮市重創，縣內的各項設施、經濟產業、觀光旅遊、民眾生命財產等都受到重大損失。災情主要集中在震央及斷層所經附近的埔里、竹山、名間、中寮、國姓、草屯等地，尤其是中寮鄉在這次的大震之下受創最為慘重。也因此防災教育成為本縣重要的教育目標之一。

　　除了地震的威脅外，颱風、水災、土石流、雷擊、旱災等亦是常見之天然災害，因此自小培養縣民擁有防災之觀念，乃為刻不容緩之事，因此本縣依《災害防治法》、教育部頒布之「防災白皮書」、「防災科技教育人才培育先導型計畫」、防災科技教育深

照片 2-37：中寮國中防震演練活動照片　　資料來源：南投縣防災教育資源網

耕實驗研發計畫」、「防災校園網路建制及實驗計畫」，推動「南投縣高級中等以下學校防災教育中長程推動計畫」，本計畫的實施時間為民國 101 年（2012）1 月至 104 年（2015）年為止，整體構想為整合防災教育組織，並建構教育專業團隊，輔導學校災害防救以及集合地區防災資源，以達到「防範災害於未然，永續安全新南投」的目的。

此外，每年度並要求各校上傳防災評鑑自評表至「南投縣防災教育資源網」[70]，以確實達到防災於未然的目的。另於各校落實的部分，以本縣中寮國中為例，除實際的防震演習外，並製作學習單，讓同學們實際瞭解地震的相關資訊[71]。

而在教育部 102 年度（2013）「防災教育統合視導報告」中指出，本縣連續兩年（101年度與 102 年度）獲得甲等殊榮，且分數更較上一年度為高，可見本縣在防災教育上之用心程度[72]。

二、生態環境保育教育

隨著近年來台灣工業的發展，資源過度開發對生態環境的破壞，使得相關議題逐漸被重視，生態環境保育教育亦是社會教育不可或缺的一環。南投縣政府環境保護局自 80年 7 月 1 日成立以來，致力於環境保護的改善，主管業務為環境影響評估、環境教育宣導、毒性物質管制、空氣污染、噪音污染管制、水污染防治、飲用水管理、廢棄物處理及環境衛生 ... 等，每一項均與民眾生活息息相關。為了改善南投縣的環境保育以及推廣、倡導民眾具備環保、珍惜資源的觀念，除了縣政府環境保護局以外，政府單位還設有行政院農委會特有生物研究保育中心；此外，民間也有自發性組織的桃米生態村，一起為了南投縣的環境保育來盡一份心力。

（一）行政院農委會特有生物研究保留中心 生態教育園區

地址：南投縣集集鎮民生東路一號

近年來民眾環保意識抬頭，在全民保育浪潮的推波助瀾下，政府遂於民國 81 年 7 月成立台灣省特有生物研究保育中心專職機關，進行本土生物資源調查及珍稀物種復育工作，並推動鄉土生態教育增進國人對野生生物保育觀念的重視。

中心遂於民國 82 年動工闢建生態教育園區，以 3.5 公頃廢棄儲木場為基地，以人為棲地重建方式，創造出適宜的植被生態，並配合全園地形區分為變色植物區、人工造林樹種區、珍貴稀有植物區及特用植物區等，以展現「森林」、「草原」、「水塘」等三

---

[70] 南投縣防災教育資源網，網址：http://163.22.168.8/~disaster/schoolnews.php?stopic=9　擷取時間：民國 105年（2016）8 月 15 日。

[71] 請參考附件：中寮國中防震學習單。

[72] 詳見「教育部 102 年度防災教育統合視導報告」，資料來源：南投縣防災教育資源網　網址：http://163.22.168.8/~disaster/news.php#　擷取時間：民國 105 年（2016）8 月 15 日。

大生態系[73]。

（二）桃米社區生態旅遊服務中心

地址：南投縣埔里鎮桃米里桃米巷 37 號

清道光年間洪雅族先進駐墾植，咸豐後閩粵漢人陸續進入開[墾遂形成聚落。早期因魚池五城缺乏米糧，需至埔里購米，挑米經過之坑谷故取名「挑米坑」，光復後因戶籍普查調整時筆誤改為「桃米坑」；921 震災後積極社區營造，因生態資源豐富，生態教育極為成功，故取名「桃米生態村」。

生物多樣性豐富的桃米生態村，維持相當面積的自然及低開發地區。具有得天獨厚多采多姿，複雜而多樣性的森林、河川、溼地及農業生態區，野生動植物及原野景觀豐沛。溪流大小共 6 條，溼地有草湳溼地、田份仔溼地、茅埔坑溼地，可供生態旅遊、教育研究之用[74]。

三、生命教育

現代社會發展至今，人類社會內部矛盾和危機不斷加劇，泡沫經濟以後，經濟蕭條和失業的陰影再度籠罩人心，而社會關係的疏離、冷漠、社會生活的壓力，也造成個體的焦慮、憂鬱與身心變化，更讓人頓時失去生活本質和價值感，這也衝激著人類存在的意義和生活之品質。因此，生命教育的推動也成為教育單位的重點施政目標，亦是人生生涯規畫的重要理念[75]。

南投縣政府教育處持續推動生命教育，期望生命教育理念能從國民教育開始扎根，使生命教育的觀念能普及並深入到民眾群體。教育處作為主管機關，統籌規劃、訂定全縣各級學校生命教育相關研習、課程與活動，將主要政策辦法交由中心學校施行。中心學校提供生命教育教材課程等相關資源與建立教師人才庫，並辦理各種生命教育課程研習與相關活動、生命教育和校園自傷增能活動及學生心理健康等課程。各級學校再把中心學校的施行作法廣布，且具體落實、融入到中小學的課程裡頭[76]。衛生福利部南投醫院也曾在 2017 年 6 月展出全國安寧療護繪畫比賽得獎作品，讓民眾藉由圖像及文字感受生命故事，並認識及尊重生死議題[77]。而除了政府單位的推廣，民間亦有可提供生命援助的

[73] 行政院農委會特有生物研究保育中心 網址：http://tesri.tesri.gov.tw/show_index.php 擷取時間：民國 106 年 (2017)7 月 17 日

[74] 桃米社區生態旅遊服務中心 網址：http://www.taomi.tw/ 擷取時間：民國 106 年 (2017)7 月 17 日

[75] 郭靜晃等著，《生命教育》(臺北：揚智文化事業股份有限公司，2002)，頁 3-4。

[76] 南投縣推動生命教育經驗暨作法分享 網址：http://life.ee.nfu.edu.tw/2014/sites/default/files/field/file/13%E5%8D%97%E6%8A%95%E7%B8%A3%E6%94%BF%E5%BA%9C.pdf 擷取時間：民國 106 年 (2017)7 月 18 日

[77] 詳見「南投醫院繪本展 讓民眾認識生命教育」報導，資料來源：聯合新聞網 網址：https://udn.com/news/story/7325/2494094 擷取時間：民國 106 年 (2017)7 月 18 日

機構，來服務廣大民眾，例如：生命線協會、紅十字分會。

（一）社團法人南投生命線協會

地址：南投市三和二路一街 14 號

南投縣生命線協會於民國 74 年在南投縣政府申請立案，前身為基督教青年會附設生命線，民國 71 年正式招募第一期義工展開協談服務，民國 73 年脫離基督教青年會進入籌設社團階段，民國 74 年業經核准立案後，則加入國際生命線協會台灣總會。

85 年起因感於社會結構之變遷以及社會需求之改變，開始進入校園和社區，辦理「社區成長團體」、「校園巡迴演講」、「國高中與國小團體輔導」、「青少年夏令營」，協助民眾與青少年建立正確的生活態度、提昇挫折忍受力以及危機處理能力；92 年更以弱勢家庭學童輔導為服務重點，爭取社會資源及學校配合，進入鄰近鄉鎮市國小辦理「弱勢學童課後照顧」；94 年起擴大弱勢家庭照顧服務範圍，大幅開發單親與新住民 (外籍配偶) 家庭服務方案，辦理親職教育、家庭支持團體、婚姻與家庭講座、多元文化及喘息服務等活動，且深入家庭進行輔導及關懷訪視服務；97 年起承接衛生局委辦自殺防治宣導暨關懷輔導方案；100 年起開辦「社區健康促進」，陸續於三和社區、平山社區設置關懷據點，提供社區老人預防保健相關與健康促進講座或課程，且進行獨居老人家庭關懷訪視服務。[78]

（二）中華民國紅十字會台灣省南投縣支會

地址：南投縣南投市嶺興路 68 號

紅十字南投支會於民國 42 年奉示成立，民國 81 年由時任南投縣醫師公會林哲宏理事長從林源朗 會長接任，並於民國 82 年 6 月正式改制為一般的人民團體組織；現任汪清會長於民國 83 年接任，以「博愛、人道、志願服務」為服務宗旨，將南投縣支會的目標設定為除了在災難發生時能發揮救難的功能，平時也能扮演社區守護者的角色。

主要服務業務為救災備災、急救、水上安全、照顧服務教育訓練、急難賑濟、志願服務、青少年服務等工作，近年來陸續接受縣政府委託辦理各項老人福利服務方案及災區生活重建等業務。[79]

---

[78] 社團法人南投生命線協會 網址：http://www.nla1995.org.tw/ap/cust_view.aspx?bid=19 擷取時間：民國 106 年 (2017)7 月 17 日

[79] 中華民國紅十字會南投縣支會 網址：http://www.poweroflove.com.tw/tab_agent.aspx?projectid=3A771&refsource=vote 擷取時間：民國 106 年 (2017)7 月 18 日

第四節　社區營造計畫與社區活動中心

　　國立臺灣工藝研究發展中心是南投重要的工藝發展重鎮，工業中心前身是民國 43 年年成立南投縣工藝研究班；民國 48 年改制為南投縣工藝研習所；民國 64 年改制為省屬的臺灣省手工業研究所，到了民國 88 年更名為國立臺灣工藝研究所，隸屬於行政院文化建設委員會，自民國 99 年 1 月 2 日起，改制為國立臺灣工藝研究發展中心。

　　國立台灣工藝研究所前所長、教授翁徐得表示：「南投縣工藝研習所最早是為了要發展南投縣工藝、手工業、工藝產業等，由於南投縣是山縣，所以林產非常多，木質、陶器也很有名、很有歷史，所以成立南投縣工藝研習所，要訓練人才去生產。」

　　翁徐得說明：「特別選在南投縣最早是因為顏水龍教授到這裡，另外一個因素就是歷任的南投縣長有這個眼光去發展，所以在南投設立，由縣政府主導，而不是中央政府，一開始也不是省政府說要設的，是南投縣政府自己說要設的，所以推動工藝的決心特別強烈。」

　　談到社區工總體營造，翁徐得解釋，日本時代叫做地域振興、地方振興，由於光復後南投縣政府的經費並不充裕，目前的社區工藝扶持計畫很多是工藝研究發展中心支持，社區工藝只是一小部分，它的業務是從民國 83 年開始有很大的改變，在全台灣推動社區總體營造還有社區產業、文化產業，這個都是從以前的手工業研究所開始。社區營造的名稱和文化產業的名稱，都是民國 84 年台灣省手工業研究所去幫文建會推動大型研討會後，才開始有的名稱。

　　翁徐得舉例，草鞋墩鄉土文教協會做得很長久，是從鎮公所開始推動，由埔里民間自發舉辦，像是本來埔里酒廠要關門了，經過文化產業觀念的深植，開始重新活出新生命，所以埔里現在變得很熱鬧，有埔里酒廠、廣興紙寮、京都餐廳等，現在都很有名，就是社區營造的成果。

　　談到對於南投縣文化的願景，翁徐得說：「現在台灣農村社區最大的問題是高齡化跟少子化，如何在農村社區有自己的產業，然後老人、小孩有更好的照顧跟活動空間，就像日本有樂齡工藝館，能夠讓老人有聚會的場所，在聚集工作、聊天，身體比較健康。讓地方有產業讓年輕人參與，吸引年輕人回來就業，要培養產業不太容易，需要要靠政府的支持。」

　　另社會教育乃是全民教育，因此若是與當地社區進行結合，則可達到互利之局面，故由本縣文化局於民國 97 年（2006）起針對本縣內社區，進行社區營造計畫，輔導本縣 13 個市鄉鎮進行社區改造，以本縣發展觀光產業之文化財為目標，與各地社區進行結合，除延續地方文化外，更配合地特色，達到永續經營的目的。其具體成果如下：

表 2-61：社區計畫成果表

年度	計畫名稱	輔導對象	位置
97	社區文化深耕計畫	南投縣集集鎮綠色襪道文化觀光促進會	集集鎮
		南投市嘉興社區發展協會	南投市
		信義鄉布農文化協會	信義鄉
	社區創新實驗計畫	南投縣農業觀光藝術文化協會	草屯鎮
		名間鄉新民社區發展協會	名間鄉
	示範型公所	集集鎮公所	集集鎮
		名間鄉公所	名間鄉
	進階型社區	鹿谷鄉鹿谷社區發展協會	鹿谷鄉
		信義鄉桐林社區發展協會	信義鄉
		竹山鎮社區總體營造促進會	竹山鎮
		集集鎮吳厝社區發展協會	集集鎮
		南投縣文康傳承觀光協會	水里鄉
		名間鄉仁和社區發展協會	名間鄉
		埔里鎮牛眠社區發展協會	埔里鎮
		竹山鎮包府社區發展協會	竹山鎮
	培力型社區	名間鄉錦梓社區發展協會	名間鄉
		信義鄉部落文化經濟協會	信義鄉
		竹山鎮前山文康協會	竹山鎮
		竹山鎮慈善武獅團	竹山鎮
		名間鄉赤水社區發展協會	名間鄉
		水沙漣原住民文化藝術團	埔里鎮
		集集鎮玉映社區發展協會	集集鎮
		名間鄉竹圍社區發展協會	名間鄉
		名間鄉弓鞋社區發展協會	名間鄉
		南投縣德克達雅文化產業發展協會	仁愛鄉
	臺灣健康社區六星計畫	中寮鄉龍眼林福利協會	中寮鄉
		南投縣生活重建協會	國姓鄉
		鹿谷鄉茶鄉文化協會	鹿谷鄉
98	社區文化深耕計畫	鹿谷鄉鹿谷社區發展協會	鹿谷鄉
		竹山鎮包府社區發展協會	竹山鎮
		信義鄉桐林社區發展協會	信義鄉
		南投市嘉興社區發展協會	南投市
		集集綠色隧道文化觀光促進會	集集鎮
		名間鄉新民社區發展協會	名間鄉
	示範型公所	南投市公所	南投市
		名間鄉公所	名間鄉
		集集鎮公所	集集鎮
	進階型社區	南投縣竹山鎮社區總體營造促進會	竹山鎮
		埔里鎮牛眠社區發展協會	埔里鎮

年度	計畫名稱	輔導對象	位置
98	進階型社區	水沙漣原住民文化藝術團	埔里鎮
		名間鄉新北社區發展協會	名間鄉
		名間鄉竹圍社區發展協會	名間鄉
		名間鄉仁和社區發展協會	名間鄉
		集集鎮吳厝社區發展協會	集集鎮
	培力型社區	鹿谷鄉秀峰社區發展協會	鹿谷鄉
		中華台灣原住民文化藝術協會	信義鄉
		南投縣日月潭頭社文史采風發展協會	魚池鄉
		南投縣德克達雅文化產業發展協會	仁愛鄉
		南投縣原鄉產業策略聯盟推廣協會	仁愛鄉
		仁愛鄉力行社區發展協會	仁愛鄉
		中寮鄉龍安社區發展協會	中寮鄉
		南投縣紅土高原觀光產業文化協會	南投市
		南投市鳳鳴社區發展協會	南投市
		名間鄉濁水社區發展協會	名間鄉
		名間鄉崁腳社區發展協會	名間鄉
		名間鄉中正社區發展協會	名間鄉
		集集鎮八張社區發展協會	集集鎮
102	培力型埔里鎮籃城社區發展協會	埔里鎮籃城社區	埔里鎮
	培力型集集鎮廣明社區發展協會	集集鎮廣明社區	集集鎮

此外，本縣各鄉鎮亦設有社區活動中心，為提供社區居民舉行康樂、文化、公益等公共事務的場所，以及社區地方政府辦公及開會的地方，此地方也提供了社會教育之功能，以下為本縣各鄉鎮所設立社區活動中心之時間。

表 2-62：草屯鎮社區活動中心表

社區活動中心名稱	成立年分
坪頂里活動中心	72 年
加老里活動中心	71 年
南埔里活動中心	78 年
富寮社區活動中心	90 年
敦和里活動中心	76 年
石川里社區活動中心	76 年
碧洲里活動中心	77 年
北投里集會所活動中心	78 年
雙冬里集會所活動中心	79 年
平林里社區活動中心及集會所	89 年
中原里活動中心暨里辦公處	92 年
新豐社區活動中心	99 年
新厝里集會所社區活動中心	101 年

表 2-63：集集鎮社區活動中心表

社區活動中心名稱	成立年分
玉映社區活動中心	64 年
吳厝社區活動中心	76 年
和平社區活動中心	78 年
永昌社區活動中心	101 年 4 月
隘寮社區活動中心	73 年
集集社區活動中心	87 年
田寮社區活動中心	77 年
富山社區活動中心	69 年
林尾社區活動中心	91 年 08 月

表 2-64：魚池鄉社區活動中心表

社區活動中心名稱	成立年分（民國年）
新城社區活動中心	101 年
東光社區活動中心	87 年
五城社區活動中心	81 年
共和社區活動中心	84 年
長寮尾社區活動中心	95 年

表 2-65：國姓鄉社區活動中心表

社區活動中心名稱	成立年分
長流村集會所暨活動中心	102 年
港源社區活動中心	81 年
南港村集會所暨社區活動中心	82 年
北山社區活動中心	81 年
茅埔社區活動中心	82 年
大石社區活動中心	82 年
柑林社區活動中心	82 年
乾溝社區活動中心	81 年
長壽社區活動中心	82 年
福龜社區活動中心	82 年
國姓社區活動中心	82 年
石門社區活動中心	82 年
大旗社區活動中心	81 年
長豐社區活動中心	81 年
長福社區活動中心	81 年
梅林社區活動中心	82 年
長流社區活動中心	81 年

表 2-66：鹿谷鄉社區活動中心表

社區活動中心名稱	成立年分
彰雅社區活動中心	67 年
永隆社區活動中心	71 年
初鄉社區活動中心	79 年
廣興社區活動中心	78 年
鹿谷社區活動中心	76 年
鳳凰社區活動中心	77 年
竹豐社區活動中心	73 年
竹林社區活動中心	87 年
和雅社區活動中心	71 年
秀峰社區活動中心	80 年
瑞田社區活動中心	82 年
清水社區活動中心	91 年

表 2-67：水里鄉社區活動中心表

社區活動中心名稱	成立年分
郡坑社區活動中心	82 年
頂崁社區活動中心	77 年
上安社區活動中心	74 年
永豐社區活動中心	71 年
車埕社區活動中心	76 年
玉峰社區活動中心	77 年
民和社區活動中心	76 年

表 2-68：名間鄉社區活動中心表

社區活動中心名稱	成立年分
廈新社區活動中心	83 年
竹圍社區活動中心	80 年 /85 年加蓋 2 樓
廍下社區活動中心	77 年
中山社區活動中心	88 年 /89 年加蓋 3 樓
仁和社區活動中心	85 年
新北社區活動中心	91 年
大坑社區活動中心	84 年
松嶺社區活動中心	83 年 /84 年加蓋 2 樓
新民社區活動中心	105 年變更為合法化
田仔社區活動中心	71 年
新厝社區活動中心	87 年
弓鞋社區活動中心	88 年

藉由社區營造計畫以及各鄉鎮之社區活動中心，達成社會教育之相關目的，並與本縣政府社會教育政策之目標進行結合，落實終身教育，除提升國民素質之目標外，並結合各鄉鎮特色，吸引各地觀光客，達成雙贏之目的。

　　本縣對於縣民之社會教育主要可分為數個層面，於行政部門除了各縣市廣設的圖書館、社區中心外，並針對縣民中包含成人、老人、婦女等設立的社區大學教育，並針對轄內新住民進行相關職業與適應教育。此外，於本縣內更有多處公、民營之社會教育機構，包含歷史、生態保育、環境教育等相關園區，不僅提升本縣縣民於正規教育外的社會教育，更吸引全國民眾的參觀訪問，為全國終身教育之補足，提供積極的貢獻。

續修 南投縣志

卷八‧教育志

參考資料

壹、中文資料

一、文獻、檔案

黃耀能、陳哲三總纂，《南投縣志》，南投：南投縣政府文化局，2010 年。

林文燦總纂，《鹿谷鄉志》，南投：南投縣鹿谷鄉公所，2009 年。

沈明仁總纂，《仁愛鄉志》，南投：南投縣仁愛鄉公所，2008 年。

周國屏總纂，《南投市志》，南投：南投市公所，2002 年。

陳哲三總纂，《竹山鎮志》（上，下），南投：南投縣竹山鎮公所，2001 年。

黃炎明主修，《集集鎮志》，南投：南投縣集集鎮公所，1998 年。

二、期刊論文

汪淑媛，〈論台灣社工教育對社會工作職業風險之忽視〉，《臺大社會工作學刊》，2008 年。

周孟嫻、王俊豪，〈依附影響之研究— 以南投水里蛇窯陶藝文化園區為例〉，新竹教育大學人文社會學報（Ⅰ），2006 年。

賴文吉，〈縣市文化中心發揮社會教育功能之研究：南投縣立文化中心個案實例〉，《教育研究集刊》29 期，國立台灣師範大學教育學系，1987 年。

陳雪雲，黃明月，陳仲彥，〈文化，社群與終身學習 - 臺灣地方文史工作回顧與展望〉，2004 終身學習國際學術研討會會議論文，南投：暨南大學，2004 年。

三、學位論文

白家倫，〈青少年性別角色特質，休閒態度與休閒阻礙間關係之研究 - 以南投縣高中職學生為例〉，彰化：大葉大學碩士論文，2005 年。

許民盛，〈南投縣社區大學生活藝能課程學員學習需求與滿意度之研究〉，南投：暨南大學成人與繼續教育研究所學位論文，2006 年。

莊淑貞，〈南投縣國小補校成人學生中輟因素及其因應策略之研究〉，南投：暨南大學成人與繼續教育研究所學位論文，2009 年。

陳俊輝，〈外籍新娘生活適應之研究 - 以南投縣為例〉，台中：亞洲大學經營管理學系碩士班學位論文，2007。

詹鶴淋，〈生態社區總體營造發展策略之研究—以南投縣御史里社區為例〉，南投：暨南大學公共行政與政策學系學位論文，2011 年。

李希昌，〈原住民部落家庭托顧服務發展之研究 - 以南投縣仁愛鄉為例〉，南投：暨南大學成人與繼續教育研究所學位論文，2014 年。

傅家偉，〈外籍配偶識字教育現況之比較研究 - 以台灣南投縣與日本山形縣為例〉，南投：暨南大學比較教育學系學位論文，2011 年。

鄭永銳，〈國立南投高中圖書館 921 災後社區文化推廣服務之個案研究〉，臺北：臺灣師範大學社會教育學系在職進修碩士班學位論文，2005 年。

王秀芳，〈南投縣女性新住民參與國小補校學習歷程的困擾與轉化之研究〉，嘉義：中正大學成人及繼續教育研究所碩士論文，2013 年。

謝芸薇，〈南投縣原住民部落社區大學之成人參與學習動機與文化認同關係之研究〉，南投：暨南大學成人與繼續教育研究所學位論文，2012 年。

吳國松，〈南投縣國民小學辦理外籍配偶識字教育實施現況之調查研究〉南投：暨南大學成人與繼續教育域研究所學位論文，2005 年。

陳月宮，〈高齡者參與生活安全識字學習成效之研究：以南投縣竹山鎮中央社區為例〉，嘉義：中正大學成人及繼續教育研究所碩士論文，2015 年。

王俋晴，〈南投縣部落大學學員社會支持與學習滿意度關係之研究〉，南投：暨南大學成人與繼續教育研究所碩士論文，2015 年。

杞怡貞，〈南投縣社區大學的婦女學員學習型態、社會支持與繼續學習意願之研究〉，南投：暨南大學成人與繼續教育研究所碩士論文，2010 年。

陳冠州，〈南投縣社區大學鹿谷分校地方特色課程規劃與實施之探討〉，嘉義：中正大學成人及繼續教育研究所碩士論文，2009 年。

許民盛，〈南投縣社區大學生活藝能課程學員學習需求與滿意度之研究〉南投：暨南大學成人與繼續教育研究所碩士論文，2008 年。

王淑婉，〈南投縣老人參與識字教育動機研究〉，嘉義：中正大學成人及繼續教育研究所碩士論文，2004 年。

賴文吉，〈縣市文化中心發揮社會教育功能之研究：南投縣立文化中心個案實例〉，台北：台灣師範大學教育研究所碩士論文，1986 年

四、網頁資料（加註網頁年．月．日．）

南投縣政府：http://www.nantou.gov.tw/　　擷取時間：民國 105 年（2016）8 月 15 日。

南投縣防災教育資源網，網址：http://163.22.168.8/~disaster/schoolnews.php?stopic=9　　擷取時間：民國 105 年（2016）8 月 15 日。

中央社新聞資料庫：http://client.cna.com.tw/edu.html

中時新聞資料庫：http://tol.chinatimes.com/CT_NS/ctsearch.aspx

數位報紙新聞資料庫：http://newsdb.ncl.edu.tw/newscgi/ttswebx?@0:0:1:ttsnews@@0.22202475846868863#JUMPOIN"

社團法人南投生命線協會　網址：http://www.nla1995.org.tw/ap/cust_view.aspx?bid=19

　　擷取時間：民國 106 年 (2017)7 月 17 日

中華民國紅十字會南投縣支會　網址：http://www.poweroflove.com.tw/tab_agent.aspx?proje

　　ctid=3A771&refsource=vote　擷取時間：民國 106 年 (2017)7 月 18 日

南投縣政府文化局網站　網址：http://www.nthcc.gov.tw/chinese/01intro/01intro.asp

　　擷取時間：民國 106 年 (2017)7 月 17 日

體育運動篇

撰稿人：張齊顯

概　論

　　體育的本質特性，是以人體動作的諸般活動為唯一條件及標準。從古到今，體育傳承的功能價值，在於人體動作及其活動之間，必須求得健康、教育、休閒、輔導專業技能四者之間的平衡發展與相互協調。故體育史學的功能價值，亦在於忠實的紀載此類事實與活動的過程，先後相承的現象，並期盼以之作為其後人類繼續推行發展體育的教訓。

　　本縣體育運動的發展由於受時代背景、社會環境、政府政策、相關法令、經濟發展及國民所得等因素影響，而呈現不同的發展和變遷，對整體體育運動教育、競技運動的培養、國民體育的推廣及運動設施之發展與統計資料更是貧乏，實有待完整的建構。

　　南投縣是全臺唯一未臨海之內陸縣市，資源原本就較為短缺，因此發展運動體育教育方面實為困難重重。然而本縣擁有許多運動天賦極為優異之原住民學生，因此在運動員養成的先天條件上並不輸給台灣任何縣市。近幾年來，在本縣體育界，不管是本縣政府教育單位或民間相關各鄉鎮體育會或單項委員會的努力下，已有顯著成果出現。

　　本篇將透過本縣學校體育教育的實施情形，說明南投縣在實施國家體育政策下所遭遇的阻礙及資源短缺下，如何努力改善體育運動教育環境，尤其在「體適能教育」、「適應體育教育」、「落實海洋國家體育」及「民俗體育教育」的目標下，如何盡量達成使命，以提昇完成率。

　　休閒運動的發展與歷史和文化息息相關，臺灣一般民眾對於休閒的觀念，一直到1945年光復之後才逐漸重視，因此，從民國40年代開始，臺灣休閒運動產業才慢慢萌芽。近年來由於經濟發展快速，一般民眾對於休閒運動的認知與需求越大，本縣在休閒運動產業的發展日趨興盛，不管在單車行、路跑、游泳等方面皆舉辦大型活動，而在銀髮族的休閒運動上，不管是槌球、太極拳、舞蹈等皆有委員會等社團加以推廣，不可不謂極為用心。

　　臺灣民俗體育的概念，源自於民國64年（1975）政府以中國傳統民俗的踢毽子、跳繩、放風箏等身體活動，做為推廣中華文化象徵，並透過教育行政系統大力的從學校開始推廣。在一系列的教材教法研發、教師研習、區域及全國性的比賽，乃至於選派團隊出國表演，成為當時臺灣學校體育活動的特色之一。南投縣在民俗體育的推廣，從學校做起，不管在跳繩、扯鈴等皆有優異成果。因此本文所探討之體育運動教育是以這幾個面向論述之。

　　此外，在競技體育方面，本縣擁有許多優異運動天分的人才，因此為了培養優秀體育人才，本縣不管在高中、國中及國小皆設有體育專班，另外每年還設有基層運動選手訓練站，辦理基層運動選手培訓，本篇也就此學校競技體育選手的培養方面作一介紹，以完整說明在運動體育教育方面本縣所做的努力。

　　而在國民體育的發展方面，本縣除了每年舉辦縣運動會外，亦配合政府「打造運動

島」政策的需求，每年舉辦南投縣運動 i 臺灣的活動，及舉辦具有地方特色運動的「泳渡日月潭」比賽。此外本縣亦設有南投縣體育會，下轄各鄉鎮體育會及各單項委員會，本篇在國民體育章篇，除了介紹南投縣所辦理的縣運動會、泳渡日月潭等比賽外，並將介紹本縣體育會的發展歷史，簡介許多重要單項委員會（以亞奧運比賽項目為主），並綜合討論這幾年來所努力之下的成果。

最後一部分，本縣體育場館及重要體育界人士、運動員及團隊方面，將介紹這幾年來南投縣所舉辦的全國性重大體育賽事及國際性邀請賽，尤其在全國中學運動會、全民運動會及原住民運動會，都是這幾年本縣所舉辦的全國性大型綜合運動會。而在運動場館方面，南投縣的運動場館措施在經費短缺的狀況之下，基本場館措施遠遠比不上其他縣市的體育措施，但在這樣的困境下，南投縣仍然建設出許多國家級的訓練中心。而重要體育人士更是近幾年南投體育得以蓬勃發展的主因，許多優秀運動員及團隊，更是在亞奧運會場上奪得獎牌，為本縣爭取不少榮譽，而使得南投縣得以在臺灣體育界佔有一席之地。

第一章　體育政策與具體作為

教育部於民國 102 年（2013）3 月底提出體育政策白皮書（草案），白皮書係以三大核心理念「優質運動文化」、「傑出運動表現」、「蓬勃運動產業」，以及六項主軸議題「學校體育」、「全民運動」、「競技運動」、「國際及兩岸運動」、「運動產業」及「運動設施」研提我國未來十年體育發展策略，並就六項主軸議題分別訂定核心指標，以及短、中、長程的具體目標，以達成「健康國民」、「卓越競技」、「活潑台灣」之願景。

本縣教育處近年來為配合教育部的體育政策，朝落實「處處皆可運動」、「人人喜愛運動」之目標努力，期提升縣民健康體能，提高居民生活品質，進而打造南投縣成為洋溢青春、充滿活力「健康樂活大縣」。為達成此目標，教育處規劃全面增建公共運動場所，有效結合生涯學習、學校校園、社區交流、藝文活動，戮力改善居民休閒運動環境，建構便利的日常生活所需的公共運動設施，增加使用公園綠地和公共運動設施的活動面積。

並且配合教育部體育司的重大體育政策，除在學校體育教育上除了推廣體適能教育外；在個單項運動上，亦採重點學校培育，近幾年來意有不少成果出現，例如南開科技大學（柔道）、草屯商工（田徑）、埔里高工（壘球、射箭）、埔里國中（游泳、壘球、射箭）、中興國、高中（棒球）、竹山高中（籃球）、南投高中（拔河）、旭光中學（空手道、田徑）、國姓國中（空手道）、新豐與南投國小（民俗體育）……等。

以下就體育政策的實施及具體實施方案做論述。

第一節　體育政策的具體推行

民國 42 年（1953），教育部恢復「國民體育委員會」，下設「學校體育組」、「社會體育組」、「研究實驗組」，但由於經費、人事短缺的關係，以致功能未如預期。民國 59 年（1970），教育部召開第五次全國教育會議，中央政府接受此會議的結論與建議，在民國 62 年（1973）於教育部成立體育司，統籌體育相關業務，並積極規劃及督導學校體育的推動，臺灣體育政策之推動才開始步入制度化的階段。

根據「教育部組織法」第十二條規定，體育司掌管事項如下：「一、關於學校體育之推行及督導事項。二、關於國民體育之策劃及推行事項。三、關於體育學術之研究發展事項。四、關於國際體育活動事項。五、關於其他體育事項。」包含了學校體育、國民體育、學術研究及國際體育活動四個範疇。當中，學校體育為扎根工作，極為重要，因此設立「學校體育科」，凡舉學校的體育實施計畫、體育課程、體育場地與設備、輔助學校體育、運動競賽、體育師資，均是體育司的業務內容，範圍甚多且繁雜。

體育司成立後，在體育事業的根基上有諸多重要而具體的作為，關於學校體育有關政策，曾瑞成的研究分為兩個階段，第一階段是成立體育司到解嚴前的民國 76 年（1987）為止；第二階段是從戒嚴後至行政院體育委員會（以下簡稱體委會）成立的民國 86 年

（1997）為止。

　　第一階段的體育政策，是以教育化和競技化導向為基本主軸，軍事化導向為輔。

表 3-1：1973 ～ 1986 年學校體育政策內容分析表

政策特質	教育化導向	競技化導向	軍事化導向
政策內容	1. 加強大專院校體育輔導 2. 督導各校有效使用體育經費與充實場地設施 3. 提升體育教師素質，積極推展研究進修 4. 實施大專院校體育正課興趣分組教學	1. 改進體育成績優良學生保送升學辦法 2. 重點發展學校體育單項運動 3. 輔導各級學校舉行運動會及體育表演會	1. 舉辦體育行政人員研討會，主題為配合時勢而定，國防成為重點之一

資料來源：曾瑞成，〈我國學校體育政策之研究（1949 ～ 1997）〉（臺北市：國立臺灣師範大學體育研究所博士論文，2000 年），頁 205。

　　第二階段的體育政策，是從民國 76 年（1987）7 月 15 日政府解嚴後開始，軍事化導向的政策已減少，學校體育政策是以推廣全民體育與提升競技運動為主，其特質是以教育化和競技化導向為兩大主軸。

表 3-2：1987 ～ 1997 年學校體育政策內容分析表

政策特質	教育化導向	競技化導向
政策內容	1. 加強輔導並獎助學校體育正常發展 2. 輔導大專體育院校總會會務 3. 府到大專院校體育之實施 4. 充實學校體育場地設施	1. 輔導大專體育院校總會業務 2. 但裡大專院校體育之實施 3. 輔導辦理臺灣區中等學校願動會 4. 運動績優生升學輔導 5. 充實學校運動訓練科學儀器 6. 建立各級學校聯賽制度 7. 加強輔導各校辦理運動競賽 8. 建立體育人力及場地資料

資料來源：曾瑞成，〈我國學校體育政策之研究（1949 ～ 1997）〉，頁 205。

　　體育司在經過 20 年主政全國體育業務，進入九○年代後，隨著體育業務的擴大，體育司的編制、權責已呈現飽和，因而有設立中央及體育行政主管機關的呼聲。民國 86 年（1997）7 月 16 日設立「行政院體育委員會」，該會與體育司共同推廣臺灣體育教育的發展，雙方的權責區分如下：有關全體體育活動、競技體育、社會體育、國際體育業務由體委會負責執行；學校體育除國家競技體育及其相關特優選手的培訓外，其餘均由體育司執行；另外學校優秀選手培訓、國際體育交流及兩岸體育交流之整體規劃由雙方配合實施，合理劃分體育業務權責，也使得體育司在重新思考和定位後，使全力發展學校體育工作。

這段時期，體育司設置「學校體育」和「學校衛生」兩科，分別辦理相關業務。其中，學校體育科的業務為：「一、學校體育之推行及督導事項；二、國民體育之策劃及推行事項；三、體育學術之研究發展事項；四、國際體育活動事項；五、其他體育事項」。另外，全國的學校體育行政體系，除了教育部體育司外，直轄市政府教育局下設「體育及衛生保健科」，縣市政府教育局下設「體育保健科」。

本縣縣政府教育處下設「體育保健科」（以下簡稱『體健科』），根據行政院體育署的統計，從民國 94 年至以 104 年度來看，教育處體健科組織人力如下表：

表 3-3：南投縣教育處體健科歷年人力

年度	94	95	96	97	98	99	100	101	102	103	104
人數	7	13	13	13	13	14	5	7	11	11	9

資料來源：行政院體育署

至民國 104 年（2015）底，體健科設有科長一名，科員一名，營養師 4 名、輔導員 4 名及 2 名約聘人員，負責學校體育保健等相關業務事宜，以利政策推廣。其職掌如下：

科長：

綜理體育保健科業務科員：

1. 運動 i 台灣計畫各專案執行

　(1) 運動文化扎根專案 - 國民體育日多元體育活動、競爭型年度計畫等

　(2) 運動知識擴增專案 - 縣市輔導作業、水域運動樂活計畫、單車運動樂活計畫、原住民族傳統運動樂活計畫

　(3) 運動種子傳遞專案 - 巡迴運動指導團隊

　(4) 運動城市推展專案 - 各體育會及鄉鎮市體育會活動、社區聯誼賽活動、運動熱區

2. 督導縣體育會辦理專案計畫及執行經費核銷工作事宜

3. 議員小型工程建議案（學校體育設施等）

4. 協助全國身心障礙國民運動會事宜

5. 全縣學校護理人員人事及業務管理

6. 全縣學校營養師人事及業務管理

7. 上級交辦及其他臨時性活動等事宜

營養師：

1. 協助午餐訪視業務

2. 辦理膳食衛生及營養教育事宜

3. 辦理線上午餐菜單食譜審核

4. 辦理菜單營養分析事宜

5. 學校衛生委員會、學校衛生中心業務及全縣中小學衛生教育業務及研習

6. 充實健康中心設備

7.全縣國民中小學學生健康檢查工作及資訊系統業務

8.全縣國民中小學學生視力保健、口腔、含氟漱口水執行、健康體位業務

9.全縣國民中小學傳染病宣導防治、通報、監控、處置等業務

10.全縣國民中小學性教育、正確用藥、菸害、檳榔防制、愛滋病防治業務

11.本縣各級學校衛生相關業務訪視考評及教育部統合視導學校衛生相關業務、本縣衛生與健康促進學校網站業務

12.體健科總務

13.體健科預算推算及彙編

14.國民中小學家長會業務

15.校園飲用水管理及飲用水水質檢驗

16.補助飲用水設備、設施工程改善與更新

17.上級交辦及其他臨時性活動等事宜

18.體育有功人員審查表揚等事宜

19.專任運動教練聘任及其綜合業務等事宜

20.體育獎學(助)金申請、審查及頒發作業

21.體育班發展及教練聘任進用事宜

22.基層運動選手訓練站、運動選手輔導照顧計畫、基訓站區域性對抗賽

23.上級交辦及其他臨時性活動等事宜

輔導員：

1.全國運動會事宜

2.全民運動會事宜

3.全國中等學校運動會

4.全縣運動會事宜

5.全縣中小學聯合運動會

6.協助全國身心障礙國民運動會事宜

7.全國原住民運動會事宜

8.議員小型工程建議案（社區體育設施等）

9.社區體育器材設備設施工程補助事宜

10.頒發全國中等學校運動會績優選手、教練獎學助金事宜

11.運動長廊、縣立棒球場及中興國中棒壘球場事宜

12.上級交辦及其他臨時性活動等事宜

　　體委會成立後，體育司轉而主管學校體育事宜，為因應環境變遷、組織調整及國人健康需求，學校體育政策的實施方向也因此有所調整。在學校體育政策的實施方面，全力研訂和建構完備的法令制度為先，學校體育政策制訂則從教育化導向和競技化導向兩個面向著手。南投縣政府教育處體健科為配合國家體育政策的實施，採行「健康城市、

活力南投」的方向，除了學校體育政策的推廣外，也主辦了中小學運動會、地方球類聯賽等競技運動比賽，此外也舉辦了許多推廣性體育競賽，使得全民體育、運動99等的方向能得以從學校開始施行。

　　為了配合教育部體育署的體育政策施行，本縣縣政府體健科近幾年來舉辦多項推廣性的普及化運動競賽，來增進國中小學實施全民體育運動方面的動力，包括樂樂棒球、樂樂足球、健身操比賽、創意跳繩、巧固球及大隊接力等。其舉辦項目如下表：

表3-4：南投縣政府教育處體健科普及化運動競賽項目

年度	樂樂棒球	樂樂足球	創意健身操	創意跳繩	巧固球	大隊接力
2009	○		○			○
2010	○		○			○
2011	○		○			○
2012	○	○	○			○
2013	○	○		○		○
2014	○	○		○		○
2015	○	○		○	○	○

資料來源：南投縣教育處體健科提供

　　此外，因應政府打造運動島的計畫，本縣教育處體健科除了協助南投縣體育會、各單項委員會及各鄉鎮體育會辦理「南投縣運動i台灣」的各項活動外，並且協助辦理南投縣地方特色運動「泳渡日月潭」、「單車武嶺挑戰」等，另外還協助各單項協會辦理一年一度的國際性賽事「草屯國際室內撐竿跳比賽」、「南投盃女子壘球邀請賽」等。其中最為重要的是每年一度的「南投縣運動會」、「全縣中小學運動會」，以及組織代表隊參與「全國運動會」、「全民運動會」、「原住民運動會」及「全國中小學運動會」等。

第二節　教育化導向方面

　　透過體育教學活動的實施，使各級學校學生參與運動，培養運動習慣、增強體適能、學習運動技能、享受樂趣、促進身心健全發展。其主要的政策有：

（一）民國83年（1994）訂頒「改進特殊體育教學計劃」，進行和瞭解國內適應體育教學現況的各項調查，對國內各級學校適應體育教學的困難和需求做系統整理，確立計畫執行和改進推廣的重點。

（二）民國88年（1999）和民國91年（2002）訂頒「學校體育教學中程計劃」和「學校體育教學發展中程計劃」，頒訂新體育課程教學、活絡體育活動競賽、促進 健康體適能發展、充實學校體育措施、改善運動參與環境及提升學校體育品質為目標，推動「學校體育一二三希望工程」來達成計畫目標，透過學校體育扎根工作，讓學生養成主動運動的習慣。

（三）民國 88 年（1999）「提升學生體適能中程計劃」，以提升規律運動人口，並提高
學生體適能知能，養成學生規律習慣及提升學生體適能水準。

（四）民國 89 年（2000）「發展學校民俗體育中程計劃」用以培養學生愛鄉土和落實本
土化體育教學。

（五）民國 88 年（1999）提出「適應體育教學中程發展計畫」，希望有效改進學校適應
體育教學，讓弱勢學生也能五育並重，不再有不能上體育課的遺憾。

（六）民國 90 年（2001）推動「提升學生游泳能力中程計劃」，培養學生親水能力即培
養學生游泳運動習慣，豐富其休閒運動內涵。

（七）民國 90 年（2001）頒佈「改善各級學校運動場地中程計劃」，提供各級學校學生
及一般大眾體育、運動、休閒之基本設備，達到增強全體學生和國民體適能。

（八）民國 91 年（2002）「一人一運動，一校一團隊計畫」，展現學生青春活潑的特質，
積極推動利用課外時段，增加身體活動時間，培養每位學生至少學會一種運動技
能，並推展班際團隊運動，擴大參與機會，提供學生運動環境，活絡校園體育活動，
培養運動習慣，以促進健康與體適能並達成的目標。

（九）民國 92 年（2003）「增進適應體育發展方案」，以加強適應體育理念的推廣，健
全適應體育師資進修和培訓，強化適應體育課程與教學，改善適應體育學習環境，
落實適應體育輔導機制。

（十）民國 93 年（2004）「推動中小學生健康體位五年計畫」，營造健康體位優質環境，
提高學生體適能知能，養成學生規律運動習慣，提升學生體適能水準。

（十一）民國 93 年（2004）實施「增加學生運動時間方案」，提倡校園運動風氣，建立
規律運動習慣，提升學生運動人口，達成每位學生每天至少累積三時 至六十分
鐘的身體活動時間，以享受運動樂趣。

（十二）民國 94 年（2005）確立海洋臺灣的推動體系，實施「推動學生游泳能力方案」，
以落實海洋國家政策。

（十三）民國 95 年（2006）推動「學校運動志工實施計畫」，進行學校運動志工實習與
授證、制訂學校運動志工法制作業等。

（十四）民國 96 年（2007）7 月公布「快活計畫」方案，強調「促進學生身體活動，讓
運動帶給學生健康與智慧」，自當日起實施至民國 100 年（2011），為期 5 年，
本計畫的實施理念為快樂（Happy）、活力（Hearty）、健康（Healthy），其具
體作法分為十大項、三十三小項，積極促進學生身體活動質量，以培養學生運
動知能，激發學生運動動機與興趣，養成規律運動習慣，奠定終身參與身體活
動的能力與態度。

除了學校體育課程改良、運動體育場館及設備外，主要還分成「學生體適能提升」、
「適應體育教學」、「民俗體育推廣」、以及「落實海洋國家政策」等這幾方面，以下
就南投縣政府在這幾大項的具體實施方面加以說明。

一、學生體適能提昇

首先在提升學生體適能方面，臺灣由於升學主義的關係，臺灣學生的體適能在屢次的調查發現，臺灣學生在體適能各方面的比較，遠不如美國及日本同年齡學生。民國 84 年體育司公佈「中華民國國民體能測驗項目」，以 6 歲至 24 歲學生為主，測驗項目有「身體質能指數」、「坐姿體前彎」、「立定跳遠」、「一分鐘屈膝仰臥起坐」、「八百或一千六百公尺跑步」等五項。

為營造學生健康體位優質環境，加強學生正確體型意識，藉動態生活、均衡飲食，提升學生體適能，逐年降低學生過輕及過重（肥胖）之比率，以促進學生身心健康，先於民國 88 年（1999）積極推動「提升學生體適能中程計畫（333 計畫）」，再於 93 年（2004）起繼續推動「中小學生健康體位五年計畫」，至 96 年（2007）開始則全面推動「快活計畫（快樂運動、活出健康）」。

除此之外，教育部於民國 96 年（2007）進行「健康體育護照電子化」，並與體適能績效評估系統整合，學生可以隨時上網瞭解自己體適能及健康狀況，也讓家長瞭解子女的狀況。並且規劃「體適能納入考試計分之可行計畫」，96 學年度開始已將體適能納入申請入學計分。

歷年的體適能測驗統計可看出南投縣學生的肥胖程度逐年增加，雖然比例不高但以個人健康來看卻是不可忽視的健康隱憂，歷年來在學生健康體位的管理上南投縣教育處體健科建議各學校以推行運動社團、成立運動校隊、舉辦班際運動競賽以及融入藝文活動比賽等，希望增加學生的活動時間，以及重視健康體位的維持。並建議各學校提出以健康體位為主的計畫，增加健康體位管理小團體，盼能使 BMI 過高學生學會自我監測與管理，建立健康體位相關知識與行動。

表 3-5：全國中小學學生體適能四項檢測均常模百分等級達 25 以上通過率（98 學年度）

縣市	百分比	縣市	百分比	縣市	百分比
新竹市（1）	46.62%	苗栗縣（10）	38.55%	彰化縣（19）	35.78%
屏東縣（2）	41.87%	連江縣（11）	38.15%	高雄市（20）	37.75%
臺南市（3）	41.32%	台東縣（12）	38.12%	南投縣（21）	36.52%
嘉義縣（4）	41.04%	花蓮縣（13）	38.03%	嘉義市（22）	35.44%
澎湖縣（5）	40.58%	金門縣（14）	37.78%	臺中市（23）	34.71%
宜蘭縣（6）	40.37%	臺南縣（15）	37.32%	臺北縣（24）	34.35%
臺北市（7）	40.12%	高雄縣（16）	37.17%	基隆市（25）	33.23%
桃園縣（8）	39.86%	臺中縣（17）	36.76%		
新竹縣（9）	39.42%	雲林縣（18）	36.64%		

資料來源：行政院教育部體育署

依據教育部體適能管理系統資料顯示，98 學年度全國中小學校學生「體適能四項均達常模百分等級 25」以上之比率僅為 37.15%，有偏低之傾向，有鑑於此，教育部特訂定

「全國中小學校學生『四項體適能檢測均達常模百分等級 25 以上比率（以下簡稱通過比率）』達 60%」之目標，期望自 100 年開始之十年間，透過「營造學生健康體位環境」、「營造學生健康體型意識價值觀」、「推動學生健康飲食」、「強化學生身體活動」、「推展學生體適能活動」及「建立學生健康體位推展機制」等六大策略，提升並改善中小學校學生之體適能情形，逐年達成預期目標。並且針對未達平均值 37.15% 的 9 個縣市做為重點輔導縣市，除了增設「體能檢測站」外，並積極辦理體適能指導員培訓及推廣健康體育網路護照，以期在十年內能夠將學生體適能提升到合格率 60% 以上。

表 3-6：南投縣體能監測站

地點	住址	聯絡電話
南投縣立南投國中	540 南投縣南投市祖祠路 361 號	049-2222549#221
南投縣立埔里國中	545 南投縣埔里鎮西安路一段 193 號	049-2982055#121
南投縣立水里國中	553 南投縣水里鄉民生路 68 號	049-2770134#13

資料來源：南投縣政府教育處

　　本縣由於歷年平均值合格率統計皆偏低，因此被列為教育部重點輔導縣市之一，基於如此，南投縣政府教育處及各中小學莫不為了提升學生體適能而努力，不僅由體健科制訂出提升南投縣中小學體適能計畫，其具體方法有成立體適能輔導委員輔導各學提升體適能通過率並由各校制訂出健康促進實施計畫，主要分為「制定健康促進學校政策」、「發展健康教育活動」、「提供健康校園環境」、「營造學校社會環境」、「建立完善健康服務」、「結合社區共同營造健康校園」等方面進行。以期能夠達到教導學生健康體位正確觀念，培養學生健康體位與健康飲食知識與技能，降低本縣學生體重過重或過輕之數據。提升學生體適能狀態，帶領學生走出教室，鼓勵從事各種有益身心運動。而透過增進學校與社區關係，藉由與社區結盟，舉辦運動會或運動社團、鼓勵健康餐飲店設立、規劃上下學安全走廊地圖照護學生、家長們協助改善學生飲食等，讓更多家長和社會團體支持學校推動健康政策。

表 3-7：全國中小學學生體適能四項檢測均常模百分等級達 25 以上通過率（100 學年度）

縣市	百分比	縣市	百分比	縣市	百分比
嘉義縣（1）	56.24%	新竹縣（9）	49.29%	金門縣（17）	45.86%
新竹市（2）	51.96%	苗栗縣（10）	48.19%	南投縣（18）	45.82%
澎湖縣（3）	51.31%	彰化縣（11）	48.17%	高雄市（19）	43.51%
屏東縣（4）	51.02%	台東縣（12）	47.79%	嘉義市（20）	41.85%
臺南市（5）	50.51%	花蓮縣（13）	47.54%	新北市（21）	43.37%
宜蘭縣（6）	50.17%	雲林縣（14）	46.62%	基隆市（22）	40.11%
臺北市（7）	50.09%	臺中市（15）	46.55%		
桃園縣（8）	49.93%	連江縣（16）	46.18%		

資料來源：行政院教育部體育署

經過教育處體健科及各中小學校的積極努力提昇下，從上表可以看出到 100 學年度合格比例相對於於 98 學年度已相對提昇許多，檢測合格率仍屬於後段班，因此南投縣政府持續努力加強各級學校宣導體適能的重要性。根據本縣政府體健科所提供的資料統計資料，103 學年度本縣中小學體適能四項檢測均常模百分等級達 25 以上通過率已達 58.79％，到了 104 學年度則首次超越 60％，已達 60.14％。可見多年來在縣政府教育處體健科的推廣及教育下，已有相當的成果出現，是值得加以推許之處。

二、適應體育教學

再來關於「適應體育教學」方面，隨著社會文明的進步，特殊教育漸漸受到政府、教育及社會大眾的認識，並且有逐步的發展。截至 95 年（2006）底止，經鑑定依法領有身心障礙手冊人口數約佔總人口數之 4％，且近年統計分析，每年均呈現成長趨勢，因而有愈來愈多的身心障礙者亟待扶助、協同跨越障礙。身體活動對身心障礙學生的健康體適能、動作技能與情意方面的發展都有正面的效益，更能提升生活品質。尤其在學校中適應體育的教學方式，講求的是讓身心障礙兒童有參與感，獲得樂趣學習之交互過程，且側重於與一般兒童的彼此互動與潛能之開發。因此，適應體育可說是整體教育系統中，實現學生受教平等理念與重視個別差異的具體作法。因此，如何加強適應體育、落實適應體育的推動就益形重要。

適應體育一詞因時代更迭，及當時主要目的之不同而有不同之稱謂，民國 68 年（1979）教育部公布國民 (初級) 中學體育特別班實施計畫後，國人一直使用「特殊體育」(special physical education) 這個名詞，但在 88 年（1999）6 月 23 日教育部召開「改進特殊體育教學中程發展計畫」第一次委員會議，會中因應國際學術領域名詞的更改，故將國內慣用之「特殊體育」改為「適應體育」(adapted physical education)。

近年來，教育部致力於推廣特殊教育，陸續修訂與通過「特殊教育法」、「身心障礙者保護法」，保障身心障礙者之就醫、就學、就業及就養權。中華民國身心障礙教育報告書中提到：政府一方面加強學校適應體育教學，以達治療復建的目的；一方面推動社會體育，訓練殘障體育選手，鼓勵身心障礙者參與奧林匹克運動競技，以恢復身心障礙者的信心。因此，教育部特殊教育委員會為加速特殊教育之發展，特於 82 年（1993）頒布「發展與改進特殊教育五年計畫」，其中執行要項中第十一項內容為「推廣特殊體育及殘障運動計畫」，包含適應體育和殘障運動的推展，開啟我國適應體育發展之鑰。

適應體育的教學有其專業性，並非特殊教育教師或一般體育教師所能勝任。因此，教育部體育司自民國 84 年（1995）開始，委託國立台灣師範大學體育研究與發展中心提出為期四年的「改進特殊體育教學計畫」，到 88 年（1999）又持續推出「改進適應體育教學中程發展計畫」五年計畫（教育部，1999），這二大項計畫之推展重點著重在適應體育相關法規、課程與教學、師資培育、輔導評鑑、環境設備以及研究發展等七大項。

特殊教育在南投現已行之有年，由於本縣只有一間特殊學校（南投縣特殊教育學校，

於 102 學年度成立），因此縣內之身心障礙兒童，大部分都就近就讀於學區內設有集中式特殊教育班、及不分類資源班的學校中。但也有少部分家長，因為本身觀念及考量交通、時間、金錢等問題，並沒有將其子女送到設有特殊教育班的學校就讀，而直接就讀於住家附近的學校。至於那些更少數的極重度及多重障礙兒童，更由於無法親自到學校上課，只好在家接受各分區之心理評量人員及特教輔導員輪流到家裡進行不定時的巡迴輔導，以及每星期的定期授課輔導。

目前南投縣設有特殊教育學校一間，另外集中是啟智班，包括草屯國小集中式啟聰班，以及不分類身心障礙資源班的學校共有南投區：南投、和平、漳興、光榮；草屯區：草屯、敦和、炎峰、虎山、國性；埔里區：埔里、南光；竹山區：雲林、竹山、名間；水里區：水里、信義，共計 16 所。

根據國立臺灣體育學院體育研究所碩士陳理哲之碩士論文〈國民小學實施適應體育之研究 - 以南投縣為例〉一文中在民國 90 年（2001）所做的調查顯示，南投縣小學擔任南投縣身心障礙兒童體育教學之的教師，有超過八成沒有參加過適應體育之相關研習或研討會，而少數有參加過適應體育之相關研習、研討會者，每年參加之次數也明顯偏低。由此可見，此一議題實在值得教育主管當局擬定出一套解決的辦法，否則擔任身心障礙兒童第一線的授課教師，仍然還是用以前的知識來教導現在的學生，或是連特殊教育的基本常識與適應體育的相關資訊都缺乏的話，我們如何能夠擁有良好的教學品質呢？

表 3-8：南投縣國小特教老師每年參加適應體育研習會次數統計表

參加研習會次數	人數	百分比（％）
沒有參加	70	81.4
1～2 次	14	16.3
3～4 次	1	1.2
5～6 次	1	1.2
7 次以上	0	0
合計	86	100

資料來源：陳理哲，〈國民小學實施適應體育之研究 - 以南投縣為例〉（新北市：國立臺灣體育學院體育研究所碩士論文，2001）

另外，在適應體育實施的狀況方面，根據陳理哲的調查，發現有超過半數學校之教師皆有為身心障礙兒童實施體育教學，並且大部分之教師在教導身心障礙兒童從事體育活動時，並不是漫無目標，而是事先都有規劃。

近年來，教育部致力於增加輔導人員或支援教師協助身心障礙學生學習，從統計表的結果也顯示，國小有 10.5％、國中 7.8％、高中 5.6％的體育教學時「與普通班學生一起上課，但有輔導人員或支援教師在場協助」，可以減輕教師教學負擔。另外國中階段有 8.4％身心障礙學生仍「在特殊班上課」，而各階段也有身心障礙學生「沒有上體育課」的情形，是否因學生特殊需求或障礙情形不適合上體育課，仍待進一步探討。

表 3-9：各階段一般學校普通班身心障礙學生參與體育教學的主要方式

	國小	國中	高中
	%	%	%
與普通班學生一起上課	72	69.6	77.9
與普通班學生一起上課，但有輔導人員或支援教師在場協助	10.5	7.8	5.6
集中成班（如資源班或適應體育班）一起上課	1.8	3.1	3.2
在特教班上課	3.2	8.4	4.2
沒有上體育課	1.5	1	2.2

資料來源：陳理哲，〈國民小學實施適應體育之研究 - 以南投縣為例〉

　　然而在身心障礙兒童之體育教學場地方面，根據陳氏之調查報告顯示特教班專用場地有 3 人（3.5％），與一般兒童共用場地有 57 人（66.3％），有特教班專用場地，偶而也使用一般兒童場地有 26 人（30.2％）。可見南投縣這些設有特殊班級的學校，無論是一般兒童或是身心障礙兒童，大部分都使用同一種場地。因此，為了能符合身心障礙者的特殊需求，及保障其能夠公平的參與各個運動場所的權益，並使身心障礙兒童和一般兒童一樣，都能夠同時享受校園內的教育資源，進而受到「適性教育」的機會，以達到「因材施教」的目的，這時無障礙學習環境的設置地點與普及率的提升，就格外顯得重要。所以校方應主動提供一個共同學習的無障礙環境，及不同的替代性活動方案，並運用各種教學資源，來增強身心障礙兒童的學習動機與能力。

表 3-10：南投縣特教班體育課程教學場地統計表

教學場地	人數	百分比（％）
特教班專用場地	3	3.5
與一般兒童共用場地	57	66.3
有特教班專用場地，偶而也使用	26	30.2
一般兒童場地	0	0
合計	86	100

資料來源：陳理哲，〈國民小學實施適應體育之研究 - 以南投縣為例〉

　　在南投縣教育處極力的協助下，南投縣特殊學校終於在 102 年（2013）8 月 1 日正式設校。這所學校包括國小、國中及高職三個學部，以個別化及適性化為原則，發揮教學、研究、輔導、服務及轉銜之功能。此外，學校設有籃球場跟活動中心，特殊生們上體育課的問題，才能夠有較完善的場所及師資，適應教育也因而逐漸步上軌道。

三、民俗體育推廣

　　而在民俗體育教育的推廣上，而政府提倡屬動態傳統文化的民俗體育，逐年推動的政策雖然有：民國 64 年（1975）教育部頒布「普遍推行民俗體育活動」的法令，通令全國各級學校加強進行民俗體育活動，並列入運動會等對外表演活動項目。體育司也從民國 66 年（1976）開始，在學校方面推動跳繩、踢毽成為國小的課間活動，而教育廳要落實民俗體育競賽的舉辦，因此也刺激民俗體育團隊的產生。民國 80 年（1991）起由於鄉土化的影響，教育部國教司二科將國民中小學推展傳統藝術教育列為其業務重點，民俗體育整體性發展借身於傳統藝術計畫中，露出實質的經費補助之曙光。教育部在民國 80 年代擬定「傳統藝術教育計畫」來進行保存與推廣工作。依據臺南大學統計，民國 80 年（1991）至民國 85 年（1998）間，出現過的中小學民俗體育團隊數為 1,418 隊，由於上述計畫，使學校 中的大小型民俗體育團隊暴增。

　　民國 89 年（2000）以後，教育部國教司已不再專款補助傳統藝術教育計畫，改由各縣市政府自籌，而各縣市政府補助款均減少一半左右甚或不再辦理。但此鄉土文化熱潮業已深入學校與行政單位，因此，與民俗體育相關的政策措施 面仍持續地推動，而民國 90 年（2001）年至民國 98 年（2010）間，執行的最為相關的政策如：體委會相關計畫、體育司民俗體育計畫、各縣市政府推動「傳統藝術教育計畫」、教育部推動「挑戰 2008 e 世代人才培育計畫」中之「一人一樂器、一校一藝團」、「一人一運動、一校一團隊」等。

　　本縣府相當重視下民俗運動教育，積極推動「一校一特色，一人一技藝」教育理念，成果相當豐碩。其中，嘉和國小扯鈴等多校民俗技藝都在全國性比賽中獲得第一名佳績，不僅屢屢在國宴上演出而聲名大噪，還 3 度赴美國公演，現場由隊員展現難得一見的美技，令人驚艷。另外，還有平和國小和太鼓隊、新豐國小獨輪車隊等傳統民俗運動團隊表現相當優異。

　　此外，南投縣也民國 88 年（1999）開始由真佛宗華光功德會中區分會、南投縣民俗體育競技協會共同承辦「華光盃民俗體育競賽」，每年皆吸引全國各地不少學校單位及民間社團參與民俗運動競技比賽，對於南投縣各校民俗體育推廣成果，亦具有相當之貢獻。

四、落實海洋國家政策

　　至於「落實海洋國家」政策教育方面，台灣是個海島，擁有豐富的海洋資源，得天獨厚的地理環境更適合發展海上運動，東北角的衝浪活動與南台灣的水上活動，更是台灣夏季最熱門的海上運動。這幾年來，戲水溺斃憾事仍時有所聞，根據張培廉（2013）的研究指出我國每 10 萬名學生溺水死亡率從 94 年（2005）的 1.6 人降到 96 年（2007）1.14 人，雖然 98 年（2009）更降到 1.08 人，但日本 0-14 歲兒童溺水死亡率為 0.6、澳洲為 0.5、英國為 0.1，均遠低於我國學生溺水死亡率。審視解決相關問題，唯有從提高學童游泳能力著手，最直接也最能立竿見影的方法，就是從教育做起。

　　近年來政府為落實海洋國家推廣，並提昇學生游泳能力，因而提出不少精進方案。

民國 90 年（2001）年教育部提出「提升學生游泳能力中程計畫」預定利用四年時間加強推動游泳教學與發展，提升學生游泳、親水能力加強學生水域安全概念並養成終身休閒運動 習慣。此外也輔導沒有游泳池學校與校外優良社區游泳池結合，拓展學生學習游泳的機會；民國 93 年（2004）再提出「推動學生水域運動方案」，由某部分學校已具備水域運動發展的經驗、設備以及專精的推廣人才，協助辦理教學觀摩會、水域運動指導人員培訓、管理人才講習會等，由政府協助指導可以成為推動校園水域運動的重點單位；民國 94 年（2005）政府以「健康臺灣」為當時施政的目標之一，同時配合發展「海洋臺灣」之理念落實 推動「活力臺灣，健康國民一提升健康活力品質」，特定以游泳為推展之重點。為了延續游泳教學政策、落實臺灣以海洋立國之國際形象並使學校體育六大政策 實施效能提升所提出此方案在民國 96 年（2007）訂定「教育部補助國民中小學興建教學游泳池實施計畫」、「教育部補助推動學校游泳及水域運動實施要點」及民國 98 年（2009）提出「學生游泳能力 121 計畫」以強化水域安全認知、全面提升學生游泳及自救技能；民國 99 年（2010）教育部提出「泳起來專案一提升學生游泳能力檢測合格率及游泳新改建行動方案」，以補助學校新建或改建游泳池以提升學校游泳池 與學生見習游泳比率。政府推動游泳，希望在國中小學齡期適合學習游泳積極推動學生游泳碰透過游泳專案的持續推動，以達到逐年降低 學生溺水死亡率、縮短游泳教育資源城鄉差距、保障弱勢學生學習游泳權益、善用民間游泳資源、嚴格審查縣市政府提出申請興建游泳池及配套措施、保障學生學習游泳機會之目標。

　　雖然近年來政府大力推廣游泳教學，所謂『巧婦難為無米之炊』，游泳課程教學首先面對的問題即是校內無游泳池可供教學使用；南投縣為台灣唯一不臨海的縣市，縣內山區學校、偏遠學校、人口較少地區、學校附近及 學區內無游泳池的國小佔大數，全縣153 所小學中，只有 2 所小學擁有游泳池，在推行與實施游泳教學上遠比其他縣市來得不易。「工欲善其事，必先利其器」，教育部雖已開始實施增建游泳池計畫，但對游泳課程的推行卻緩不濟急，根據教育部民國 98 年（2009）學校體育統計年報的統計數字，全國目前約 452 座學校游泳池，其中小學設置率僅 4.81%，數據顯示國中小學擁有游泳池設備比率過低，這是全國各級學校實施游泳教學面臨最大的問題；本縣的游泳池設備不足導致無泳池學校學生必須向外尋求他校或與民間游泳業者合作，南投縣民間游泳池數量不多，因此又衍生出學生上課的交通路程、排課問題及交通費與學生需額外付門票費等問題，使得游泳教學推展不易。

　　此外，游泳專業師資嚴重不足的現況。根據現行規定，學校進行游泳教學時，游泳池應設置一位救生員，師生比例應以 15 比 1 為原則，目前教育部規定的最多班級人數為29 人，若以此比例計算，每班學生上游泳課需 1 至 2 名具游泳師資教師。游泳教學有其獨特專業性，本縣國小缺乏體育科專任教師，游泳師資不足，多以外聘游泳教練應付實際游泳教學現況。除了游泳費用的增加，教師多淪為維護學生班級秩序管理工作，無法真正落實游泳教學、掌控學生學習狀況，這也是導致游泳課程推行不彰的困境。

本縣在推廣游泳教育，這幾年來學校積極推展游泳教學的確有所成效，但是若要達到教育部既定目標仍需多方努力。尤其游泳技能學習需藉由多練習，才能提高成效，若只單靠學校每學期6至8堂游泳課，實屬不夠，如何降低與解決學習困擾是本縣所急需解決的課題。

表 3-11：南投縣登記游泳池

泳池名稱	住址	電話
中和游泳池	南投縣竹山鎮沈潭巷1號之5	049-2640885
埔里鎮立游泳池	南投縣埔里鎮六合路230號	049-2991990
縣立三和游泳池	南投縣南投市復興路1號	049-2223611
大西洋商行	南投縣南投市文化路811號	049-2240823
活水泳健中心	南投縣草屯鎮信義街200號	049-2300077
海豚游泳俱樂部	南投縣水里鄉南湖二路1巷6號	049-2776355
草屯鎮立游泳池	南投縣草屯鎮中正路571號之1	049-2568015
小叮噹育樂有限公司	南投縣草屯鎮登輝路24巷3號之8	049-2566777
集集鎮立游泳池	南投縣集集鎮成功路201號	049-2760398
雙冬山泉游泳池	南投縣草屯鎮中正路111號	049-2571399
埔里游泳池	南投縣埔里鎮新生路29號	049-2982545
悠游生活館	南投縣草屯鎮富中路319巷20號	049-2564385
活水體育健康事業中心	南投縣南投市建國路137號	049-2227877

資料來源：工商業名錄

第三節　在競技化導向方面

為養成運動專業人才，提高運動競賽實力，依國家重點運動種類、學校特色及資源，輔導成立體育班，以發掘運動優秀人才，並推展校際運動競技聯賽制度，建立地區性運動人才培育網絡。

（一）民國87年（1998）實施「培育原住民學生田徑人才計畫」，早期發掘具潛能之原住民學生，施以長期、計畫與衞續的培育，進行發揮其潛能，提昇我國田徑運動水準，增進參加國際賽會奪牌實力。

（二）民國92年（2003）「培育優秀原住民學生運動人才中程計劃」，針對田徑、跆拳道、柔道、舉重、體操等五項運動項目，進行有計畫的培育訓練，提升運動水準。

（三）民國92年（2003）針對國人重視的棒球運動和風靡全世界的足球運動，提出「改善學生棒球運動方案」和「振興學生足球運動方案」，藉由廣植運動人口，提高運動技術水準，厚植國際競技能力。

（四）民國94年（2005）推動「我國高級中等學校體育班重點發展方案」，以配合挑戰2008年黃金計畫及2009年高雄運動會，提高競技運動實力。

南投縣為一山區縣市，擁有許多的原住民人才，因此在培育原住民優秀人方方面，

提出很多積極且正向的計畫，除了獎勵各行成立競技類校隊外，並積極輔導各級學校成立體育班，尤其這從 102 年（2013）開始，南投縣各級學校體育班紛紛成立，對於南投縣運動人才的培養，不可不謂具有相當之貢獻。此外，為了培育優秀體育人才，亦在各地設立基層運動選手訓練站。

一、學校體育專班

根據〈南投縣 103 年度學校設立體育班審查計畫〉提到，設立體育班的目標為「一、早期發掘具有運動潛能發展之學生，培育其運動參與興趣、多元運動能力、身體及心理均衡發展之運動人才；二、供前一教育階段運動績優學生繼續升學，施以專業體育及運動教育，輔導其適性發展，培育運動專業人才。」而體育班設立之後，本縣政府教育處每年辦理體育班審查、訪視及評鑑工作。目前南投縣（至 104 年 9 月）通過設有體育專班學校有如下：

表 3-12：南投縣各級學校體育班（2015.09 截止）

	學校名稱	成立時間	重點項目
國小	新街國小	104 年	棒球、跆拳
國中	埔里國中	92 年	女壘、射箭、自行車、游泳、田徑
	草屯國中	102 年	柔道、角力、排球（男）
	延和國中	103 年	跆拳、羽球、曲棍球
	中興國中	104 年	棒球、網球
	南投國中	104 年	田徑、桌球、羽球
高中	旭光中學	92 年	空手道、射箭、網球、田徑
	埔里高工	88 年	女壘、射箭、游泳
	草屯商工	69 年	田徑、跆拳

資料來源：南投縣政府教育處體健科

（一）新街國小

位於名間鄉的新街國小，於 104 學年度獲准成立體育班，主要招收棒球及跆拳為主的優秀體育學生就讀。為了讓弱勢或南投縣其他鄉鎮學生能夠專心就讀體育班，該校與中國信託簽訂合作，由中國信託捐助了 300 萬元協助新街國小興建宿舍及購買球隊公務車，並且允諾每年補助 50 萬經費。而體育班學生除了一般學科課程以外，每週六還安排術科課程，且體育班學生返回宿舍後，也有舍監負起生活起居照顧與課後輔導，提供全方位優質照顧，讓學生打球之餘也能兼顧學業。

而新街國小棒球隊於民國 95 年（2006）9 月在校長吳欲豐等人支持下成立，近年來已有不少成績出現。以下為其優秀戰績：

2011 年 -- 第五屆澎湖縣菊島盃國際少年棒球錦標賽 殿軍

2014 年 -- 一百零二學年度國小棒球聯賽（硬式組）中區 - 第六名
2014 年 -- 第一屆中信盃全國少棒賽 亞軍
2014 年 -- 新北市第二屆興穀盃少棒錦標賽 季軍
2014 年 -- 第五屆巨人盃硬式少棒錦標賽 第五名
2014 年 -- 第二屆徐生明盃全國少棒錦標賽 亞軍

照片 3-1：新街國小體育班 新街國小棒球隊及其宿舍成立照　照片來源：南投縣體育會提供

（二）埔里國中

　　埔里國中體育班於民國 92 年（2003）9 月獲准成立，主要推展女子壘球、射箭、自行車、游泳、田徑等運動項目，為南投縣體育發展重點學校。10 月獲得教育部頒發「推展學校體育績效卓越」講座；隔年（2004）縣政府核定埔里國中為「93 年度推展體育績優學校」；民國 94 年（2005）獲縣政府評為「特教、午餐、員生社及體育」皆優學校。

　　體育班女壘隊在全國比賽成績輝煌，屢屢奪得國中壘球聯賽冠軍，更培育出多位女壘國手；射箭隊亦是戰果輝煌，更培育出許多亞奧運射箭國手，包括袁淑祺、余冠燐等；而田徑、自行車及游泳隊也是屢創佳績，屢屢在全中運、縣中運奪得獎牌。

　　根據 102 學年度教育部體育署全國高等中學以下體育班訪視報告中指出，埔里國中壘球場地備設施佳，射箭場地設備完整，值得重點培養；而籃球隊及壘球隊為照顧選手食宿，皆向外界自籌經費。而訓練績效方面，選手繼續升學、參與訓練學生比例高，女子壘球隊及游泳隊和籃球隊成績表現相當優異。

照片 3-2：埔里國中體育班 埔里國中女壘隊及射箭隊照　照片來源：埔里國中提供

（三）草屯國中

　　民國 102 年（2013）9 月草屯國中體育班獲准成立，申請設班種類為角力與柔道，隔年則增設排球專長項目。體育班成立第一年就以運動訓練結合表演來獲得校內師長及學生的認同，利用表演與社區、縣政府辦理之運動會結合，並透過媒體來行銷運動代表隊。角力隊與柔道隊大部分為原住民，由教練提供自家住宿空間給遠道而來的學生免於住宿憂慮。而訓練資金來源，學校與碧山岩寺進行合作，由寺方每年提供學生生活補助 20 萬元。

　　草屯國中體育班柔道隊及角力隊在教練李松鑫及林靜妙組長的帶領下，積極參與全國性比賽，在 104 年度全中運比賽獲得 2 金 3 銀 2 銅的佳績，成果相當豐碩。另外，柔道隊、角力隊除了基本訓練課程外，林靜妙組長每月會帶領體育班學生走出校園進行社區服務，包括為創世基金會募集統一發票、草屯街道清掃等等，讓學生能有取之於社會，用之於社會的回饋思維，建立正確的人生觀。

照片 3-3：草屯國中體育班　草屯國中角力隊與柔道隊照　　照片來源：草屯國中提供

（四）延和國中

　　為了銜接 12 年國教，並使竹山鎮運動人才學生人口不致外流，延和國中體育班原本預定於民國 102 年（2013）9 月成立，但直至 103 年（2014）8 月獲准正式成立，以竹山鎮學生表現優異的主要運動項目跆拳道、羽毛球及曲棍球為體育班招收項目。

　　延和國中跆拳道隊早在民國 88 年（1999）即以社團方式成立，在教練朱建安的帶領

照片 3-4：延和國中體育班　延和國中跆拳道隊訓練情形及表演照　　照片來源：南投縣體育會提供

下，近年來已有相當的成果出現，當中 103 年（2014）世界少年跆拳道錦標賽，葉研欣勇奪銅牌，並於隔年 104 年全中運當中，獲得國女 59 公斤級金牌。而延和國中曲棍球隊成立於民國 69 年（1980），82 年（1993）曾獲得全國冠軍，但也一度解散，直到民國 89 年（2000）陳勝雄校長任內，由鄭同武老師指導再次成軍，也首次代表國家參加澳洲奧伯利盃國際曲棍球分齡賽，榮獲十六歲組冠軍。近年來也屢獲佳績，屢屢代表國家參加世界分齡比賽榮獲不錯成績。

（五）中興國中

中興國中體育班於民國 104 年（2015）9 月份正式成立，主要招收項目為棒球專長及網球專長選手。雖然在成立前發生了提前成立體育班而引發有無按照中學教育當中常態分班的糾紛，但中興國中在培養南投棒球人才及網球優秀學生方面確實有著良好的貢獻。

中興國中棒球隊成立於民國 97 年（2008），近年來參加全國性棒球比賽，屢屢表現優異，奪得許多優秀成績。這幾年亦有許多畢業校友受到職棒球團的青睞，加入中華職棒大聯盟的行列，例如彭世杰、申皓瑋等人。

照片 3-5：中興國中體育班 中興國中棒球隊傳遞全縣中小學運動會聖火及表演戰舞照

照片來源：南投縣體育會提供

（六）南投國中

南投國中體育班於民國 104 年（2015）8 月成立，是以田徑、桌球、羽球為其主要招生項目。南投國中擁有標準運動訓練場域、重量訓練室、視聽教室、健康中心等提供完整多元的教學、訓練場所。並且每年規劃移地訓練、夏（冬）季令營活動、典範學校參訪，參加全國及縣內外比賽，以戰養戰，提供學生更多元的訓練及增進比賽經驗。

南投國中桌球隊成立於民國 99 年（2010），在教練陳柏宏、張健鵬、連富吉的訓練下，經過幾年的發展，已有相當優異表現，屢屢在縣中小學聯運當中獲得男、女團體冠軍，而桌球隊球員亦表現出文武兼備，在畢業後屢屢考上中一中、中女中等國立高中；而田徑隊成立時間更是悠久，目前由謝明洲老師、簡嘉德老師擔任教練，近年來參加縣中小學聯運皆有著良好成績，尤其在徑賽項目，皆能勇奪團體冠軍。

照片 3-6：南投國中體育班 南投國中桌球隊及田徑隊照　照片來源：南投國中提供

（七）旭光高中

　　旭光中學體育班成立於民國 92 年（2003）8 月，主要招收田徑、空手道、網球及射箭等項目優秀學生。旭光高中是九二一地震後重建的學校，為南投縣第一所完全中學，旭光高中的成立不僅是所學校，更代表南投在九二一地震後重生的象徵。民國 92 年（2003）體育班的建立，亦是為了延續南投優秀運動人才的一大步，代表南投縣生生不息的象徵。

　　旭光高中體育班的成立，原為國姓國中空手道隊教練黃泰吉與廖德蘭夫婦為了使九二一震災後所成立的國姓國中空手道隊學生能夠繼續升學，於是四方奔走催生下在旭光高中成立體育班，而體育專班除了空手道隊外，還有田徑、射箭及網球項目，讓學生循多元入學管道進入高中。高中畢業後，再以國手資格和優異成績進入各公私立大學就讀。而為了讓許多弱勢家庭學生能夠專心於訓練及課業，在校長吳明順的竭力爭取下，已獲的 4000 萬補助，將搭建以空手道為主體的體育館，將成立涵蓋訓練與住宿的「幸福家園」，提供空手道、網球、田徑、射箭選手優質舒適的學習環境。

　　空手道隊成立於 92 年（2003），參與國內外比賽皆有不錯成績，當中校友辜翠萍更於 2014 年仁川亞運更勇奪女子 50 公斤級金牌；射箭隊成立於 92 年（2003），網球隊成立於 93 年（2004），而田徑隊則於 100 年（2011）成立，這些隊伍參加全國全中運皆有良好成績，在 101 年度全中運更勇奪女生組總成績第四名，為南投歷年來最好成績。

照片 3-7：旭光高中體育班 旭光高中空手道隊及射箭隊照　照片來源：旭光國中提供

（八）埔里高工

埔里高工體育班成立於民國 88 年（1999），主要是以女子壘球、射箭及游泳為重點項目。體育班成立後，表現相當傑出，不但贏得培育國家優秀女壘、射箭國手的搖籃之譽，並成為體委會時期南投縣內唯一重點補助的學校，最近並獲得教育部核准體育班免基測甄選入學。近 10 多年來，培訓的女子壘球隊、射箭隊選手，屢屢在國內外各項競技中奪冠，並在世青、世界盃、亞奧運等國際賽事展現佳績，讓臺灣在世界揚名；另外，埔里高工的射箭及女壘，更與埔里紹興酒齊名，成為地方特色。

體育班專長運動訓練之場地、設施及器材充分利用學校優質化計畫，有效申請經費添購運動訓練器材，並能定期維護、更新，尚足以供應訓練所需，為重訓器材過於老舊，是亟需申請補助更新之項目。專項術科教師（教練）專長與教學、訓練與重點發展項目相符合，且大多具有 A 級或國家級教練資格。體育班課程排定運動傷害防護課程，並訂有運動傷害防護緊急處理措施，並與鄰近診所合作並訂定契約，有效處理學生受傷後送之程序。

埔里高工壘球隊自成立至今，一直擁有相當優異的成績，屢屢在高中女壘聯賽及全國比賽中勇奪冠軍，甚至培育出許多女壘國手，例如林素華、江慧娟、賴孟婷、邱安汝等，人數之多難以詳述，而有女壘國手搖籃之稱，甚至有中華女壘隊就是埔里女壘隊的說法出現；而在射箭隊方面，亦表現相當突出，除了在全國中等學校運動會有著優異表現外，更是射出許多亞奧運國手，雅典奧運銀牌射箭國手劉明煌，為埔里高工體育班第一屆學生。拿下雅典奧運女子團體銅牌、亞洲射箭巡迴賽金牌、韓國釜山亞運奪得個人金牌的袁叔琪，為體育班第二屆的學生。另外在世界盃國手選拔及青年盃射箭錦標賽或女子金牌的曾麗文、北京奧運射箭國手魏碧銹亦是出身於埔里高工體育班。

照片 3-8：埔里高工體育班 埔里高工女壘隊及射箭隊照　照片來源：埔里高工提供

（九）草屯商工

69 學年度起臺灣省教育廳選定草屯商工為臺灣省體育績優學校，核准設置體育班，培植運動選手，積極推動並參與各項體能競賽活動，為南投縣首座擁有體育班的學校。草屯商工體育班主要是以田徑及跆拳道作為主要重點項目。

照片 3-9：草屯商工體育班 草屯商工室內撐竿跳館及田徑場照 照片來源：筆者拍攝

草屯商工設有 300M 田徑場及專項撐竿跳高訓練場、跆拳道訓練室及重量訓練室供專長學生使用，訓練設備與環境完善，並有定期維護、更新，足供訓練所需。並且定期辦理運動員實施運動傷害研習、聘任 1 位營養師提供運動選手營養諮詢，且與鄰近中西醫診所合作，協助學生處理學生有緊急狀況之情事。為了使學生升學方面更加多元，除了平常紮實的訓練外，草屯商工還為體育班三年級學生進行每週四天的夜間升學課業輔導，落實體育班學生輔導升學。另外，透過成立文教基金會，新生在入學前或全中運前八名者，由基金會提供 5000 至 30000 元不等之獎助學金，並獎勵優秀教練及學生對於成績優異及教練有實質之鼓勵。

草屯商工田徑隊成立歷史悠久，在全國中等學校運動會上有著相當卓越的成績，並培養出許多相當優秀的田徑國手，尤其撐竿跳方面，在許振芳教練的帶領下，訓練出不少撐竿跳好手，而為了使撐竿跳能夠風雨無阻的訓練，在許教練積極爭取下，民國 97 年（2008）草屯商工撐竿跳訓練館正式啟用。

二、基層運動選手訓練站

為提升我國在國際體育競技運動實力，將基礎運動種類及我國較具發展潛力作為政策輔導重點發展種類，期透過設立基層運動選手訓練站方式扎根基層，並採由各該地方政府統籌分配年度培訓經費至各該訓練站，培養各該運動種類基層運動選手。辦理基層選手訓練站用意除了將競技運動人才培育向下扎根、建立廣而深的金字塔底端之外，更重要的是，建置國小、國中及高中 3 級培訓體系，有效延續選手持續培訓之向上輸送管道，作為養成國家未來於國際體壇中為國爭光的人才來源之搖籃。

因此除了體育專班的設立，為發掘、培訓具發展潛力之基層運動選手，南投縣政府教育處體健科即選定重點運動種類，在南投各地設立「基層選手訓練站」、補助訓練器材及設施環境改善及辦理區域對抗賽等工作。根據教育部體育署〈教育部運動發展基金輔導設立基層運動選手訓練站作業要點〉提到，成立基層運動選手訓練站的目的為「為積極輔導地方政府發掘、培訓具發展潛力之基層運動選手，提升基礎競技運動實力，建立完善培訓體制」，而其訓練站之運動種類，以奧林匹克運動會及亞洲運動會之運動競

賽種類及項目為限。以 103 年度為例，南投縣基層運動選手訓練站設置 12 站，61 分站，由縣政府及體育署補助各分站辦理選手培訓工作、訓練環境及器材設備改善、運動選手輔導照顧補助及區域性對抗賽等，並成立基訓站的訪視小組，實地至各分站瞭解執行情形，及做意見交流，績效良好。而南投縣基層運動選手訓練站如下：

（一）柔道訓練站

訓練分站：

1. 國小——中原國小、草屯國小、漳和國小、發祥國小
2. 國中——草屯國中、南投國中
3. 高中——中興高中、南投高中

訓練績效：

1. 國小——發祥國小李依婕（103 年全國柔道錦標賽國小女子 A 個人組第四級第三名）、發祥國小楊寧（103 年全國柔道錦標賽國小女子 A 個人組第八級第三名）、發祥國小廖育芬（103 年全國中正盃柔道錦標賽國小女子 A 個人組第一級第三名）、發祥國小曾雪兒（103 年全國中正盃柔道錦標賽國小女子 A 個人組第四級第一名）

2. 國中——草屯國中王政閔（103 年全國柔道錦標賽國男第九級第二名）、草屯國中鄒承翰（103 年全國柔道錦標賽國男第六級第三名）、草屯國中許文彥（103 年全國柔道錦標賽國男第七級第三名）、南投國中簡宗男（103 年全國中等學校運動會國男第四級第七名）

3. 高中——中興高中（103 年全國柔道錦標賽高中男子組團體第二名）、中興高中謝宜樺（102 年全國中等學校運動會高女第五級第七名、102 年全國柔道錦標賽高女第六級第一名）、中興高中鄭文棋（102 年全國柔道錦標賽高男第七級第二名、103 年全國中等學校運動會高男第七級第三名、103 年全國柔道錦標賽高男第七級第一名）、中興高中呂家輝（103 年全國柔道錦標賽高男第一級第三名）、中興高中馬俊逸（103 年全國柔道錦標賽高男第一級第三名）、南投高中李松逸（103 年全國中等學校運動會高男第七級第七名）

（二）跆拳道訓練站

訓練分站：

1. 國小——埔里國小、前山國小、平靜國小
2. 國中——埔里國中、民和國中、延和國中、中寮國中
3. 高中——埔里高工、草屯商工

訓練績效：

1. 國中——延和國中葉妍欣（2014 年世界少年錦標賽對打第七級第三名、103 年中等學校運動會對打第七級國女組第三名、103 年全國中等學校錦標賽對打第七級國 女組第一名）、張亞君（103 年全國中等學校錦標賽對打第九級國女組第三名、 103 年全國中等學校運動會對打第九級國女組第七名）、延和國中林政誼（103 年 全國中等學校

運動會對打第一級國男組第六名）、黃鈺文（103 年全國中等學校錦　標賽對打第一級國女組第一名）、延和國中許劭銘（103 年全國中等學校錦標賽對打第六級國男組第四名）、延和國中陳意玲（103 年全國中等學校錦標賽對打第三級國女組第三名）、民和國中（103 年全國中等學校運動會品勢團體祖國女組第七名）、民和國中甘綺萱（103 年全國中等學校運動會對打 68 公斤級國女組第二名）、民和國中谷妤軒（102 年全國中等學校錦標賽對打 68 公斤級以上國女第三名）、中寮國中張佩筠（103 年全國中等學校運動會對打 46 公斤級國女組第二名）

2. 高中——草屯商工李承痒（103 年全國中等學校運動會對打 74 公斤級高男組第四名）、草屯商工郭維傑（103 年全國中等學校運動會對打 87 公斤級高男組第四名）、　草屯商工谷豐年（103 年全國中等學校運動會對打 68 公斤級高男組第五名）、草屯商工全吉祥（103 年全國中等學校運動會對打 58 公斤級高男組第五名）、草屯商工鄭皓予（103 年全國中等學校運動會對打 87 公斤級高男組第五名）、草屯商工陳佾楷（103 年全國中等學校錦標賽對打 68 公斤級高男組第六名）、草屯商工黃如焄（103 年全國中等學校錦標賽對打 57 公斤級高女組第七名）

（三）射箭訓練站

訓練分站：

1. 國小——雙龍國小
2. 國中——埔里國中、大成國中
3. 高中——旭光高中、埔里高工

訓練績效：

1. 國中——大成國中（102 年全國區域性對抗射箭錦標賽國中男子組團體賽第一名、個人第一名、103 年全國區域性對抗射箭錦標賽國中男子組團體賽第一名）、埔里國中（103 年全國青年盃社箭賽國男組 30 公尺第一名、50 公尺組第四名）

2. 高中——旭光高中（103 全國區域性對抗射箭錦標賽反曲弓高中女子組團體賽第七名）、埔里高工（109 年全國青年盃高中男子組團體排名賽第一名、團體對抗賽第四名、103 年全國中等學校運動會高中男子組團體對抗賽第五名、103 年全國理事長盃射箭錦標賽公開男子組團體排名賽第二名、公開男子組團體對抗賽第三名、103 年全國總統盃射箭錦標賽高中男子組團體排名賽第二名、高中男子組團體對抗賽第六名）、埔里高工徐任蔚（103 年全國中等學校運動會高中男子組個人對抗賽第五名、103 年全國理事長盃射箭錦標賽公開男子組個人對抗賽第二名、103 年全國總統盃射箭錦標賽高中男子組個人排名賽第八名）、埔里高工陳界綸（103 年全國中等學校運動會高中男子組個人對抗賽第六名、103 年全國理事長盃射箭錦標賽公開男子組個人對抗賽第六名、103 年全國總統盃射箭錦標賽高中男子組個人排名賽第六名）

（四）游泳訓練站

訓練分站：

1. 國小——埔里國小
2. 國中——埔里國中
3. 高中——埔里高工

訓練績效：

1. 國小——埔里國小（103 年全縣中小學運動會國小男子組團體冠軍、國小女子組團體季軍）
2. 國中——埔里國中（103 年全縣中小學運動會國中男子組團體冠軍、103 年全縣運動會國中男子組團體冠軍）
3. 高中——埔里高工（103 年全縣中小學運動會高中男子組團體冠軍、103 年全縣運動會高中男子組團體冠軍）

（五）空手道訓練站

訓練分站：

1. 國小——親愛國小
2. 國中——旭光高中（國中部）
3. 高中——旭光高中

訓練績效：

1. 國中——旭光高中國中部（103 年全國中等學校運動會國中組 7 金 2 銀、103 年全國中正盃空手道錦標賽國中組 3 金 5 銀 2 銅）
2. 高中——旭光高中（103 年全國中等學校運動會高中組 5 金 4 銀 5 銅、103 年全國中正盃空手道錦標賽高中組 9 金 1 銀）

（六）籃球訓練站

訓練分站：

1. 國小——炎峰國小
2. 國中——埔里國中、水里國中
3. 高中——竹山高中

訓練績效：

1. 國小——炎峰國小（103 年縣運國小男子組殿軍、103 年中華民國少年籃球聯賽中區比賽小男乙組季軍）
2. 國中——埔里國中（103 年全國中正盃籃球賽國男組第二名、102 年國中甲級聯賽男子組第七名、103 年全國籃球基層訓練站對抗賽國男甲組第二名）
3. 高中——竹山高中（103 年全國「全民運動盃」籃球錦標賽青男組第三名、103 年全國「中正盃」籃球錦標賽高男組第三名）

（七）田徑訓練站

訓練分站：

1. 國小——草屯國小
2. 國中——竹山國中、三光國中、草屯國中、宏仁國中
3. 高中——旭光高中、草屯商工

訓練績效：

1. 國小——草屯國小蔡欣妤（103 年南投縣中小聯運三項第一名、103 年南投縣全民盃田徑賽鉛球第二名）

2. 國中——竹山國中（103 年南投縣運動會國男徑賽錦標第一名、4*400 接力第一名、4*100 接力第三名）、三光國中（103 年全國港都盃國男跳高第二名、103 年南投縣運動會國男徑賽錦標第二名、4*100 接力國男組第一名）、三光國中蔡暄晴（103 年南投縣運動會國女組 100 公尺賽跑第一名）、草屯國中程昌臨（103 年南投中小聯運國男跳遠第一名、103 年南投縣運動會國男跳遠第一名）、草屯國中黃曼慈（103 年南投縣運動會國女跳遠第一名）、宏仁國中李智威（103 年南投縣中小聯運國男 1500 公尺賽跑第一名）宏仁國中張家銘（103 年南投縣中小聯運國男跳高第一名）、宏仁國中廖元融（103 年南投縣運動會國男 400 公尺跨欄第一名）、宏仁國中郭昭毅（103 年南投縣運動會國男鏈球第一名）、宏仁國中宋羽鈴（103 年南投縣運動會國女鏈球第一名、103 年南投縣運動會國女鐵餅第一名）

3. 高中——草屯商工田徑隊（103 年全國中等學校運動會高男組 4*100 接力第四名）、草屯商工鄭稚霖（103 年全國中等學校運動會高男組撐竿跳高第三名）、草屯商工簡佑翔（103 年全國中等學校運動會高男組 100 公尺賽跑高第四名）、草屯商工田隊（103 年南投縣運動會高男田賽錦標冠軍、徑賽錦標冠軍、混合錦標第冠軍、高女田賽錦標冠軍）

（八）桌球訓練站

訓練分站：

1. 國小——北投國小、國姓國小
2. 國中——國姓國中、南投國中
3. 高中——旭光高中

訓練績效：

1. 國小——北投國小白宇翔、洪語澤（103 年南投縣運國小男子組團體第二名）、北投國小白宇翔（103 年南投縣運國小男子組單打第二名）、國姓國小（103 年南投縣運國小女子組團體第一名）、國姓國小張馨予、蘇余軒（103 年南投縣運國小女子組雙打第一名）、國姓國小張以昕、陳宣妤（103 年南投縣運國小女子組雙打第二名）

2. 國中——國姓國中（103 年南投縣運動會國女團體第三名、國女單打第三名、混雙第一名）、南投國中（103 年南投縣運動會國男團體第一名、國女團體第一名）、南投國中洪承偉（103 年南投縣運動會國男單打第一名）、南投國中賴尚廷、陳威傑（103 年南投縣運動會國男雙打第一名）

3. 高中——旭光高中戴芳妤（103 年南投縣運動會高女單打第一名）、旭光高中張瀞文、莊玟婷（103 年南投縣運動會高女雙打第一名）、旭光高中邱啟涵、廖婕妤（103 年南投縣運動會高中混雙第一名）

（九）羽球訓練站

訓練分站：

1. 國小——平和國小、竹北國小
2. 國中——北山國中、延和國中
3. 高中——竹山高中

訓練績效：

1. 國小——平和國小（102 年南投縣運動會國小男生團體組第三名）、竹北國小（103 年南投縣運動會國小女生組團體第二名）、竹北國小朱芸萱（103 年南投縣運動會國小女生組女子單打第一名）、竹北國小游晨妤、楊潞瑩（103 年南投縣運動會國小女生組雙打第三名）
2. 國中——北山國中（103 年南投縣運動會國中男子組團體第一名）、北山國中任奕超（103 年南投縣運動會國中男子組單打第二名）、王尚仁（103 年南投縣運動會國中男子組單打第三名）、延和國中（102 年南投縣運動會國中男子組團體第一名、102 年南投縣運動會國中女子組團體第一名、103 年南投縣運動會國中男女子組團體第一名、103 年南投縣運動會國中男子組團體第二名）、延和國中吳丞恩、朱銘浩（103 年南投縣運動會國中男子組雙打第一名）、延和國中林佳穎、陳芝晴（102 年南投縣運動會國中女子組雙打第一名）
3. 高中——竹山高中（102 年全國中等學校高中男子組團體第八名、102 年全國羽球團體賽高中男生組團體第二名、103 年全國羽球團體賽高中男生組團體第五名、103 年全國中等學校高中男子組團體第四名）

（十）網球訓練站

訓練分站：

1. 國小——永興國小
2. 國中——宏仁國中
3. 高中——旭光高中、竹山高中、南投高中

訓練績效：

1. 國小——永興國小（103 年南投縣運動會國小女子組團體冠軍、國小男子組季軍）、永興國小陳依伶（Addidas 全國分級網球賽女子 2.0 第三名、103 年南投縣運動會國小女子組單打冠軍）、永興國小張宇欣（103 年南投縣運動會國小女子組單打亞軍）、永興國小施品辰、李依澄（103 年南投縣運動會國小女子組雙打亞軍）、永興國小馬瑞辰、盧昱臻（103 年南投縣運動會國小女子組雙打季軍）
2. 國中——宏仁國中（103 年南投縣運動會國中男子組團體第二名、國中女子組團體第三

名）、宏仁國中陳晉廷、高維祥（103 年南投縣運動會國中男子組雙打第三名）

3. 高中——旭光高中（103 年全國中等學校運動會高女組團體第七名）、旭光高中林品欣
（103 年全國中等學校運動會高女組單打第八名）、竹山高中（103 年南投縣運動會高
男團體第二名、高女團體第二名、高男單打第一名、高女雙打第一名）、南投高中（103
年南投縣運動會高男團體第一名）、南投高中賴慶峰（103 年南投縣運動會高男單打第
二名）、南投高中劉能吉（103 年南投縣運動會高男單打第三名）、南投高中全勝恩、
黃信達（103 年南投縣運動會高男雙打第一名）、南投高中朱家鈞、吳貿宥（103 年南
投縣運動會高男雙打第二名）

（十一）拳擊訓練站

訓練分站：

1. 國中——同富國中、日新國中
2. 高中——同德家商

訓練績效：

1. 國中——

   a. 同富國中：102 年全國總統盃拳擊賽（甘偉倫第一量級國男第三名、謝韶翔第六量級
   國男第三名、史巧慧第三量級國女第二名、柯依萍第五量級國女組第二名）、102 年
   度全國中等學校拳擊錦標賽（謝韶翔第六量級國男第三名）、103 年全國總統盃拳擊
   賽（余振還第十二量級國男第三名、柯依萍第六量級國女第三名、白雪汝第二量級
   國女第三名）

   b. 日新國中：102 年度全國中等學校拳擊錦標賽（謝梅娟國女組 63 公斤級第二名、樊
   兆斌國男 70 公斤級第八名）、103 年全國總統盃拳擊錦標賽（秦湘芸國女第八量級
   第二名、曾宇謙國男組第八量級第二名、樊兆斌國男組第十四量級第二名）

2. 高中——同德家商洪偉翔（103 年全國中等學校拳擊錦標賽獲得高男 56.1KG ～ 60KG
級第四名。

（十二）壘球訓練站

訓練分站：

1. 國小——法治國小、中正國小
2. 國中——埔里國中
3. 高中——埔里高工

訓練績效：

1. 國小——

   a. 法治國小：2011 年南投國際女子壘球邀請賽少女組第一名、2013 年南投國際女子壘
   球邀請賽少女組第一名、2014 年南投國際女子壘球邀請賽少女組第一名、101 學年
   度全國中小學女子壘球聯賽第八名、102 學年度全國中小學女子壘球聯賽第五名、
   102 年度全國中小學女子壘球錦標賽第一名

b. 中正國小：102 年南投縣運動會國小女子壘球第一名、103 年南投縣運動會國小女子壘球第一名、2014 年南投國際女子壘球邀請賽少女組第二名、102 學年度全國 中小學女子壘球聯賽第七名

2. 國中——埔里國中（102 學年度全國中小學女子壘球聯賽第一名、2014 年全國理事長盃女子壘球錦標賽第一名、2014 年全國協會盃女子壘球錦標賽第一名、2014 年全國中小學女子壘球錦標賽第一名）

3. 高中——埔里高工（2014 年南投國際女壘邀請賽公開女子組殿軍、102 學年度全國女子壘球聯賽亞軍、2014 年全國理事長盃女子壘球錦標賽冠軍、2014 年全國協會盃女子壘球錦標賽冠軍、2014 年南京國際女子壘球邀請賽冠軍）

表 3-13：2014 年度南投縣基層運動選手訓練站

序號	分類	項目	學校
1	重點	柔道	中原國小
2			草屯國小
3			漳和國小
4			發祥國小
5			草屯國中
6			南投國中
7			中興高中
8			南投高中
9		跆拳道	埔里國小
10			前山國小
11			平靜國小
12			埔里國中
13			民和國中
14			延和國中
15			中寮國中
16			埔里高工
17			草屯商工
18		射箭	雙龍國小
19			埔里國中
20			大成國中
21			旭光高中
22		射箭	埔里高工
23		游泳	埔里國小
24			埔里國中
25			埔里高工
26		空手道	親愛國小
27			旭光高中（國中部）
28			旭光高中
29	其他	籃球	炎峰國小
30			埔里國中

序號	分類	項目	學校
31	其他	籃球	水里國中
32			竹山高中
33		田徑	草屯國小
34			竹山國中
35			三光國中
36			草屯國中
37			宏仁國中
38			旭光高中
39			草屯商工
40		區域運動人才建置	草屯商工
41		桌球	北投國小
42			國姓國小
43			國姓國中
44			南投國中
45			旭光高中
46		羽球	平和國小
47			竹山國小
48			北山國中
49			延和國中
50			竹山高中
51		網球	永興國小
52			宏仁國中
53			旭光高中
54			竹山高中
55			南投高中
56		拳擊	同富國中
57			日新國中
58			同德家商
59		壘球	法治國小
60			中正國小
61			埔里國中
62			埔里高工

資料來源：《南投縣 103 年度體育統合訪視工作成果【第三冊】——基層訓練站具體實施作法及績效（1）》。

　　由於這幾年本縣不管在體育班的設置，及基層訓練站的確切實施下，使得本縣在中小學運動方面的成績皆有穩定性的成長，在參與全國中等學校運動會方面的成績也極為卓越，以下為這幾年來參與中等學校運動會所為得的金牌數。

表 3-14：南投縣參加中小聯運所獲金牌統計表（2004 ～ 2015）

年度	93	94	95	96	97	98	99	100	101	102	103	104
金牌數	11	20	8	20	24	16	10	18	15	11	12	20

資料來源：南投縣政府教育處體健科

第二章　學校體育教育的發展

　　臺灣學校體育的濫觴，始於日治時期。日本統治臺灣期間，在各級學校設立「體操科」作為教學科目之一，將體育也是種教育的觀念，漸漸的灌輸在臺灣學生的腦海中。除「體操科」的正課外，日本人也重視課外活動，如運動會、遠足、修學旅行、登山、團體操（國民健康操）、課後體育活動（有弓道、網球、舞蹈、拔河、排球、籃球、田徑、游泳等），經常可以在學校的紀錄中可以看到，連女學生也不例外。

　　臺灣戰後初期，體育政策由於受到反共復國政策的影響，教育政策被執政者認為是復國建國的核心工作之一，屬於教育一環的學校體育，自然負擔了復國建國之重責大任，也因此，學校體育是「以培養學生之民族精神、愛國精神等尚武目標和強健體格、健身強國之國防目標為主」，然而當時由於教育部「國民體育會」的建立並不完善，當時推動體育工作可說是困難重重。整體而言，「並未規劃整體之體育政策，僅以配合政治、軍事之需求」，但學校體育的推動仍是實踐體育政策的主要途徑。

　　民國 62 年（1973）體育司建立，積極規劃及督導學校體育的推動，臺灣體育政策之推動始步入制度化的階段。

　　南投體育在這樣的政策發展下，初期由於南投縣地處偏鄉，加上政府經費短缺，因此戰後初期南投運動體育教育的推廣可以說是困難重重，然由於南投資質優異之體育人才輩出，因此在許多競技比賽場上仍然有不錯成果呈現。以下將從體育政策的演變及推行、基礎教育體育運動、中等學校體育運動及高等教育體育運動方面論述之。

第一節　國民小學的體育推廣

　　解嚴前，臺灣國民小學的體育課課程，主要根據行政院頒佈之〈九年國民教育實施綱要〉制訂，課程分為低年級唱遊和中、高年級體育，體育課低年級每週為 160 分鐘（4 節），中高年級每週為 120 分鐘（3 節），課程內容分為必授與選授，必授教材佔 80％，為國術、體操、田徑、球類及舞蹈五大類；選授佔 20％，為水上活動、冰上及雪上運動、球類、鄉土教材、自衛活動，共五大類。

　　解嚴後，臺灣的政治、經濟、社會、文化等環境產生劇烈的改變，為了應映社會的需求與期待，先前的體育課程標準已不敷使用，教育部遂於民國 78 年（1989）1 月成立「國民小學課程標準修訂委員會」，並於 82 年（1993）9 月公佈新的課程標準。在上課時間方面，低年級改為每週 2 節（80 分鐘），中高年級每週 3 節（120 分鐘），教材綱要取消必授和選授規定。依低、中、高年級分段規定，低年級有徒手遊戲、器械遊戲、球類運動、舞蹈遊戲等 4 種 14 項；中年即有體操、田徑、球類、舞蹈、其他等 5 類 25 項；高年級有體操、田徑、球類、舞蹈、國術、其他等 6 類 33 項。這次教材編定的項目當中，有一相當重要的一點，就是將民俗體育活動納入其中，並配合「鄉土教學活動」，以發

揮本土既有的傳統。

　　民國 92 年（2003）九年一貫課程實施，為了配合教育部於民國 92 年（2003）年發佈「國民中小學九年一貫課程綱要」，當中的「健康與體育」學習領域，並沒有教材綱要，但在實施原則裡，明白表示其內涵應包括：課程目標、基本能力、學習領域、實施原則、各年級學力指標的規範，同時保留地方政府、學校教師專業自主與課程設計所必須的彈性空間。此學習領域配合學生生長發育及現有學制，平均分為三個學習階段。第一學習階段為小學一至三年級，第二學習階段為小學四至六年級，第三學習階段為國中一至三年級。各階段的能力指標分成七類，分別是成長發展（15 項）、人與食物（16 項）、運動技能（13 項）、運動參與（15 項）、安全生活（15 項）、健康心理（16 項）、群體健康（16 項），總計七類 106 項具體指標，相當廣泛且豐富。

　　由於採用能力導向的設計，因此體育課教材並無固定內容，學習成效也無檢核依據，教育部體育司委託台灣師範大學體育與研究發展中心，訂定中小學生運動能力分級指標，民國 95 年（2006）完成基本運動能力、田徑（跑）、體操（地板）、游泳、桌球、籃球、民俗運動等七類之規劃與撰寫；隔年（2007）實際實驗已規劃項目，並增加羽球、排球、田徑（跳）、體操（單槓）、棒壘球、足球等七類的規劃與撰寫，一方面作為體育教學的參考內容，一方面具以檢核學生學習成效。

　　根據教育部體育司《102 學年度學校體育統計年報》顯示，102 學年度南投縣國小實施建體領域課程各校每週平均 2.61 節（全國平均 2.61 節），其中實施體育教學平均 1.89 節（全國平均 1.85 節），約佔整體 72.41 %（全國平均 70.88 %）。若從各年級來分析，一年級每週實施體健領域課程平均 2.12 節、二年級平均 2.12 節、三年級平均 2.85 節、四年級平均 2.85 節、五年級平均 2.86 節、六年級平均 2.86 節。其中，實施體健教學一年級每週平均 1.43 節，約佔建體領域課程時數 67.45 %（全國約 65.12 %）；二年級平均 1.44 節，約佔 67.92 %（全國約 65.58 %）；三年級平均 2.12 節，約佔 74.38 %（全國約 72.89 %）；四年級平均 2.11 節，約佔 74.03 %（全國約 72.89）；五年級平均 2.12 節，約佔 74.12 %（全國約 72.98 %）；六年級平均 2.12 節，約佔 74.12 %（全國約 72.98 %）。

　　除了體育課程的設計外，本縣各國民小學還有制訂許多的體育活動，包括校內體育活動、校際體育競賽及體育育樂營等。以下就本縣國民小學在體育活動、體育運動團隊及社團上面作分析。

　　就體育活動方面來講，南投縣各國小舉辦體育活動方面，以舉辦全校運動會（95.89 %）、參與地區性校際體育活動及運動競賽（91.10 %）、健康體適能推廣活動（87.67 %），這三部分比例較高。但與全國平均比例（分別是 94.45 %、94.23 %、93.29 %）相比，除舉辦運動會以外，其餘兩項皆較低，這是值得提升之處。不過從中也可以看出，本縣國小在參與社區體育活動方面比例較高，可以見得在與社區體育的配合，有較高的連結度。

表 3-15：102 學年度南投縣國小各項體育活動舉辦校數佔南投縣校數 百分比統計表（％）

	全校運動會	體育表演會	水上運動競賽	組織地區性校際運動聯盟、並舉辦運動競賽	參與地區性校際體育活動及運動競賽	健康體適能推廣活動	教職員工體育活動	社區團體體育活動
南投縣	95.89	43.15	11.64	40.41	91.10	87.67	78.08	76.03
全國平均	94.45	46.35	19.60	40.35	94.23	93.29	84.08	70.29

資料來源：教育部體育司《102 學年度學校體育統計年報》

在運動代表隊上，102 學年度國小運動代表隊全數 313 隊，平均每校有 2.14 隊，相對於全國平均數每校 4.06 隊來看，仍有相當大的進步空間。若以各運動項目來看，不管是男、女或男女混合校隊來看，仍是以田徑隊為最主要運動代表隊，這點與全國各縣市國小趨勢則相當符合。

而在運動社團上來看，102 學年度全本縣國小運動社團總計 452 個，以設立「籃球」項目之學校最多，總計 41 個，占全縣 28%。本縣各國小成立運動社團數量，平均為 3.10 個，遠低於全國各縣市各國民小學平均 4.19 個，這是值得本縣再努力之處。

基於對學生教育權利的維護與身尚健康的增進，本縣學校體育工作皆以學生為主角，妥善規劃執行，務期達成造就「健康、快樂、希望」的新世代。因而教育處制訂「學校體育發展方案」，並推動「學生體適能發展」。

為推動學校體育發展，特別擬定「學校體育發展方案」，從體育教學、社團發展、體育活動與運動競技等方面著手，具體落實推動，達到各項體育業務運作正常化發展；而在推動學生體適能發展上，訂定南投縣提升學生體適能中程計畫，成立「體適能促進委員會」，規劃政策執行方針及策略、辦理體適能檢測，提供運動諮詢，並定期實施考評，希望每位學生每天皆能在校運動，以促進身體健康；此外，由於近年來學童過胖問題頗為嚴重，因此除了落實體育與健康教育課程教學，指導學生均衡飲食與適度運動，增進身體健康。並成立各校體重控制班，給予體重異常學生必要協助及提供體重控制處方，有效改善學生體質。

另外為了落實教育部推廣之「國中小學生普及化運動計畫」，本縣在國民小學方面，教育處舉辦「國民小學樂樂足球比賽」、「國民小學樂樂棒球比賽」及「國民小學創意跳繩比賽」。結合現有健康與體育領域課程實施，建立學生良好運動習慣、促進國小學生身體健康、增強體適能；強化校園團隊精神凝聚力，以班級為單位，落實普及化運動之精神。

第二節　國中教育的體育推廣

為配合九年國民義務教育的實施，民國 57 年（1968）教育部頒訂「國民中學暫行課程標準」，體育課授課時間為每週 2 小時，教材大綱分為必授與選授，必授教材佔

80％，為體操、遊戲、田徑運動、球類運動、舞蹈及國術六大類；選授佔 20％，為水上活動、冰上及雪上運動、球類運動、田徑運動、自衛活動及其他運動（包含騎射、爬山、滑翔等），共六種。隨著臺灣經濟發展提昇，社會變遷快速，民國 72 年（1983）公佈「國民中學課程標準」，中學體育課每學年每週 2 小時，教材綱要則有田徑類、體操類、國術類、舞蹈類、球類、體育常識及其他類七大教材，並編訂選修體育（甲），取代必授與選授教材之分類，使體育資優生能發揮潛能，並且將不合時宜的內容，如冰上及雪上運動項目刪除，是一大創新改變。

解嚴後，民國 78 年（1989）教育部成立「國民中學課程標準修訂委員會」，展開課程修訂工作，後於民國 83 年（1994）發佈實施，最大特色在於施教內容，盡量以功能取向列出，較少做技術動作的說明，這次課程標準的體育目標增列了運動樂趣，用已奠定終身運動的基礎。教材綱要訂有體操、田徑、球類、舞蹈、國術、體育知識及其他，每週上課 2 節，另外得實施一次健身運動（含健身操），再來，本次修訂重點和特色還有課程中設有必修與選修教材，三個學年每週列有 2 節必修時數，另第二學年起每週 1 至 2 小時、第三學年每週 2 小時的選修時數，皆是一大突破。

民國 92 年（2003）公佈「國民中小學九年一貫課程綱要」，國中階段包含 36 個能力指標，前已在國小體育部分陳述，在此不再論述。

根據教育部體育司《102 學年度學校體育統計年報》顯示，102 學年度南投縣國中實施建體領域課程各校每週平均 2.70 節（全國平均 2.56 節），其中實施體育教學平均 1.99 節（全國平均 2.04 節），約佔整體 73.70％（全國平均 79.69％）。若從各年級來分析，七年級每週實施體健領域課程平均 2.68 節、八年級平均 2.68 節、九年級平均 2.73 節。其中，實施體健教學七年級每週平均 1.97 節，約佔建體領域課程時數 73.50％（全國約 79.15％）；八年級平均 1.97 節，約佔 73.50％（全國約 79.69％）；九年級平均 2.03 節，約佔 74.35％（全國約 79.84％）。

本縣國中舉辦體育活動方面，以辦理全校運動會（97.30％）、參與地區性校際體育活動及運動競賽（94.59％）及健康體適能推廣活動（97.30％）等三部分比率較高。相對於全國平均值（分別是 95.73％、92.96％、89.22％）來說都較為高了許多，值得繼續保持。

表 3-16：102 學年度南投縣國中各項體育活動舉辦校數佔南投縣校數　　百分比統計表（％）

	全校運動會	體育表演會	水上運動競賽	組織地區性校際運動聯盟、並舉辦運動競賽	參與地區性校際體育活動及運動競賽	健康體適能推廣活動	教職員工體育活動	社區團體體育活動
南投縣	97.30	27.03	13.51	43.24	94.59	97.30	81.08	59.46
全國平均	95.73	20.06	19.64	39.06	92.96	89.22	81.64	52.93

教育部體育司《102 學年度學校體育統計年報》

102 學年度國中運動代表隊本縣共有 157 隊，平均每校設有 4.24 隊。相對於全國平均數每校 5.30 隊來看，仍有相當大的進步空間。若以各運動項目來看，不管是男、女或男女混合校隊來看，仍是以田徑隊為最主要運動代表隊，這點與全國各縣市國中趨勢則相當符合。

在運動社團上，102 學年度本縣全部國中運動社團總計 177 個，以設立「籃球」項目之學校最多，總計 28 個，占全縣 78%。本縣各國中成立運動社團數量，平均為 4.78 個，低於全國各縣市各國民中學平均 5.28 個，這是本縣仍須加強的地方。

運動為身體健康的不二法門，而中等學校體育教育更是培養學生養成運動習慣的主要來源。教育處體健科為了達到這個目標，教育處在體育課中加入了許多新元素，透過多元化教學活動以提高學生對體育運動的興趣。除了田徑、籃球及排球等傳統體育課程，為了避免體育活動過於枯燥，在中學的體育課程中，加入了花式跳繩、扯鈴、曲棍球、壘球等運動，務求令學生對運動有更多元化的接觸，增加他們的興趣。另外，亦增加中學生到校外上體育課，包括游泳、保齡球、高爾夫球課等，進一步加強他們對不同運動項目的認識及興趣。希望透過上述種種能令學生感到運動是有趣的，務求令他們在畢業後仍保持對運動的熱愛，令體育運動成為他們生活的一部分。

教育處為配合教育部游泳課程的推廣，近年來協助各校增設游泳池，並協助未設游泳池學校，於各公設游泳池進行教學，促進游泳普及發展。在游泳能力方面，落實學生游泳技能檢測制度，希望國中畢業能游二十五公尺，高中職畢業能游五十公尺。並且辦理水上救生研習訓練，提高游泳能力水準。

此外，在落實教育部推廣之「國中小學生普及化運動計畫」，在國民中學方面，教育處舉辦「國民中學大隊接力比賽」，目的為推動國民中學班際大隊接力運動，藉以促進學生身心健康，以運動團隊化推動學生良好運動習慣。

第三節　高中職教育體育推廣

民國 57 年（1968）九年國民義務教育實施，教育部著手修訂高級中學課程標準，體育課程標準將教材分為必授與選授兩類，必授教材佔 80％，為體操、遊戲、田徑運動、球類運動、舞蹈及國術六大類；選授佔 20％，為水上活動、冰上及雪上運動、球類運動、田徑運動、自衛活動及越野、騎射等其他運動。種類與國民中學教材大綱大致相同，為教材內容有所差異。

民國 72 年（1983）為配合國籍中學法，修訂高級中學課程標準，體育課程每學年每週 2 小時，體育教材大綱分為必授和選授兩大部分，必授教材最低佔全部教材 80％，為體操、田徑運動、球類運動、舞蹈、國術及體育常識；選授部分最高佔全部教材 20％，有水上運動、田徑運動、球類運動、自衛活動、民俗運動及其他運動。與之前相比較，取消了遊戲、冰上及雪上運動，增列了民俗體育。

解嚴後，為配合國中、小課程標準修訂及因應社會變遷，教育部於民國78年（1989）著手修訂高級中學課程標準，並於隔年成立「高級中學課程標準修訂委員會」，聘請各方代表和學者專家，積極展開修訂工作，並於民國84年（1995）頒佈實施。高中體育課每週上課2節，教材綱要包括必授教材及選授教材，必授教材包括田徑、體操、球類、舞蹈、國術、體適能及體育知識，佔體育科目總節數70％；選授部分則有田徑、體操、球類、舞蹈、自衛活動（含國術）、體適能、體育知識、水上運動、民俗運動及其他活動，佔體育科目總節數的30％。

為了考慮九年一貫課程的銜接問題，民國97年（2008）教育部發佈「普通高級中學課程綱要總綱」，為與九年一貫課程銜接，高中課程也以領域為課程架構。其課程綱要包含課程目標、核心能力、時間分配、教材類別及配置比例、教材內容、實施方法等表現很周延。體育科課綱專案委員會小組提議應以比較彈性的方式訂定教材內容，並且考慮九年一貫課程銜接問題及配合九年一貫課程之學校本位課程精神，發展學校特色、以學校現有條件發展課程。

普通高級中學必修科目「體育」課程欲培養之核心能力如下：

一、瞭解體育活動的意義、功能及方法，並能運用於日常生活中。

二、培養個人擅長的運動項目，確立運動嗜好，提升運動技能水準。

三、做到定期適量運動，執行終身運動計畫，增進體適能。

四、發揮運動精神，培養良好品德，並表現符合社會規範之行為。

五、力行動態生活，參與健康休閒活動，享受運動樂趣，促進生活品質。

本課程綱要的教材內容延續九年一貫課程，教材的配置比例保有彈性，學校可發展本位課程；教材內容以達成核心能力、分項指標為依據，並以指標內涵闡述學生所要達到的能力範疇。各校課程發展委員會至少應規劃三種主要運動種類或項目，作為學校體育發展的核心教材內容，以建立學校體育發展特色教材類別及配置比例如下：

表 3-17：教材類別及配置比例

類別	教材內容	備註（比%）
一、競技運動類	1.田徑運動 2.水上運動 3.體操運動 4.球運動 5.技擊運動（自衛運動）6.國術（武術）運動 7.其它類運動	50%~75%
二、戶外活動類	1.登山 2.營 3.野外求生 4.攀岩 5.自 6.直排 7.浮潛 8.潛水 9.水上安全與救生 10.衝 11.水中遊戲 12.飛盤 13.其他	5%~10%
三、健康體適能類	1.健走 2.健康操 3.肌運動 4.伸展操 5.瑜珈 6.重訓 7.有氧運動（有氧舞蹈、階梯有氧、拳擊有氧……）8.其他	5%~20%
四、舞蹈類	1.國際標準舞（運動舞蹈）2.街舞 3.創作舞 4.踢踏舞 5.民俗土風舞 6.中國古典舞 7.原住民舞蹈 8.啦啦隊舞蹈 9.其他	5%~20%

類別	教材內容	備註（比%）
五、鄉土活動類	1.扯 2.跳繩 3.踢毽 4.舞 5.舞獅 6.舟競渡 7.拔河 8.踩高蹺 9.放風箏 10.其他	5%~20%
六、健康管理類	1.運動保健（含健康體適能內容）2.運動與營養 3.運動與體重控制 4.運動傷害與急救 5.運動安全 6.其他	5%~10%
七、體育知識類	1.運動技術與規則 2.比賽策 3.國際運動動態 4.運動與道德 5.運動發展與欣賞 6.運動休閒產業與產品7.運動服務消費教育 8.其他	融入各教材

　　普通高級中學必修科目「體育」課程十二學分。各校得根據學校特性、學生 特質、資源特點及發展特色，自訂教材內容與百分比評量項目與比例，提學校課 程發展委員會議通過後實施。

　　根據教育部體育司《102 學年度學校體育統計年報》顯示，102 學年度南投縣高中職實施體育教學各校每週平均 2.00 節，全國平均 2.08 節。一年級至三年級每週都平均 2.00 節，而全國平均值分別為一年級 2.09 節、二年級平均 2.08 節、三年級平均 2.06 節。

　　本縣在高中職舉辦體育活動方面，以辦理全校運動會（100%）、參與地區性校際體育活動及運動競賽（80%）及健康體適能推廣活動（80%）等三部分比率較高。相對於全國平均值（分別是 89.82%、84.63%、80.84%）來看，除舉辦運動會以外，其餘兩項皆較低，這是值得本縣注意之處。

表 3-18：102 學年度南投縣高中職各項體育活動舉辦校數南投縣校數　　　百分比統計表（%）

	全校運動會	體育表演會	水上運動競賽	組織地區性校際運動聯盟、並舉辦運動競賽	參與地區性校際體育活動及運動競賽	健康體適能推廣活動	教職員工體育活動	社區團體體育活動
南投縣	100.00	6.67	20.00	26.67	80.00	80.00	73.33	46.67
全國平均	89.82	16.77	32.93	32.93	84.63	80.84	82.24	36.53

資料來源：教育部體育司《102 學年度學校體育統計年報》

　　102 學年度本縣高中職運動代表隊共有 56 隊，平均每校設有 3.73 隊。相對於全國平均數每校 4.59 隊來看，仍嫌不足，是待需改善之處。若以各運動項目來看，男、女運動代表隊以籃球隊為最多，男女混合校隊則以田徑隊為最主要運動代表隊，這點與全國各縣市各高中職趨勢則相當符合。

　　在運動社團上，102 學年度全本縣高中職運動社團總計 102 個，以設立「籃球」項目之學校最多，總計 12 個，占全縣 80%。南投縣各高中職成立運動社團數量，平均為 6.80 個，與全國縣市各高中職平均 6.12 個相當，不過仍有進步的空間。

第四節　大專院校體育課程

民國 80 年代以前，專科以上學校體育延續民國 29 年（1940）年教育部頒佈的「專科以上學校體育實施方案」的規定，專科以上學校應將體育列為必授科目，不計學分，成績不及格不得畢業，就此大專體育成為大專院校必修之課程。直到民國 83 年（1994）「大學法」公佈，才有所變化。

「大學法」公佈後，對於大專體育可成產生很大的衝擊。其中，該法第二十三條第 2 項規定：「大學生成績優異，在規定修業期限屆滿前一學期或一學年修滿該學系學分者，得准提前畢業；為在規定修業期限修滿應修學分者，得延長其修業期限。」這樣的規定引起大學體育課程必修制度面臨重大的轉變。大專體育課必修或選修之法源基礎為何？體育課不及格不得畢業的法律基礎為何？為了因應大學法訂定後所產生的這些問題，教育部於民國 84 年（1995）召開全國大學校、院長會議，該會會後決議將大學體育課由原來的四年必修，改為前三年必修，不計學分，四年級的體育課為選修，計學分，以因應之。

民國 84 年（1995）5 月 26 日，司法院大法官針對「大學法細則就共同必修科目之研訂等規定違憲？」的問題進行釋憲，指出大學訂定共同必修科缺乏法源基礎，並與大學法旨意不符，體育課共同必修的立場完全消失。目前，大學體育課的規劃已完全由各校決定。

根據教育部體育司《102 學年度學校體育統計年報》顯示，全國公私立大學不同學制體育課必修情形如下表：

表 3-19：不同年制學校之體育課修課情形統計表（學制重複計算）

修課情形		大專院校與四年制技術學院			二年制學校			五年制專科學校			總計		
		公立	私立	合計	公立	私立	合計	公立	私立	合計	公立	私立	合計
學校數	無必修	0	0	0	1	17	18	0	0	0	1	17	18
	一年必修	8	20	28	9	15	24	0	2	2	17	37	54
	二年必修	29	65	94	0	7	7	0	5	5	29	77	106
	三年必修	14	13	27	0	0	0	1	9	10	15	22	37
	四年必修	0	0	0	0	0	0	2	5	7	2	5	7
	五年必修	0	0	0	0	0	0	1	7	8	1	7	8
總計		51	98	149	10	39	49	4	28	32	65	165	230

資料來源：教育部體育司《102 學年度學校體育統計年報》
註：同一學校若有兩種或以上的學制，都被重複計算。

以下就本縣兩所大專院校分別說明之。

一、國立暨南國際大學

國立暨南國際大學體育課分為：

（一）大一體育：

為學士班一年級學生共同必修一學年，每學期 0.5 學分共計 1 學分，為內含於畢業學分中。上學期隨原班級上課，課程內容為陸上基礎體適能、水中適能（游泳）、球類運動；下學期則為興趣選課，課程有籃球、排球、羽球、水上運動等項目。

（二）特色運動：

學士班學生二年級起必修課程，本校共有船艇、射箭、國標舞、網球、高爾夫球、游泳等六項特色運動課程，每學期限修一項，規定必須至少修習二項特色運動課程且成績通過方得畢業。

照片 3-10：暨南大學運動場館 暨南大學體育館、操場、射箭場及壘球場照

照片來源：筆者拍攝

二、私立南開科技大學

（一）基礎體育課程：

1. 實施對象：五專一至三年級及四技一年級。
2. 教學目標：增進學生基本健康體能及各項運動技能，並廣泛認 識各種不同的運動項目，以作為日後選項的參考。
3. 教學方式：依體育室統一製定之各年級教學綱要與教學進度實 施教學。
4. 教學項目： (1) 健康體能 (2) 球類運動 (3) 田徑運動
5. 運動技能測驗項目由體育室統一制定。
6. 四技一年級體育課程實施要點另訂。

（二）選項教學體育課程：

1. 實施對象：日間部五專四、五年級、二技一年級，進修推廣部 四技一年級。
2. 教學目標：提供多種運動項目，培養同學一人一技能，往達成 其生涯體育的運動項目邁進。
3. 教學方式：由各開課項目任課教師自訂教學綱要與教學進度實 施教學。
4. 教學項目：(1) 體適能促進 (2) 球類運動 (3) 游泳 (4) 防身術 (5) 有氧運動 5. 選項辦法另訂。

（三）體育選修課程：

1. 實施對象：四技三年級與二技二年級。
2. 教學目標：增進學生個人休閒運動實務之相關知能。
3. 教學方式：依授課老師製訂之教學綱要與教學進度實施教學。
4. 教學項目：休閒運動規劃、休閒運動實務、健身與塑身、休閒遊憩 實務。
5. 評量方式由任課教師自定。
6. 選修辦法另訂。

照片 3-11：南開科技大學體育設施 南開科技大學田徑場、網球場及攀岩場照

照片來源：筆者拍攝

第三章　國民運動發展

　　運動權為基本人權乃是國際潮流，對國民、銀髮族、婦女、身心障礙者及運動能力弱勢者等，提供適合的運動項目及舒適安全之運動環境，給予國民充分的活動機會，滿足其身心運動的需求，並積極輔導辦理全民休閒運動，擴大民眾參與層面，提升規律運動人口，蓬勃全民運動發展，養成民眾規律運動習慣，改善國民體質，促進國民健康，以滿足國民的基本要求。因此，積極落實運動即生活，使我國國民的體育運動達成全民化、生活化、國際化的境界，成為一個健康國家。

　　現代科學研究指出，適當的身體活動不但可以提升國民的體適能，並進而減少許多罹患疾病的機率，對於提升國民健康、降低醫療支出與社會成本均有極大的助益。尤其現代工業社會之國民生活型態改變，閒暇時間增加，壽命延長，促進國民健康成為主流政策。因此，近年來許多國家紛紛訂定提升國民運動習慣的政策。民國 100 年（2011）國際奧會世界全民運動大會提出之《呼籲全民運動行動》北京宣言更指出，參與體育活動不僅能促進各年齡階段人群的身體健康，還能帶來社會效益並提高人們的幸福感。

　　民國 102 年（2013）教育部體育署所發表的《運動白皮書》，即以「健康國民、卓越競技、活力臺灣」為主軸，匯集體育運動智慧典範，據以形塑 102 至 112 年國家體育運動新願景：以「健康國民」營造富而好動之健康國家，「卓越競技」強化運動人才提升國際競爭力，「活力臺灣」活絡運動產業並建置優質運動文化，進以貫穿匯通「優質運動文化」、「傑出運動表現」與「蓬勃運動產業」三大核心理念，期盼在既有紮實的基礎上，透過計畫性發展，讓臺灣體育運動在世界競爭的舞臺上，佔有一席之地。

　　為了推廣全民運動的風氣，南投縣政府，配合教育部體育署，因為推動的「國民體育日」，提倡國民動態休閒活動培養國民終身運動習慣，以提昇國民生活品質規劃趣味性且涵蓋各年齡層，並以樂趣化、創意活動內容為號召，結合地方特色、觀光產業、地方企業等，以鼓勵民眾參與達到〔樂在運動　活得健康〕。

　　南投縣的以下就國民體育的發展做一概述。

第一節　國民體育發展概況

　　光復初期，不論是學校體育或社會體育部分，當尚未步上軌道。而中央體育主管單位教育部「國民體育委員會」，由於層級不高，所獲得的資源相當有限。然而為一掃我國為東亞病夫之名，臺灣省政府乃根據教育部頒佈的「各省市國民體育委員會組織通則」，設置「臺灣省國民體育委員」，進行學校體育、社會體育之計畫、執行、考核及諮詢等工作。甚至，為提倡運動風氣，省府於光復次年，並單「臺灣省全省運動會舉行辦法」、「臺灣省各學校鄉鎮及縣（市）運動會舉行辦法，並於民國 35 年（1946）舉行第一屆全省運動會。然而，在民國 57 年（1968）之前，政府在發展國民體育方面並沒有

具體的指導方針，因此，很難在這方面有多少作為。在這樣艱困的條件下，我臺灣這段時期還是先後取得奧運會銀牌（1960 年楊傳廣）和銅牌（1968 紀政）的成就，實屬難得。

一、教育部體育司時期（1973 ～ 1997）

民國 60 年（1971），中華民國退出聯合國；民國 68 年（1979）臺、美斷交，連帶使得臺灣參加國際體育活動受到限制。民國 70 年（1981）3 月，中華奧會和國際奧會簽訂協定，同意中華民國奧會更名為中華臺北奧會，並使用不同於國旗的會旗和會徽參與國際奧會所主辦的任何比賽及活動。

在面臨如此低迷的外交處境，國民莫不希望藉由運動競技來提昇國際能見度、提高民心士氣的期盼，因此如何提升臺灣運動競技的實力，就變得相當重要且必行的。

由於國際地位日益惡化，為了強化體育外交的功能，因此，自民國 65 年（1976）開始研議「國民體育法」，並於民國71 年（1982）三度修正後完成。相較於前期的體育政策，這「國民體育法」將培訓優秀運動人才明確的列為重點任務之一，雖然它沒有訂立罰則，但是政府的觀念顯然起了很大的變化。然而由於初期掌管全國體育工作的國民體育委員會層級較低，功能並未完全展現，因此在民國 62 年 10 月，教育部「體育司」成立，取代國民運動委員會。

有關運動競技的具體作為者要有以下幾點作為：

（一）「積極推展全民體育運動計畫」

民國 68 年（1979），受到臺、美斷交的影響，行政院核定「積極推展全民體育運動計畫」，目標名確定為全民體育和培養運動人才兩大項。隔年（1980），行政院又核定「積極推展全民體育運動重要措施實施計畫」，內容包括：大量增建各項運動場地並充實設備；加強訓練選手以提高運動技術水準，參加國際比賽；積極推展國術及民俗體育運動；擴大推展全民運動，增進國民健康；積極加強國際體育交流等五項。

（二）中華全國體育協進會改組

民國 62 年（1973）7 月 17 日，由於聯合國席位為中共取代，為維護國際各種運動會籍，使我國在國際各種體育運動組織中，保有合法地位，並推展奧林匹克運動，本會奉命全面改組為中華奧林匹克委員會及中華民國體育協進會兩個組織，分別由徐亨主席及黎玉璽理事長主持國際及國內體育活動。民國 63 年 5 月，由沈家銘先生繼任奧會主席。

黎玉璽就任理事長後，隨即擬妥「推展全民體育運動簡報」，提報中央常會通過。隔年年更擬訂「全民體育十年發展計畫」，根據十年計畫先後擬訂第一個五年計畫（1974年至 1979 年），內容分為全民體育和優秀運動人才的培養兩部分；第二個五年計畫（1979年至 1984 年）每年之年度工作計畫，以準備奧運會為主。而在經費方面，改組前的經費每年只得中央約幾十萬元的補助，改組後經費大幅提昇，民國 63 年（1974）為 380 多萬，

民國 64 年（1975）增加到 4100 多萬，至民國 70 年（1981）已達 1 億 5800 多萬元。

（三）成立左營國家運動訓練中心成立

過去國家代表隊培訓，並沒有專屬的訓練場所，民國 64 年（1975），教育部為了籌劃 1976 年奧運會，向軍方借用左營的場地做為集訓場所。民國 65 年（1976）正式掛牌。民國 90 年（2001）更名為「國家運動選手訓練中心」。

（四）長期培養運動人才計畫

民國 68 年（1979），教育部提出「長期培養中小學優秀運動人才實施要點」，發掘並選拔優秀體育人才，做有計畫之長期培育，其具體方式就是在各國中、小學重點發展運動項目。此外，為了延續訓練成果，民國 72 年（1983）教育部再提出「長期培養大專院校優秀運動人才實施要點」，根據此一要點，大專院校應選擇一項以上單項運動，以長期培養選手，鼓勵參與各項校內外的比賽。

二、行政院體育委員會時期（1997～2013）

臺灣民主成就在 90 年代可以說大步向前，李登輝和民主進步黨主政時期，本土化為施政的重點，也部分影響了在體育方面的作為。由於朝野各界的呼籲，因此於民國 86 年（1997），正式成立行政院「體育委員會」，為全國統籌國家體育事務之全國體育行政主管機關。

行政院體委會成立後，國民體育法也跟著修正。民國 87 年（1998），國民體育法第四度修正公佈，共計 15 條。其主要內容包括：體委會主管全國體與行政，各地方政府（省、市、縣）為地方體育之主導單位；教育部應依法配合體委會之政策，切實督導各級學校之體育教學和活動；民間得依法成立各種體育活動團體，受主管教育行政機關之指導和考核；全民應主動參與是當之體育活動；固有優良體育活動應予倡導和推廣；應普設公共體育設施；各級學校之運動場地應酌予開放；全國各機關、團體、企業員工達 500 以上者，應聘請體育專業人員辦理員工體育之設計和輔導，上述單位如配合辦理者，政府得給予獎勵；應鼓勵國民實施體能檢測；體育專業人員之培養、進修和檢定辦法由行政院體育委員會定之；國民體育實施之經費應列入各級政府機關、學校之預算，企業機關推行體育活動所需經費及捐贈體育事業款項，應列為費用開支，民間體育團體之經費由政府酌予補助；優秀體育運動人才之培養，教練、裁判制度的建立，辦法由體委會定之，對體育運動有特殊貢獻之個人或團體應予以獎勵，政府應獎勵運動競賽、加強國際交流活動、培養科研人才。

民國 96 年（2007）體委會出版《行政院體體育委員會十週年施政成果專輯》一書，回顧體委會成立十年來的工作成果，包含了「綜合體育篇」、「全民運動篇」、「競技運動篇」、「國際體育篇」、「運動設備篇」等五部分。其中有關運動競技的具體作為有：

1. 行政院體育委員會菁英獎；2. 出版第一本《中華民國體育白皮書》；3. 召開第一次全國體育會議；4. 辦理選手培訓；5. 改革全國性綜合運動會；6. 整合兩個職棒聯盟；7. 學校專任運動教練法制化；8. 績優教練、選手獎勵制度；9. 辦理運動科學相關工作；10. 建構全面而多元的競技訓練環境；11. 強化單項運動賽會賽制，輔導職業運動發展；12. 績優運動選手就業輔導辦法；13. 國家體育競技時代隊服補充兵役辦法；14. 體育替代役；15. 中等以上學校運動成績優良學生升學輔導辦法。

第二節　本縣的國民體育

民國 39 年（1950）12 月南投縣獨立設縣，雖然設縣甚晚，百事待興之際，本縣仍依據省府推廣國民體育的相關規定，積極推動學校體育及社會體育，用以帶動本縣之運動風氣。以下就本縣國民體育的發展，分項說明。

一、南投縣運動會

為了推廣本縣全民體育，南投縣政府依據省府頒佈的「臺灣省各學校鄉鎮及縣（市）運動會舉行辦法」，於民國 40 年（1951）9 月舉辦第一屆南投縣運動會，由各鄉鎮、學校選拔出優秀運動員代表各鄉鎮市參與全縣運動會，並且透過此運動會選拔出優秀運動員參加全國運動會。縣運會為南投縣最大規模的運動體育競技活動。

以下為南投縣民國 92 年至 105 年縣運動會概況：

表 3-20：南投縣民國 92 年至 105 年縣運動會舉行概況統計

屆別	舉辦日期	舉辦地點	參加人數	備註
第 51 屆	92/11/05	南投縣立體育場	8,816	
第 52 屆	93/10/08	南投縣立體育場	9,423	
第 53 屆	94/09/24	南投縣立體育場	10,409	
第 54 屆	95/10/21	南投縣立體育場	9,152	
第 55 屆	96/10/13	南投縣立體育場	8,762	
第 56 屆	97/11/01	南投縣立體育場	6,934	
第 57 屆	98/10/31	南投縣立體育場	7,372	
第 58 屆	99/11/06	南投縣立體育場	7,447	
第 59 屆	100/11/26	南投縣立體育場	7,635	
第 60 屆	101/10/21	南投縣立體育場	7,100	
第 61 屆	102/10/12	南投縣立體育場	6,804	
第 62 屆	103/10/18	南投縣立體育場	7,726	
第 63 屆	104/10/31	南投縣立體育場	7,099	

資料來源：南投縣政府教育處

本縣舉辦縣運動會的主要目的是「發展本縣全民體育，提昇運動競技水準與縣民體適能，擴大全民運動參與層面，增進身心健康，促進縣民生命素質，以達優質樂活新南投。」因此，南投縣縣運動會舉辦項目相當完整，且包含社會男女組、高中男女組、國中男女組、國小男女組、公務人員組、教職員工組及親子組，其比賽項目以 2015 年第 63 屆縣運為例如下表：

表 3-21：南投縣 2015 年第 63 屆縣運比賽項目

項別 / 組目	社男組	社女組	高男組	高女組	國男組	國女組	小男組	小女組	公務人員組	教職員工組	親子組
1.田徑　田賽	○	○	○	○	○	○	○	○	○	○	—
1.田徑　徑賽	○	○	○	○	○	○	○	○	○	○	—
1.田徑　混合運動	○	○	○	○	○	○	○	○	—	—	—
2.游泳	○	○	○	○	○	○	○	○	○	○	—
3.柔道	○	○	○	○	○	○	○	○	—	—	—
4.跆拳道	○	○	○	○	○	○	○	○	—	—	—
5.角力　希羅式	○	—	○	—	○	—	—	—	—	—	—
5.角力　自由式	○	—	○	—	○	—	—	—	—	—	—
6.籃球	○	○	○	○	○	○	○	○	—	—	—
7.網球	○	○	○	○	○	○	○	○	○	○	—
8.軟式網球	○	○	—	—	○	○	○	○	—	—	—
9.桌球	○	○	○	○	○	○	○	○	—	—	—
10.羽球	○	○	○	○	○	○	○	○	○	—	—
11.高爾夫	○	○	—	—	—	—	—	—	—	—	—
12.保齡球	○	○	—	—	—	—	—	—	—	—	—
13.巧固球	—	—	—	—	—	—	○	○	—	—	—
13.巧固球	—	—	○	○	○	○	—	—	—	—	—
14.槌球	○	○	—	—	—	—	—	—	—	—	—
15.橋藝　合約橋牌	※		○	○	○	○	—	—	—	—	—
15.橋藝　迷你橋牌	—	—	—	—	○	○	—	—	—	—	—
16.太極拳	※		※		※		※		—	○	—
17.自由車	○	○	○	○	○	○	○	○	—	—	—
18.摔角	○	○	○	○	○	○	—	—	—	—	—
19.慢速壘球	○	—	—	—	—	—	—	—	—	—	—
20.女子壘球	—	—	—	—	—	—	—	○	—	—	—
21.木球	○（長青組）	○（長青組）	○	○	○	○	—	—	—	—	—
22.撞球	—	※	—	—	—	—	—	—	—	—	—
23.國術	—	※	—	※	—	※	—	※	—	—	—

項目	社男組	社女組	高男組	高女組	國男組	國女組	小男組	小女組	公務人員組	教職員工組	親子組
24. 武術		※		※		※		※	—	—	—
25. 排球	○	○	—	—	○	○	○	○	※	※	—
26. 沙灘排球	○	○	—	—	○	○	—	—		※	—
27. 軟式棒球	—	—	—	—		※		※	—	—	—
28. 拔河　室外	○	○	○	○	○	○	○	○	○	—	—
28. 拔河　室內	○	—	—	—	—	—	—	—	—	—	—
29. 空手道	—	—	○	○	○	○	○	○	—	—	—
30. 射箭	—	—	○	○	○	○	○	○	—	—	—
31. 趣味競賽	—	—	—	—	—	—	—	—	○	○	○
32. 躲避球	—	—	—	—	—	—	—	—	○	—	—
33. 地面高爾夫	○	○	○	○	○	○	—	—	—	—	—
34. 圍棋		※	—	—							
35. 身障組　田賽		※		※		※		※			
35. 身障組　徑賽			※		※		※		—		
35. 身障組　游泳			※		※		※		—		
35. 身障組　桌球			※		※		※		—		
35. 身障組　保齡球			※		※		※		—		
35. 身障組　特奧滾球			※		※		※		—		
35. 身障組　趣味競賽			※		※		※		—		
合計	64		50		58		52		13	12	1
總計	250										

資料來源：南投縣政府教育處「南投縣第63屆全縣運動會競賽規程」

縣運動會的舉辦，除了可以增進全縣民眾參與體育活動外，並且可以從縣運成績中，挑選優秀選手加以培養，以便日後代表本縣參與全國運動會賽事。而南投縣運動會的舉辦，確實也達到如此的目的，在許多的比賽項目上，以賽養賽，進而在全國運動會（區運會）等獲得良好成績。以下為本縣運動會田徑類社會男女組田徑類大會成績：

表 3-22：南投縣田徑項目各組各級比賽最高紀錄表（社會男子組）

組別	社會男子組				
項目	本縣	保持人（年度）	縣運	保持人（單位.屆次）
跳高	2.17	許偏驛（92）	2.07	許志明（魚池 .41）
跳遠	8.34	乃慧芳（82）	7.24	乃慧芳（埔里 .40）
撐竿跳高	5.10	劉俊偉（90）	4.90	劉俊偉（集集 .55）
三級跳遠	16.65	乃慧芳（78）	15.16	乃慧芳（埔里 .40）
擲鐵餅	44.68	潘膺旭（98）	44.68	潘膺旭（南投 .57）

組別	社會男子組			
項目	本縣	保持人（年度）	縣運	保持人（單位．屆次）
推鉛球	14.08	金哲奇（99）	14.08	金哲奇（信義 .58）
擲標槍	59.34	張仕杰（98）	59.34	張仕杰（鹿谷 .57）
擲鏈球	50.41	陳坤溶（86）	49.28	高松皓（魚池 .62）
100M	10.59	簡坤鐘（66）	10.59	簡坤鐘（南投 .26）
200M	21.72	簡坤鐘（66）	22.10	簡坤鐘（南投 .26）
400M	47.50	李清言（84）	50.19	張家羽（埔里 .54）
800M	1:55.50	張明連（69）	1:57.91	張明連（中寮 .29）
1500M	4:02.00	張明連（69）	4:13.29	張明連（中寮 .29）
5000M	15:16.00	盧瑞波（64）	16:04.00	盧瑞波（南投 .24）
10000M	31:29.98	盧瑞波（64）	34:33.50	盧瑞波（南投 .24）
110 跨欄	15.15	許偏驛（93）	15.15	許偏驛（鹿谷 .52）
400 跨欄	56.05	沈易利（76）	57.27	沈易利（魚池 .36）
3000MSC	9：52.2	盧瑞波（65）	10：47.62	林政育（草屯 .52）
4X100M	42.26	83 區運代表隊	43.05	集集鎮（51）
4X400M	3:22.02	98 全運會代表隊	3:29.28	集集鎮（48）
十項運動	6007	許偏驛（92）	4467	劉俊偉（集集 .48）
馬拉松	2:41:04	盧瑞波（71 台灣區運）		

表 3-23：南投縣田徑項目各組各級比賽最高紀錄表（社會女子組）

組別	社會女子組			
項目	本縣	保持人（年度）	縣運	保持人（單位．屆次）
跳高	1.67	莊素瑾（85）	1.61	簡秀芬（草屯 .40）
跳遠	5.55	黃惠亭（91）	5.33	簡秀芬（草屯 .40）
撐竿跳高	4.10	張可欣（.92）	3.90	張可欣（草屯 .53）
三級跳遠	11.44	張可欣（.88）	11.37	張可欣（草屯 .47）
擲鐵餅	35.90	陳苡甄（99）	36.07	陳苡甄（埔里 .59）
推鉛球	14.41	黃佳慧（83）	14.41	黃佳慧（水里 .42）
擲標槍	43.11	柯溫蒂（92）	43.11	柯溫蒂（南投 .51）
擲鏈球	40.06	葉淑慧（99）	40.06	葉淑慧（鹿谷 .58）
100M	12.48	鄭純君（85）	12.48	鄭純君（草屯 .42）
200M	25.26	劉玟儀（98）	25.36	陳美君（草屯 .53）
400M	56.24	劉玟儀（98）	58.72	楊宜珊（草屯 .45）
800M	2:08.13	李秋霞（64）	2:20.00	李秋霞（草屯 .23）
1500M	4:22.80	李秋霞（64）	4:22.80	李秋霞（草屯 .23）
5000M	19:27.90	詹素琴（89）		
10000M	41:19.75	詹素琴（89）		
100 跨欄	16.20	張貴華（69）	16.20	張貴華（草屯 .28）
400 跨欄	64.79	楊宜珊（88）	64.79	楊宜珊（草屯 .47）

組別	社會女子組			
項目	本縣	保持人（年度）	縣運	保持人（單位.屆次）
3000MSC				
4X100M	50.87	草屯鎮（86）	50.87	草屯鎮（45）
4X400M	4:14.20	草屯鎮（86）	4:18.55	草屯鎮（86）
七項運動	4005	簡秀芬（草屯 .81）	3602	簡秀芬（草屯 .40）

資料來源：南投縣政府教育處體健科

照片 3-12：104 年度南投縣運動會 2015 年度第 63 屆南投縣運動會開幕典禮照

照片來源：南投縣體育會提供

二、全民體育運動

　　本縣縣政府近年來逐年增加各項體育活動，以提升縣民參與運動風氣。結合民間團體社會資源，由南投縣體育會及各單項委員會舉辦全國性體育活動，如 102 年度全民運動會、全國理事長盃壘球比賽等，鼓勵縣市體育交流，並增進各縣市情誼。並且爭取主辦國際性體育活動，如國際室內撐竿跳比賽、國際女子壘球比賽等，推動國民外交，並提升運動水準。

　　此外為了培訓體育指導人員，南投縣教育處每年舉辦各單項 C 級教練講習、學校體育運動志工培訓研習。並鼓勵成立各種基層運動社團為策略，於各區公園、學校、公共運動場所加強宣導，鼓勵市民自發性組成運動團隊，希望提升運動風氣，增加規律運動人口。

　　而為了配合中華民國行政院教育部體育司推廣之「運動島（99年～104年）」政策，南投縣政府教育處因此提出促進「潛在性運動人口」成為「自發性運動人口」；使「個別型運動人口」成為「團體型運動人口」，俾擴增規律運動人口及提升國民體質，同時宣導「樂在運動，活得健康」理念，以增強國民參與運動意識，落實強化基層體育組織，達到人人愛運動、處處能運動、時時可運動之「運動島」願景。南投縣政府除了架設「南投縣打造運動島運動地圖網」網站以推廣運動島之全民運動，並且拍攝「國民運動日」CF「運動99健康久久」之南投篇加以宣傳。而在「打造運動島」的計畫實施上，除了注意到地方特色運動的推廣，如「日月潭萬人泳渡」、「武嶺自行車挑戰賽」……等，由於南投縣市一個原住民大縣，因此「原住民運動」是南投縣政府及為重視的項目；而在「老年長者」及「身心障礙者」的運動樂活的推廣，教育處在這方面更是與各地社區、學校、民間團體合作，實施不少相關方案，如中台禪寺的太極拳運動、草屯鎮的槌球運動等相關運動。

　　南投縣的全民體育運動，為之前社區全民運動的延續，從民國67年（1978）至民國82年（1993）止，共有184個社區，49000多人參與。此外，參與的每個社區也陸續的舉辦社區運動會以推廣社區全民體育，除了可以增進社區民眾及家長與學校之互動，並促進親子關係，例如草屯鎮公所亦於每年四或五月份在草屯鎮中山公園體育場舉行草屯鎮全鎮運動會。參加之單位有鎮內各幼稚園、各級機關學校和各里代表。因此，運動會亦顯得相當熱鬧。

照片3-13：打造運動島南投　104年度打造運動島南投縣運動i台灣槌球及馬拉松照

照片來源：南投縣體育會提供

　　為了提倡國民體育，促進全縣各鄉鎮社區居民的健康，南投縣大力投入經費，並向中央爭取補助，在各鄉鎮社區興建運動公園及補助各鄉鎮社區興建、維修運動體育場所。茲將民國100年（2011）至102年（2013）教育部體育署補助的運動設施場館場館列表如下：

表 3-24：100 年至 102 年教育部體育署補助運動設施場館

年度	場館名稱	補助金額	管理單位	維護經費編列情形	場館員額編制
100	南投縣南投市運動公園興建工程	21,000,000	南投市公所文化課	編列 87 萬元，清潔委外	無
100	南投縣立田徑場整修工程	21,000,000	南投縣政府教育處	本預算專款支應	1 名
100	南投縣草屯鎮敦和社區籃球場整修工程	900,000	草屯鎮敦和里辦公處	體育業務項下支應	無
100	南投縣草屯鎮北投里社區體能運動設施改善工程	900,000	草屯鎮北投里辦公處	體育業務項下支應	無
100	南投縣草屯鎮棒壘球場及其他運動設施工程	5,000,000	草屯鎮棒壘球委員會	體育業務項下支應	無
100	南投縣草屯鎮體育館燈光懸吊系統設備工程	3,000,000	草屯鎮公所文化課	體育業務項下支應	1 員
100	南投縣水里鄉青少年體健設施暨兒童遊戲場工程	5,000,000	水里鄉公所觀光課	體育業務項下支應	無
100	南投縣魚池鄉社區多功能槌球場及週邊綠美化工程	4,000,000	魚池鄉公所民政課	體育業務項下支應	無
100	南投縣埔里鎮游泳池整建工程	30,000,000	埔里鎮公所民政課	編列 4 萬元	1 員
100	南投縣立埔里國中壘球 1 場暨壘訓中心整修工程	4,500,000	埔里國中		
100	南投縣集集鎮綜合運動球場整修工程	10,000,000	集集鎮公所民政課	工程管理費支應	1 員
100	南投縣集集鎮立游泳池整修工程	8,000,000	集集鎮公所民政課	編列 11 萬元	6 員
100	南投縣竹山鎮網球場 PU 鋪設工程	900,000	委託 135 球隊管理	受託單位負責或視需要公所維護	無
100	南投縣竹山鎮國際槌球運動場新建工程	6,000,000	紫南宮認養	認養單位負責或視需要公所維護	無
100	南投縣竹山鎮國際槌球運動場工程第二期	7,000,000	紫南宮認養	認養單位負責或視需要公所維護	無
100	南投縣竹山鎮社寮地區自行車道系統建置工程計畫	6,000,000	竹山鎮公所觀光課	視需要修繕或向上級爭取補助	無
100	南投縣中寮鄉運動公園週邊籃球場及溜冰場等運動設施工程	4,500,000	中寮鄉公所建設課	無專款支應，聘請臨時人員維護清潔。	無
100	南投縣中寮鄉體健運動廣場設施工程	4,000,000	中寮鄉公所建設課	無專款支應，聘請臨時人員維護清潔。	無
100	南投縣名間鄉自行車道設置計畫	4,500,000	下社區發展協會	體育業務項下支應	1 員

年度	場館名稱	補助金額	管理單位	維護經費編列情形	場館員額編制
100	南投縣名間鄉田仔社區運動設施興建工程	2,500,000	田仔村辦公室	體育業務項下支應	1員
100	南投縣國姓鄉網球場修繕計畫	1,800,000	國姓鄉網球協會	體育業務項下支應	無
101	南投縣南投市運動公園興建工程	21,000,000	南投市公所文化課	編列87萬元，清潔委外	無
101	南投縣立田徑場整修工程	21,000,000	南投縣政府教育處	本預算專款支應	1員
101	南投縣草屯鎮敦和社區籃球場整修工程	900,000	草屯鎮敦和里辦公處	體育業務項下支應	無
101	南投縣草屯鎮北投里社區體能運動設施改善工程	900,000	草屯鎮北投里辦公處	體育業務項下支應	無
101	南投縣草屯鎮棒壘球場及其他運動設施工程	5,000,000	草屯鎮棒壘球委員會	體育業務項下支應	無
101	南投縣草屯鎮體育館燈光懸吊系統設備工程	3,000,000	草屯鎮公所文化課	體育業務項下支應	1員
101	南投縣水里鄉青少年體健設施暨兒童遊戲場工程	5,000,000	水里鄉公所觀光課	體育業務項下支應	無
101	南投縣埔里鎮游泳池整建工程	30,000,000	埔里鎮公所民政課	編列4萬元	1員
101	南投縣立埔里國中壘球場暨壘訓中心整修工程	4,500,000	埔里國中		
101	南投縣集集鎮綜合運動球場整修工程	10,000,000	集集鎮公所民政課	工程管理費支應	1員
101	南投縣集集鎮立游泳池整修工程	8,000,000	集集鎮公所民政課	編列11萬元	6員
101	南投縣竹山鎮網球場PU鋪設工程	900,000	委託135球隊管理	受託單位負責或視需要公所維護	無
101	南投縣竹山鎮國際槌球運動場新建工程	6,000,000	紫南宮認養	認養單位負責或視需要公所維護	無
101	南投縣竹山鎮國際槌球運動場工程第二期	7,000,000	紫南宮認養	認養單位負責或視需要公所維護	無
101	南投縣竹山鎮社寮地區自行車道系統建置工程計畫	6,000,000	竹山鎮公所觀光課	視需要修繕或向上級爭取補助	無
101	南投縣中寮鄉運動公園週邊籃球場及溜冰場等運動設施工程	4,500,000	中寮鄉公所建設課	無專款支應，聘請臨時人員維護清潔。	無
101	南投縣中寮鄉體健運動廣場設施工程	4,000,000	中寮鄉公所建設課	無專款，聘請臨時工維護清潔。	無
101	南投縣名間鄉自行車道設置計畫	4,500,000	下社區發展協會	體育業務項下支應	1員

年度	場館名稱	補助金額	管理單位	維護經費編列情形	場館員額編制
101	南投縣名間鄉田仔社區運動設施興建工程	2,500,000	田仔村辦公室	體育業務項下支應	1員
101	南投縣國姓鄉網球場修繕計畫	1,800,000	國姓鄉網球協會	體育業務項下支應	無
101	南投縣集集鎮立游泳池整建工程	30,000,000	集集鎮公所民政課	體育業務項下支應	無
101	南投縣草屯鎮壘球場及其他運動設施第二期工程	1,000,000	僑光國小	體育業務項下支應	無
101	南投市槌球場暨體育運動設施整建規劃工程	1,500,000	南投市公所文化課	體育業務項下支應	無
101	埔里鎮立游泳池鋼構屋頂及太陽能板增設計畫	12,000,000	委外	體育業務項下支應	無
101	信義鄉慢壘休閒運動公園再造計畫	1,800,000	信義鄉公所	體育業務項下支應	無
101	埔里鎮福興壘球場興建計畫	2,000,000	埔里鎮公所民政課	體育業務項下支應	無
101	竹山社寮槌球場興建工程	3,000,000	竹山鎮公所觀光課	體育業務項下支應	無
101	中寮鄉廣興運動公園暨所內運動中心設施改善計畫	1,000,000	中寮鄉公所建設課	體育業務項下支應	無
101	草屯鎮壘球場夜間照明設施工程	1,500,000	僑光國小	體育業務項下支應	無
101	南投市桌羽球專業場館興建計畫	2,000,000	南投市公所文化課	體育業務項下支應	無
101	101全民運動會溜冰曲棍球場整建	2,000,000	南投國中	體育業務項下支應	無
101	101全民運動會拔河競賽及練習場地整建工程	800,000	南投高中	體育業務項下支應	無
101	集集鎮綜合運動球場周邊設施改善計畫	1,200,000	集集鎮公所民政課	體育業務項下支應	無
101	國姓鄉大石村活動中心籃球場改善工程	600,000	國姓鄉公所	體育業務項下支應	無
101	南投縣立旭光高級中學空手道基層運動選手訓練站（增設淋浴	600,000	旭光高中	體育業務項下支應	無
102	埔里鎮立游泳池		埔里鎮公所民政課	編列4萬元	1員
102	集集鎮立游泳池		集集鎮公所民政課	編列11萬元	6員
102	體健公園		水里鄉公所觀光課	體育業務項下支應	無

年度	場館名稱	補助金額	管理單位	維護經費編列情形	場館員額編制
102	中正網球場		草屯鎮網球委員會	體育業務項下支應	無
102	國姓鄉立游泳池		國姓鄉公所		
102	信義鄉慢壘球場		信義鄉公所	體育業務項下支應	無
102	竹山國際槌球場		紫南宮認養	認養單位負責或視需要公所維護	無
102	體健運動公場		中寮鄉公所建設課	無專款支應，聘請臨時人員維護清潔。	無
102	中山公園槌球場		南投市公所文化課	體育業務項下支應	無
102	魚池鄉立網球場		魚池鄉公所民政課	體育業務項下支應	無
102	南投縣立三和游泳池		南投縣政府教育處	本預算專款支應	1 員
102	南投縣立體育場		南投縣政府教育處	本預算專款支應	1 員
102	埔里鎮綜合球場		埔里鎮公所民政課	體育業務項下支應	無
102	集集鎮綜合球場		集集鎮公所民政課	工程管理費支應	1 員
102	草屯鎮立中山田徑場		草屯鎮公所文化課	體育業務項下支應	1 員
102	草屯鎮立體育館		草屯鎮公所文化課	體育業務項下支應	1 員

資料來源：南投縣政府教育處體健科

　　此外，在民國 102 年（2013）至 104 年（2015）體育署核准了許多公共建設有關運動設施場館但尚未執行完成的部分如下：

表 3-25：102 年度至 104 年度中央補助南投縣運動場館列管案件

編號	縣市別	計畫名稱	核定日期	核定補助金額（元）
1	南投縣	名間鄉國道三號 239K 高架橋下運動公園興建及周邊綠美化工程	1020930	11,000,000
2	南投縣	草屯鎮中山運動公園跑道整修工程（規劃設計監造）	1021230	1,000,000
3	南投縣	草屯鎮中山運動公園跑道整修工程	1040320	15,000,000
4	南投縣	竹山鎮網球場無障礙設施改善計畫	1040615	64,000
5	南投縣	竹山鎮槌球場無障礙設施改善計畫	1040615	12,000
6	南投縣	草屯鎮山腳里籃球廣場整建工程	1041023	1,850,000

編號	縣市別	計畫名稱	核定日期	核定補助金額（元）
7	南投縣	草屯鎮中山網球場整建計畫	1041023	1,450,000
8	南投縣	草屯鎮風雨籃球場整建工程	1041124	9,200,000
9	南投縣	草屯鎮石川里籃球場整建工程	1041230	1,600,000
10	南投縣	竹山公園籃球場新建工程	1041230	1,000,000
11	南投縣	竹山鎮立網球場整建工程	1041230	4,000,000

資料來源：南投縣教育處體健科

第三節　本縣體育組織

　　主管南投縣體育行政事務單位為縣政府教育處體育保健科（簡稱體健科），設有科長1名，科員1名，營養師4名，輔導員4名，及若干約聘人員。另外，民間設有體育會組織，協助本縣教育處體健科推廣體育運動。南投縣體育會及其他單項委員會等民間發起的運動社團組織，其目的是以結合社會資源，結合體育專業人士，配合南投縣政府推廣全民運動，提升運動競技水準；並且協助南投縣政府辦理各項運動競技比賽，包括國際賽事、全國賽事及地方賽事，達到與其他國家、縣市體育交流，用以提升南投縣之運動風氣。

　　以下就體育會沿革做一概述：

　　南投體育會成立於民國42年（1953），為「公益獨立運作之服務團體」，其下並組織各單項委員會，與本縣教育處分工合作，相互支援，共同為發展本縣體育活動而努力。體育會由本縣13鄉鎮市體育會所產生的代表組成會員大會，目前有11鄉鎮市成立成立體育會，縣級代表共55名。體育會依據「會員代表大會暨理事、監事會章程」選出理事15名、監事5名、常務理事5名、常務監事1名，並選出理事長一名，任期皆為4年，理事長得連任一次，並可依據需求聘任副理事長3至5名襄助會務，總幹事則由理事長提名，經理事會通過聘任之。

　　早期南投體育會是由一批體育愛好之地方仕紳所組成，然而由於體育會草創初期組織並未健全，且未符合法人機制，因而遭遇不少問題。故於民國78年由當時縣長林源朗先生將之解散重組，並聘請輔仁大學體育系副教授朱健榮擔任總幹事（朱健榮先生短暫任職後即由白建榮先生接任），為南投縣體育會改組後之第一屆。體育會歷屆理事長職位大多由該任縣議會議長擔任，唯一例外為第四屆由地方仕紳官大健擔任，總幹事職位則由白建榮先生連任至第六屆（第六屆任期應於102年6月30日卸任，但提早至100年12月31日卸任，由林慧朋接任）。原本第六屆任期應該於102年6月30日卸任，但卻遲至103年5月25日才進行第七屆改組，由副議長潘一全先生擔任理事長，總幹事則由洪銘惠先生擔任。

鑑於之前體育會組織並未健全，尤其在會員組成上往往不符合資格，因此體育會第七屆成立後，洪銘惠總幹事隨即展開改組工作，首先他重新訂立體育會組織章程，確立體育會會員資格並將人數確立已達人民團體法之合格人數，並由各鄉鎮市推派體育代表組成；再來，確立體育會功能，體育會主要功能為：（一）協助政府推行體育政策（二）辦理各項體育競賽及體育活動（三）輔導各單項委員會成立、改組、組織之健全（四）協助本會各單項協會爭取各級政府、單位活動經費（五）協助本會各單項委員會爭取活動場館、人力支援（六）輔導、協助各鄉鎮市體育會健全組支、辦理全年度活動（七）輔導全線各社區辦理體育活動（八）建立全縣體育資訊人才資料庫（九）協助各單項委員會、各鄉鎮市體育會籌辦活動爭取經費（十）全力協助裁判、教練、運動員爭取權益及福利（十一）體育之調查、統計、研究、改進（十二）本會各單項訓練站、網站之設立與革新。此外，本屆體育會還有項創舉，就是為了使各單項協會在財務上能更健全，於各單項委員會的捐助上，直接撥與各委員會，並由各委員會開立各委員會獨立的統一編號，不再透過體育會轉達，以求財務透明化。

綜合來講，南投體育會成功的扮演了輔助南投縣政府推廣南投各項體育活動的公益團體，尤其近幾年來南投縣政府主辦不少國際性、全國性的體育比賽項目，如全運會、全國理事長盃壘球賽、南投國際室內撐竿跳比賽……等競技比賽，甚至還年年舉辦「泳渡日月潭」、「武嶺單車賽」等大型非競技型活動，體育會在這些活動上都扮演著即為關鍵的角色。

表 3-26：南投縣體育會概況一覽表

屆別	任期	理事長	總幹事	備註
一	78.07.01～82.06.30	余武龍	朱健榮（白建榮）	朱健榮短暫任總幹事後由白建榮接任
二	82.07.01～86.06.30	鄭文銅	白建榮	
三	86.07.01～90.06.30	鄭文銅	白建榮	
四	90.07.01～94.06.30	官大健	白建榮	
五	94.07.01～98.06.30	賴忠政	白建榮	
六	98.07.01～102.06.30	賴忠政	白建榮（林慧朋）	白建榮於 100.12.31 卸任，由林慧朋接任，林應於 102.06.30 卸任
七	103.05.26～107.05.25	潘一全	洪銘惠	

說　明：舊制第十屆因為序召開理監事會議爭議不斷，縣長林源朗將之解散，而重新申請成立，顧民國78年為重組後體育會第一屆。
資料來源：南投縣體育會統計資料

除了南投縣體育會之外，其下轄有許多單項運動委員會，當中包含亞奧運運動項目及休閒運動，以下又幾個重要單項委員會加以說明：

一、田徑委員會

「南投縣體育會田徑委員會」創立於 1956 年，隸屬於南投縣體育會，並接受上級全國田徑協會等團體之輔導與協助。其成立的宗旨為「協助政府推廣全民體育，提升南投縣田徑水準，並增進國民健康為宗旨。」

南投縣田徑委員會除了辦理縣內及協辦全國性各級田徑比賽外，每年更舉辦南投國際室內撐竿跳高邀請賽，至 105 年度已是第 23 屆。此外，南投田徑選手在草屯商工教練許振芳（現任為南投縣田徑委員會總幹事）的努力訓練下，除了在全國各級比賽奪得金牌外，更培養出乃慧芳、張可欣等世界級選手，近年來許振芳的孫子許敬德在其父許恩弘訓練下，更是在國內外比賽屢創佳績，真可謂是一門豪傑。

表 3-27：1988 ～ 2005 年南投縣田徑選手代表國家國際賽得獎統計

年度	賽事	項目	選手姓名	性別	名次
1988	世界青年田徑賽	跳遠	乃慧芳	男	3
1989	亞洲田徑賽	跳遠	乃慧芳	男	1
1989	亞洲青年賽	撐竿跳高	吳建國	男	2
1992	亞洲青年賽	撐竿跳高	陳永智	男	2
1993	東亞運	跳遠	乃慧芳	男	1
1994	亞洲田徑賽	跳遠	乃慧芳	男	3
1996	東亞青年賽	撐竿跳高	劉衍松	男	2
1996	亞洲青年賽	撐竿跳高	劉衍松	男	1
1999	亞青田徑賽	撐竿跳高	張可欣	女	2
1999	亞青田徑賽	撐竿跳高	官美璉	女	3
1999	亞青田徑賽	撐竿跳高	劉俊偉	男	3
2000	亞洲田徑賽	撐竿跳高	張可欣	女	2
2000	亞洲田徑賽	撐竿跳高	劉衍松	男	3
2001	亞洲田徑賽	撐竿跳高	謝亮哲	男	2
2001	亞洲田徑賽	撐竿跳高	林雅倫	女	3
2002	世界中學田徑賽	撐竿跳高	謝承曜	男	6
2005	亞洲田徑賽	撐竿跳高	張可欣	女	2

資料來源：南投縣體育會田徑委員會提供

照片 3-14：田徑委員會 田徑委員會總幹事許振芳及其孫子（筆者拍攝）及 104 年度縣運田徑比賽照 照片來源：南投縣體育會提供

二、游泳委員會

「南投縣游泳委員會」成立於 1956 年，其成立宗旨為「在推展游泳運動（游泳教育、成人游泳、長泳等），辦理南投縣各游泳比賽，目的以提高游泳技術水準，增進國民健康，發揚運動精神。」

南投縣是臺灣唯一未臨海的縣市，加上縣內泳池缺乏，因此在發展游泳運動可說是相當不易。南投縣游泳委員會在成立後，除了辦理現在各級游泳比賽外，更積極培養縣內游泳人才，終於在 2006 年全國分齡游泳比賽由劉奕萱、侯安遠兩位小選手奪得南投縣第一個全國性游泳比賽團體冠軍，近年來南投縣游泳選手也在國內各級游泳比賽中屢創佳績。另外，南投縣游泳委員會自 1983 年所承辦之「泳渡日月潭」活動深受歡迎，參與人數屢創紀錄，近年來選手泳渡日月潭成績更成為中華民國游泳協會選拔國手之參考依據。

照片 3-15：游泳委員會 103 學年度中小學游泳錦標賽及三和游泳池照

照片來源：南投縣體育會提供

三、籃球委員會

　　「南投縣籃球委員會」成立於 1956 年，其成立宗旨為「推廣南投縣籃球運動，並協助舉辦南投縣各級籃球賽事，以提昇籃球風氣，增進國民健康」。

　　籃球為臺灣最受歡迎的運動之一，南投縣籃球的發展更是歷史悠久，過去已有不少籃球國手出身於南投縣，例如：魏永泰、岳瀛立、吳建龍等。南投縣籃球委員會除了辦理南投縣各級籃球比賽外，近年來在各級學校籃球專業體育選手的培養更是不遺餘力，埔里國中男子籃球隊近年在全國國中聯賽成績更是屢創佳績，在 105 學年度更是勇奪 JHBL 冠軍；而高中球隊同德家商近幾年也打進 HBL 甲一級，亦是令人感到興奮。

照片 3-16：籃球委員會 103 學度縣運籃球比賽及 104 年度 3 對 3 籃球比賽照

照片來源：南投縣體育會提供

四、壘球委員會

　　「南投縣壘球委員會」成立於 1992 年 5 月，以「推廣本縣壘球運動，協助本縣舉辦或委辦之各級壘球比賽，提高本縣壘球水準，並增進國民健康」為成立宗旨。

　　南投縣國中女壘運動的發展開始於 1991 年教育部開始推動聯賽運動之後，當時包含埔里國中在內有多支球隊成立，其中埔里國中更在張家興主任的積極奔走下，更成立壘球專長體育班。南投女子壘球隊成立的目的為加強培訓女壘選手，全面提升體、心、技水準，培養優秀女子壘球人才，爭取最佳成績，為國家及南投縣爭光。在球隊上軌道後，張家興主任不以現狀為滿足，還將女壘運動向下紮根，在擔任壘球委員會總幹事時，由壘球委員會補助球具給南投縣內多所國小，成立壘球隊。並在 1997 年第一屆埔里國中壘球隊畢業後，於埔里商工成立女子壘球隊，使得球員選手生涯得以延續，2015 年更於暨南大學成立壘球隊，若加上南投縣有田社會壘球隊（由有田日本料理贊助），完成南投縣女壘五級建置。2015 年更成立南投企業聯隊（南投鷹），參加 2016 年全國女子企業壘球聯賽。而在選手培養方面，經過數年有規劃的訓練之下，南投縣女子壘球隊多次在國內各級比賽中奪得冠軍，而南投縣女子壘球隊更可謂為中華女子代表隊的化身，近年來亞奧運壘球代表隊，皆有南投出身選手的蹤跡，例如林素華、江慧娟、賴孟婷、邱安汝等人。

南投縣壘球委員會除了選手的培養及辦理縣內各級壘球比賽外，近年來更協助中華民國壘球協會辦理全國性壘球錦標賽，協助中華女子壘球各層級代表隊集訓，並舉辦多次壘球教練、裁判講習。更於每年舉辦南投杯國際女子壘球邀請賽，廣邀中、日國內女子隊伍至南投進行比賽交流，藉由比賽以增加南投境內各級女子壘球隊比賽經驗。

照片 3-17：壘球委員會 南投鷹參加 2016 年企業女子壘球聯賽打者黃慧雯、投手林素華照

照片來源：筆者拍攝

五、棒球委員會

　　「南投縣棒球委員會」成立於 1963 年 2 月，成立宗旨為「本會以協助政府推行全民體育，提高本縣棒球水準，並增進國民健康為宗旨。」

　　南投縣為全台灣唯一內陸縣市，轄中擁有不少運動條件極為良好之原住民，然由於經費短缺及場地的缺乏，限制了棒球運動的發展，但仍培育出包括陳大豐、陳大順、蔡豐安、李以寶等優秀棒球選手。南投縣棒球委員會除了舉辦縣內各級棒球比賽外，並積極栽培屬於南投縣本地的棒球選手。過去被稱為棒球沙漠的南投縣，近年來在南投縣棒球委員會的努力之下，已有不少成果出現。中興國中及中興高中以及各級中小學近年來在全國中小學棒球聯賽及盃賽中屢獲佳績，更培養出如申皓瑋等優秀職棒選手。

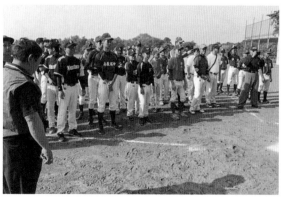

照片 3-18：棒球委員會 103 年度國中棒球聯賽及 103 年南投縣乙組棒球賽照

照片來源：南投縣體育會提供

六、網球委員會

　　「南投縣網球委員會」於 1963 年 2 月成立,其成立宗旨為「協助政府推廣全民運動,提高本縣網球水準,並增進國民健康為宗旨」。南投縣網球發展歷史悠久,南投壘球委員會成立後更是在培養壘球運動方面不遺餘力,除了舉辦縣內各級網球比賽及裁判、教練講習外,並多年舉辦主委盃網球比賽及「地理中心盃」全國網球比賽。

照片 3-19:網球委員會 103 年度暑假網球訓練營照　　照片來源:南投縣體育會提供

七、軟式網球委員會

　　「南投縣軟式網球委員會」於 1956 年成立,以「以發展軟式網球運動,辦理南投縣各項軟式網球比賽、訓練、講習活動,藉以提高技術水準,增進國民健康,發揚運動精神為宗旨。」南投委員會成立後更是在培養壘球運動方面不遺餘力,除了舉辦縣內各級軟式網球比賽外,並多年舉辦主委盃中部四縣市軟式網球比賽、三藏盃軟式網球比賽及「地理中心盃」全國軟式網球比賽。

照片 3-20:軟式網球委員會 104 年度全民盃體育系列軟式網球賽照　　照片來源:南投縣體育會提供

八、跆拳道委員會

「南投縣跆拳道委員會」成立於 1971 年 5 月，成立宗旨為「以發展跆拳道運動，辦理全縣性及委辦之全國性跆拳道比賽，藉以提昇技術水準，推廣全民運動，強健國民體魄。」

南投縣跆拳委員會至 2015 年已達第七屆，現任主委為許淑華立委。委員會除了協助舉辦縣內各級跆拳道比賽，協辦 103 年中等學校運動會跆拳比賽，並積極縣內各級學校跆拳道運動的推廣與選手的培養，近年來出了在全國中等學校有著不凡的成績外，更栽培出如 2010 年亞運金牌選手魏辰洋及多名參與亞洲盃青少年比賽獲獎選手。

照片 3-21：跆拳道委員會 103 年中小學聯運跆拳道比賽及延和國中表演照

照片來源：南投縣體育會提供

九、射箭委員會

「南投縣射箭委員會」於 1983 年 5 月成立，以「以辦理本縣及全國性之射箭活動，藉以推展南投縣射箭運動，增進國民健康，發揚運動精神」為宗旨。

南投縣現代射箭運動發展始於 1978 年埔里鎮，當時從事射箭活動皆為零星個人，1983 年南投縣體育會射箭委員會正式成立，由謝學鈞擔任總幹事。謝學鈞老師擔任總幹

照片 3-22：射箭委員會 第 64 屆全縣運動會射箭比賽及 2015 年全國運動會南投射箭代表隊照 照片來源：南投縣體育會提供

事時，同時在自身服務之學校成立射箭隊，為南投第一所射箭發展學校，但謝學鈞老師因病辭世後校方便停止經營。1988 年漢城奧運代表隊成員胡培文為南投射委會成員，射箭發展受到南投縣政府重視，他退役轉任教練之職，與羽將射箭俱樂部成員林超然老師攜手合作，於南投縣立大成國中成立射箭校隊，射箭活動發展由社會體育轉為學校體育。射箭人才返鄉服務有助於發展，現階段南投成立多所中學重點學校幾乎以體育班培育，除草屯鎮縣立旭光之國、高中部完全中學外，全集中於埔里鎮之大成國中 (非體育班)、埔里國中與國立埔里高工。南投縣射箭委員會除了辦理縣內及協辦全國性各級射箭比賽外，在選手培養上更是不遺餘力，除了在全國各級比賽成績斐然外，更培養出邱炳煌、袁叔琪等奧運獎牌選手。

十、柔道委員會

「南投縣柔道委員會」成立於 1963 年 2 月成立，以「推展本縣柔道運動，增進國民健康，發揚民族精神，促進全民體育。」為宗旨。

南投柔道的發展甚早，但早期從事柔道運動者多為軍警體系，直到 1993 年草屯國小成立柔道隊後，聘請李松鑫擔任教練後，學校柔道體育運動才在南投縣逐漸扎根。為了讓國小柔道隊學生能夠延續柔道運動，1995 年草屯國中柔道隊成立，在經過幾年的努力訓練之下，近年來在全國各大小柔道比賽中，都能獲得不錯的成績，在全國柔道高手環伺之下，已在全中運奪得數面金牌，誠屬難得。

照片 3-23：柔道委員會 105 年中小學聯運柔道比賽及開幕典禮　　照片來源：南投縣體育會提供

十一、角力委員會

「南投縣角力委員會」於 1979 年 11 月成立，以「為普及本縣柔道體育運動，增進全民建康，發揚民族精神及研究體育學術」為宗旨。

南投縣角力協會近年來積極培養角力選手，尤其草屯國中角力隊在林靜妙老師的帶領下，屢屢在全國中等學校運動會奪得金牌。除了草屯國中，尚有宏仁國中與仁愛國中等學校角力隊的成立，並且在全國中等學校運動會都能獲得不少佳績，實為令人敬佩。

照片 3-24：角力委員會 106 年度中小學聯運角力比賽及草屯國中角力隊練習照

照片來源：南投縣體育會提供

十二、排球委員會

　　「南投縣排球委員會」成立於 1956 年，其成立宗旨為「以發展排球運動，辦理排球各類活動，藉以縣內提高技術水準，促進國民健康發揚體育精神。」

　　南投縣排球發展極早，1991、1992 年 HVL 南投高商也曾連續奪得甲一級第七名，然而近年來卻由於學校參與意願較低，學校排球隊伍曾一度萎縮。近年來，在南投縣排球委員會的努力之下，提供訓練資源鼓勵學校創立排球隊，並且積極舉辦排球比賽，例如主委盃、草鞋墩盃等盃賽，主委盃參與隊伍到 2015 年已達 55 隊之多。而在如此努力之下，南投縣排球成績亦日漸成效，草屯炎峰國小女子排球隊更於 2009 年贏得永信盃排球賽五年級女生組冠軍、2012 年全國菁英盃國小女生組冠軍、2012 年永信盃排球賽五年級女生組冠軍，成績相當優異。

照片 3-25：排球委員會 104 年度南投縣主委盃排球錦標賽　　照片來源：南投縣體育會提供

十三、空手道委員會

　　「南投縣空手道委員會」成立年份不詳，以「推廣南投縣空手道運動，增加運動人口，帶動本縣空手道之運動風氣」為宗旨。

一個感人且激勵人心的故事發生在南投縣空手道，民國 88 年（1999） 921 地震後，黃泰吉教練夫婦受到國姓國中校長池麗娟之邀來到國姓國中教導空手道。原本居住於台中的黃教練賣掉台中房子定居草屯鎮，全心投入國姓鄉學童的空手道教學，而且兼扮著家長角色。近年來南投縣空手道委員會除了辦理縣內及協辦全國性各級空手道比賽外，並在以黃教練及各級教練的努力下，培養出不少優秀選手，如 2014 年金牌選手辜翠萍等，總計近年來南投縣空手道選手已為南投縣在大小比賽中奪得超過百面金牌，成果可謂豐碩。

照片 3-26：空手道委員會 2015 全國運動會南投縣空手道隊比賽情形照

照片來源：南投縣體育會提供

十四、曲棍球委員會

　　「南投縣曲棍球委員會」成立於 1987 年 4 月，以「協助政府推廣全民體育，提升南投縣曲棍球水準，並增進國民健康為宗旨。」

　　曲棍球在台灣並非為流行的運動項目，不像其他運動一樣受到重視，升學的管道也比其他運動來的少，不過在南投縣曲棍球委員會的努力下，積極地在南投縣灑下曲棍球種子，竹山高中曲棍球隊更是成立於民國 68 年，並屢創佳績，除了時常在國內比賽奪得冠軍外，更屢次在國際屢創佳績，贏得多項冠軍。近年來竹山地區多所國中更是成立曲棍球隊，並在國內外比賽贏得不少冠軍。南投縣曲棍球委員會除了辦理縣內各級曲棍球比賽，並且舉辦多次曲棍球夏令營，以推行南投曲棍球運動發展，近年來竹山高中更是國家 U18 曲棍球代表隊集訓中心，可謂為台灣地區曲棍球運動發展重鎮。

照片 3-27：曲棍球委員會 竹山高中曲棍球隊比賽照　　照片來源：南投縣體育會提供

十五、桌球委員會

　　「南投縣桌球委員會」成立於 1970 年 7 月，其宗旨為「協助政府推行全民體育為宗旨，竭力於提升本縣桌球水準，增進國民健康。」

　　南投縣桌球發展甚早，然由於資源有限，不管是設備或資源接甚為短缺，因此一直為能夠有亮眼成績出現。近年來在桌球委員會的積極栽培下，許多國小紛紛成立桌球隊，並且培養出不少優秀選手，如平和國小「黃建都」取得少年國手資格。而鑑於平和、康壽、南投等國小球員畢業後皆必須至外縣市就讀以延續其球員生涯，南投國中因而於 2010 年 9 月 1 日正式成立桌球隊，並於縣內比賽屢次奪得冠軍，2013 年全國中等學生運動會打入 16 強。可惜的是縣內無高中（職）、大專院校特別發展桌球運動，無法銜接繼續訓練。有心朝桌球發展之學生勢必要離鄉到外地學習，造成縣內體育培訓選手流失、人才斷層現象殊為可惜。

照片 3-28：桌球委員會 104 年全國自由盃桌球國小團體錦標賽比賽照

照片來源：南投縣體育會提供

十六、拔河委員會

　　「南投縣拔河委員會」成立年份不詳，成立宗旨為「推行全民體育，以推展南投縣拔河運動，辦理全國性及國際性之拔河競賽藉以提高技術 水準，增進國民健康，發揚運動精神為宗旨。」

南投縣拔河委員會除了協助南投縣辦理各級拔河比賽，更積極培育縣內各級學校組織拔河隊伍，近年來已有不少成果出現，不管是宏仁國中、南投高中等學校皆在國內中等學校比賽屢獲佳績，尤其是南投高中更是在世界盃青年拔河錦標賽，世界盃拔河比賽多次多得世界冠軍，而多位拔河隊員因而保送大學。雖然也發生過2002年世界盃誤用白博士清潔劑事件，及常常遇到出國經費不足而必須募款的狀況（2016年大笨牛拔河隊就必須上網募款，後來在五月天及吳克群等的贊助下得以出國，並勇奪世界冠軍），但委員會能積極努力，屢創南投拔河隊之神話。

照片 3-29：拔河委員會 105 年全民運動會南投縣拔河隊比賽照　　照片來源：南投縣體育會提供

十七、划船委員會

　　「南投縣划船委員會」成立於1992年8月，以「推行全民體育，發展南投縣划船運動、提昇本縣划船水準及野外具有冒險挑戰之休閒運動，增進國民身心健康，達成強種強國及培養團隊精神」為宗旨。

　　南投縣擁有日月潭如此天然的划船訓練場所，更成立月牙灣水上訓練中心。近年來，在水里商工的支持下，南投縣划船委員會積極推廣水上划船運動，除了辦理縣內各項划船比賽，並在月牙灣訓練中心協助國家選手的訓練，這幾年不僅為本縣在國內各級划船比賽奪得許多金牌外，南投縣選手汪明輝及蔡文輝更於2015年於北京舉辦的亞洲划船錦標賽勇奪雙人雙槳銅牌。

照片 3-30：划船委員會 南投縣划船代表隊訓練情形　　照片來源：南投縣體育會提供

十八、自由車委員會

「南投自由車委員會」成立於 1992 年 3 月，其成立宗旨為「為普及本縣自由車體育，增進國民健康，發揚民族精神及研究體育學術。」為宗旨。

自由車委員會自成立以來熱衷推動國內自行運動，舉辦了多項自行車活動：

1. 承辦 2003~2009 年南投縣「國際無車日」系列活動，每年均吸引 1 千多人來到南投體驗鄉村騎車的愜意。

2. 承辦 2007~2009 年南投縣「台灣自行車日」系列活動，別出心裁的國道六號高速公路騎單車活動規劃，讓人留下深刻印象。

3. 主辦武嶺盃鐵馬高峰會國際自行車大賽，吸引中外好手參加競賽。

4. 承辦 2002~2009 年南投縣國民中小學自行車安全教育研習。

5. 承辦 2010~2015 年魚池鐵馬逍遙趴趴 GO 活動

6. 承辦 2011~2014 年埔里溫泉季自行車逍遙遊活動

照片 3-31：自由車委員會 2014 年魚池鐵馬趴趴 GO 活動照　　照片來源：南投縣體育會提供

十九、慢速壘球委員會

「南投縣慢速壘球委員會」成立於 1993 年 3 月，以「協助政府推行全民體育，竭力於提升本縣慢速壘球水準，增進國民健康。」為宗旨。

照片 3-32：慢速壘球委員會 105 年全民運動會南投縣慢速壘球代表隊及 2014 南投睦鄰盃慢速壘球賽照　　照片來源：南投縣體育會提供

慢速壘球運動為近年來臺灣最流行的全民運動之一，為了讓壘球比賽成為老少咸宜的運動，因此改良傳統壘球比賽，將投球速度改為慢速投球，使得慢壘成為符合大眾取向的休閒活動。目前臺灣的慢壘運動可說相當盛行，尤其每年舉辦的「總統盃」慢速壘球錦標賽，往往超過千隊以上，為了迎合這股潮流，南投縣慢速壘球委員會因而成立。由於南投縣在發展快速壘球上以具有相當基礎，加上縣內原住民運動能力極佳，因此在發展快速壘球運動具有相當優越條件，而這幾年也打出不錯成績，2012 年全民運動會上，南投縣女子慢速壘球隊即獲得冠軍，而男子慢速壘球隊方面，也在國內大小比賽中獲得不錯成績。

二十、拳擊委員會

「南投縣拳擊委員會」成立於 1963 年 5 月，其成立宗旨為「協助政府推行全民體育，竭力於提升本縣拳擊運動水準，增進國民健康。」

拳擊運動在臺灣並非主流運動項目，加上一般家長並不願意小孩子參與此類容易受傷的運動，因此南投縣拳擊委員會推廣此項運動頗為困難。近年來，縣內同富國中、日新國中投入拳擊訓練，並在全國比賽中有著不錯成績，加上同德家商成立拳擊隊，使得南投拳擊運動呈現一番新的氣象。

照片 3-33：拳擊委員會 日新國中拳擊隊照　照片來源：日新國中提供

表 3-28：南投體育會各單項委員會一覽表（2015）

單位	職稱	姓名	地址	成立時間
田徑委員會	主任委員	林昆熠	草屯鎮登輝路 198 巷 13 號	1956
	總幹事	許振芳		
游泳委員會	主任委員	賴燕雪	南投市大同街 146 號	1956
	總幹事	蒲俊誠		
籃球委員會	主任委員	張志聰	埔里鎮鐵山路 1-6 號	1956
	總幹事	簡瑞松		
桌球委員會	主任委員	廖梓佑	草屯鎮御史里中正路 1264-1 號	1970.07
	總幹事	張木騰		
排球委員會	主任委員	許素霞	竹山鎮集山路二段 1161 號	1956
	總幹事	王業		
網球委員會	主任委員	陳永樑	南投市建國路 137 號（南投高中）	1963.02
	總幹事	簡敬倫		
軟式網球委員會	主任委員	陳昭煜	水里鄉南光村中山二街 42 巷 1 號	1956
	總幹事	林勝信		
棒球委員會	主任委員	游宏達	南投市彰南路一段 1059 號	1963.02
	總幹事	吳欲豐		
曲棍球委員會	主任委員	蔡宜助	竹山鎮下橫街 253 號（竹山高中）	1987.04
	總幹事	林誠得		
柔道委員會	主任委員	簡景賢	草屯鎮敦和里信義街 171 巷 9 弄 11 號	1963.02
	總幹事	李松鑫		
角力委員會	主任委員	莊明人	南投市中學西路 113 巷 40 號	1979.11
	總幹事	洪義雄		
跆拳道委員會	主任委員	許淑華	草屯鎮草溪路溝墘巷 9 號	1971.05
	總幹事	魏瑞賢		
划船委員會	主任委員	陳錦倫	水里鄉南湖路 1 號	1992.08
	總幹事	彭坤郎		
自由車委員會	主任委員	陳錦倫	埔里鎮英七街 26 號	1992.03
	總幹事	張世義		
溜冰委員會	主任委員	黃文君	草屯鎮保安街 60 號	1998.07
	總幹事	何銘全		
保齡球委員會	主任委員	莊永樂	草屯鎮日新街 85 號	1986.04
	總幹事	陳志強		
高爾夫委員會	主任委員	楊崇志	草屯鎮碧山路 232 巷 8 弄 7 號	1986.03
	總幹事	鍾朝火		
拳擊委員會	主任委員	李洲忠	草屯鎮稻香路 45 號（日新國中）	1963.05
	總幹事	張瑞清		
國武術委員會	主任委員	石保桐	南投市彰南路三段 387 號	1993.10
	總幹事	周慶國		

單位	職稱	姓名	地址	成立時間
體育運動舞蹈委員會	主任委員	賴賢輝	埔里鎮樹人二街 298 號	
	總幹事	林素月		
撞球委員會	主任委員	鄭榮杉	南投市八卦路 870 巷 41-1 號	
	總幹事	林明亮		
壘球委員會	主任委員	鄭振雄	埔里鎮西安路一段 193 號	1992.05
	總幹事	賴信成		
拔河委員會	主任委員	宋懷琳	南投市建國路 137 號（南投高中）	
	總幹事	陳建文		
摔角委員會	主任委員	江欽輝	草屯鎮中正路 870 號	
	總幹事	鐘志安		
太極拳委員會	主任委員	黃志學	埔里鎮南盛街 91 號	1990.02
	總幹事	陳易昇		
空手道委員會	主任委員	許阿甘	草屯鎮御富路 284 巷 52 號	
	總幹事	黃泰吉		
槌球委員會	主任委員	蔡宜助	竹山鎮中山里新生路 71 巷 3 號	1991.09
	總幹事	蔡淑華		
木球委員會	主任委員	邱垂源	竹山鎮集山路三段 985 號	
	總幹事	李泉成		
地面高爾夫球委員會	主任委員	林學書	竹山鎮林圮埔街 40 號	
	總幹事	林清得		
元極舞委員會	主任委員	黃志學	埔里鎮民族三街 45 號	
	總幹事	蔡春梅		
排舞委員會	主任委員	曾紘懌	南投市建國路 103 號 10 樓之 2	
	總幹事	吳春齡		
慢速壘球委員會	主任委員	洪明科	南投市文化路 16 巷 5 號	1993.03
	總幹事	蕭祝元		
橋藝委員會	主任委員	黃超群	南投市中興路二街 25-1 號	
	總幹事	王瑜		
圍棋委員會	主任委員	黃嘉政	草屯鎮大成街 115 號	
	總幹事	許文憙		
吉普車委員會	主任委員	葉昆鴻	竹山鎮集山路一段 2258 號	
	總幹事	陳明德		
健行登山委員會	主任委員	朱志陽	埔里鎮育英街 220 巷 29-5 號	1993.11
	總幹事	林麗婉		
劍道委員會	主任委員	劉政詩	臺中市北區錦祥街 57 號	1991.09
	總幹事	劉佳盈		
漆彈委員會	主任委員	吳瑞芳	竹山鎮德興里鯉魚南路 118-5-10 號	
	總幹事	余偉智		
競技疊杯委員會	主任委員	賴佳欣	埔里鎮西安路 213 號	
	總幹事	吳欣華		

單位	職稱	姓名	地址	成立時間
法式滾球委員會	主任委員	簡賜勝	草屯鎮中正路培英巷 8 號	
	總幹事	張燕鵲		
羽球委員會	主任委員	朱金雄	埔里鎮明德一巷 14 號	1983.06
	總幹事	廖哲修		
射箭委員會	主任委員	何惠娟	埔里鎮四維路 43 號	1983.05
	總幹事	卓正彬		
柔術委員會	主任委員	江欽輝	草屯鎮蹲和里信義街 171 巷 9 弄 11 號	
	總幹事	李松鑫		
巧固球委員會	主任委員	李洲忠	草屯鎮健行路 65 巷 90 號	1984.04
	總幹事	高誌謙		

資料來源：南投縣體育會 2015.01.23

此外，尚有「民俗體育委員會」、「輕艇委員會」、「歌舞運動委員會」申請南投縣體育會的行列中。

近年來由於本縣縣政府體健科及體育界的合作之下，在體育會及各單項協會的積極的努力下，使得過去被稱之為運動沙漠的本縣（民國 62 年區運會為全國倒數前三名），這幾年在參與全國運動會（民國 88 年開始區運會改為全國運動會，兩年舉辦一次）方面，以獲得不少佳績，而成為一個運動體育大縣。以下為南投縣近幾年參與全國運動會的金牌數累積。

表 3-29：南投縣參加歷屆全國運動會所獲金牌統計表

屆次	一	二	三	四	五	六	七	八	九
年度	88	90	92	94	96	98	100	102	104
承辦縣市	桃園縣	高雄市	臺北縣	雲林縣	臺南市	臺中市	彰化縣	臺北市	高雄市
本縣金牌數	6	7	7	11	13	10	10	13	12

資料來源：南投縣政府教育處體健科

第四章　運動場館的建設及重要運動人士

「工欲善其事，必先利其器。」整體運動水準之優劣常可以代表一個國家之強弱。一個國家的體育設施設置情況與推廣體育運動狀況有著密切的關係；體育場地設備普遍而良好者運動人口眾多，運動技術水準亦高，相反亦然。因此體育先進國家均設法投資鉅金，大量興建其國民所需體育設施。

所謂運動設施是指從事運動行為的活動器材，包括「器具」、「設備」等所構成的硬體設施，是體育事業發展最基本的環境條件。運動設施可歸納為公共體育場、學校運動場設施、運動公園及市民運動中心等四種種類。

然而不同時代背景對運動場館及設施都有其影響，以下概述之。

（一）日治時期（1945 年前）

此時期的運動設施不多，主要在學校體育科相關科目設施，風行的棒球場與軟式網球場也多在學校。

（二）戰後初期（1945 ～ 1960）

戰後初期臺灣，百廢待舉，兩岸敵對關係，當時政府首要目標是以「反攻大陸」為首要政策，體育相關制度一直到民國 43 年（1954）才恢復教育部國民體育委員會的運作，但在人力與經費拮据下形同虛設，運動設施建設不多，主要仍是學校體育教學設施，況且一般民眾生活閒暇時間不多，從事運動時間相對更少。

（三）經濟起飛時期（1961 ～ 1980）

1960 年代，臺灣經濟起飛，國民生活水準提升，重視休閒活動，對於休閒運動設施需求增加，社區運動設施紛紛成立。由於楊傳廣、紀政等人及棒球團隊在國際賽會上的優異表現，運動選手的培訓與競技賽會的舉辦成為推廣大型運動場館及設施規劃開發的主因。1970 年代中期之後，政府開始重視各縣市社會、文化基礎設施的興建，例如縣立文化中心及大型運動場館等，由於運動設施的建設處於起步階段，運動場館規模估計也相對保守，大多為 3000 人左右的觀眾容量為主。

（四）解嚴前後時期（1981 ～ 1990）

從 1980 年代彰化縣舉辦區運會開始，各縣市紛紛以舉辦區運會作為爭取興建大型運動場館的契機，加上政府經費補助的充裕，運動場館的興建規模也相對擴大許多，超過 7000 人以上觀眾容量的場館紛紛出現。臺灣省政府教育廳在民國 78 年（1989）配合行政

院推廣全民體育，提出 500 億元「一縣一場、一鄉一池、一校一館」大計劃。另外，自 1987 年政府宣布解嚴後，社會休閒運動風氣崛起，配合國民戶外休憩、運動訴求的運動公園，則可視為另外一種大型運動設施的開發型態，為其用地面積須達到一定規模，且常要配合都是計畫進行地目使用變更，方能進行建設。

（五）現代時期（1991 年之後）

1990 年代，政府開始執行六年國建計畫，其中運動設施的經費曾經高達近 440 億，但由於近年來幾個大型場館的規劃多所缺乏，政府經費的緊縮、各項公共建設龐大的排擠效應下，加上上許多場館實際使用率不高，因此開發規模又漸漸回歸到地方運動設施的層級，觀眾人數低於 5000 人以下，較適宜地方政府經營及維護，因此大型場館的建設於這段期間呈現進度落後或計畫停滯的階段。

2004 年許多國際大型賽事在臺灣舉行，例如 2006 年臺中洲際盃棒球賽、2009 年高雄世界運動會、2009 年臺北市聽障奧運，主辦城市因而有許多大型場館建設的投注，包括整建國家運動員區、體育場館、運動公園、自行車場及國家運動選手基地等，2008 年運動場館建設經費高達 43.33 億元。由於體育類別的成長相對較多，而其中以新設符合國際標準的運動場館所佔經費最多，有助於我國未來申辦國際運動賽事的能力，提昇國際能見度。

近年來環保意識抬頭，全球致力於節能減碳、健康生活的新生活，政府也透過新設整建自行車道、設置運動休閒設施及場地綠化、興建符合國際標準之體育場館，以及國家運動園區之規劃，倡導全民從事休閒運動，擴增規律運動人口，同時也有助於促進國內運動休閒產業的發展。

第一節　本縣運動場館與設施

為了提供良好的休閒運動生活環境，便利市民從事休閒運動。南投縣政府以「增設公共運動場所」、「改善校園運動環境」及「提升運動休閒場所的運用」等施政作為努力方向，積極辦理各項有關公共運動設施整備事宜。全南投縣共有 321 處運動場館（包含學校運動場館），在縣政府的努力之下，除了作了良好規劃、養護，許多老舊場館也逐年編列預算加以整修，方便市民從事運動休閒活動。加上南投縣地處山地，有許多林野、草地，適合從事登山健行、單車挑戰及路跑活動。加上日月潭所在，因此輕艇運動及長泳訓練皆是良好的場所，甚至露營、野炊也是極為適合的休閒活動，因此南投縣政府在這些地方的保養修護，以及自行車道的建立也是極為積極，如日月潭環潭自行車道等。

南投縣為少數沒有編制體育局、處（場）組織人力的縣市，運動場館的管理基本上都委託縣內各單項委員會或鄉鎮政府代為管理。近幾年政府推廣「運動99健康久久」活動，而將每年的9月9日定為國民運動日，南投縣政府為了響應此活動，在教育處體健課的策劃下，於每年該日開放許多場館，提供給愛運動的縣民免費使用，提昇縣民對於運動場館使用效率。由於直屬於南投縣政府直接管轄的運動場館並未如其他縣市般的眾多，因此本縣政府教育處體健科並未能單獨成立體育館管理中心，僅能由體健科成員協助管理，但在南投縣體育界的努力之下，南投縣在運動場館方面的成長有目共睹，以下就南投縣直屬的運動場館及國家級的訓練中心加以介紹：

一、南投縣立體育場

　　南投縣立體育館於1997年9月啟用，為一標準400公尺的田徑場地，觀眾容納量為16000人，除了每年的縣運動會在此舉辦外，縣立體育場也舉辦過97年全中運田徑賽主場地（南投縣舉辦），100年全中運田徑賽場地（臺中市舉辦），以及101年全民運動會開幕場地。縣立體育場內室內空間也做為南投縣政府環保局及南投縣體育會的辦公室及會議場所，其對縣民免費開放使用，可為南投縣主要運動場所。

照片 3-34：南投縣縣立體育場內外環境圖　照片來源：筆者拍攝

二、南投縣立三和游泳池

　　三和游泳池現貌為九二一地震後於原址重建，全案總工程經費在一億七千六百七十四萬七千元，於 2001 年 8 月底施工，2004 年 3 月 9 日完工，並於 2004 年 7 月 2 日啟用，目前是南投縣大型運動競賽舉辦場地之一。室內設施包括國際標準室內游泳池（長 50 公尺，寬 26 公尺）、兒童池、游泳競賽設備、spa 池、蒸汽室。室外設有兒童遊憩設備及休息空間。此場地除了是縣運主要游泳比賽場館外，也曾辦國全國分齡游泳比賽，及 100 年全中運游泳相關比賽場館。其為付費開放，開放時間為每日 5：30 至 21：30。而在暑假期間，為了讓本縣學童能夠有一安全戲水場所，往往會開放讓本縣學童免費進入戲水。

照片 3-35：南投縣三和游泳池內外環境圖　　照片來源：筆者拍攝

三、埔里國中壘球訓練中心

　　1990 年埔里國中設立縣女子壘球訓練中心，每年編列預算辦理各級培訓工作，及舉辦國際女壘邀請賽，藉以吸引國外菁英球隊來南投縣比賽，吸取外國球技，提升國內壘球水準。此壘球訓練中心，除了有一壘球場外，還有一間宿舍提供埔里國中女壘隊及受訓學生在此住宿及訓練，旁邊另有一簡易室內打擊練習場提供球員訓練打擊。近年來更是成為國家青女隊培訓場所，並舉辦多次國際邀請賽。

照片 3-36：埔里國中國家青女壘球訓練中心 照片來源：范姜柏宇提供

四、暨南大學壘球場

　　暨南大學壘球場位於暨南大學校園內，周邊另有觀眾席、戶外體健設施等休閒設施，興建於 2009 年，當年 12 月啟用。2014 年立委馬文君爭取教育部補助暨南大學整建校內既有壘球場，做為培訓選手的中心，教育部同意 2014 年度先補助 2500 萬元改善內、外野場地，並搭建看台、觀眾席，約可容納 2000 人。

照片 3-37：暨南大學壘球場 照片來源：范姜柏宇提供

五、草屯商工撐竿跳館

　　草屯商工一直為我國撐竿跳主要培育中心，也培育出不少撐竿跳國手，因此為了方便選手訓練、比賽，草屯商工於 2005 年向教育部及 2006 年向體委會申請補助共 2800 萬興建撐竿跳訓練館，直到 2008 年 5 月撐竿跳訓練館正式揭牌使用。此撐竿跳室內訓練中心有 60 公尺助跑道，兩邊分別有高度 10 公尺及 14 公尺高度的撐竿跳訓練比賽場所，平時做為草屯商工田徑隊及國內撐竿跳選手訓練之用。自落成之後，2008 年至今一直為每年舉辦國際暨全國室內撐竿跳比賽場所。

照片 3-38：草屯商工室內撐竿跳館　　照片來源：范姜柏宇提供

六、月牙灣水上訓練中心

月於日月潭月牙灣的水上訓練中心，不僅風景優美，更是台灣西部首屈一指的划船、輕艇訓練中心，每每吸引眾多的水上運動選手在此進駐，目前主要有暨南大學輕艇隊、台灣體育大學滑船隊及水里商工輕艇隊長期進駐接受訓練。月牙灣水上訓練中心於民國90年（2001）年正式啟用，除了時常舉辦國內外重大水上比賽外，此地更是台灣水上運動包括划船、輕艇國家代表隊的訓練中心。

照片 3-39：月牙灣水上訓練中心　照片來源：范姜柏宇提供

南投縣各運動場館列表如下：

表 3-30：南投縣運動場館統計表

場館名稱	地點	主要使用功能
玉峰國小環線 / 直線慢跑道（非田徑場型）	南投縣中寮鄉永平村永平路 316 號	環形 / 直線慢跑道（非田徑場型）
至誠國小視聽教室	南投縣中寮鄉永平路 489 之 1 號	體操室 / 館
至誠國小籃球場	南投縣中寮鄉永平路 489 之 1 號	籃球場、躲避球場
永樂國小籃球場	南投縣中寮鄉永福村仙峰巷 44 號	籃球場、躲避球場
和興國小籃球場	南投縣中寮鄉永樂路 154 之 1 號	籃球場

場館名稱	地點	主要使用功能
清水國小環線／直線慢跑道（非田徑場型）	南投縣中寮鄉清水村瀧林巷 3 號	環線／直線慢跑道（非田徑場型）
爽文國中田徑場	南投縣中寮鄉爽文村 4 鄰竹坪巷 40 號	田徑場
中寮鄉爽文國小對面籃球場	南投縣中寮鄉爽文村龍南路 159 號	籃球場
爽文國小活動中心	南投縣中寮鄉爽文村龍南路 159 號	躲避球場
中寮國中田徑場	南投縣中寮鄉復興村初中巷 50 號	田徑場
中寮國中活動中心	南投縣中寮鄉復興村初中巷 50 號	羽球場（館）、桌球場（館）
中寮國中籃球場	南投縣中寮鄉復興村初中巷 50 號	籃球場
永樂國小活動中心	南投縣中寮鄉福盛村永樂路 88 號	田徑場
廣福國小活動中心	南投縣中寮鄉廣福村內城巷 3 之 2 號	羽球場（館）
永和國小盪鞦韆	南投縣中寮鄉龍南路 321 之 1 號	盪鞦韆
力行國小環線／直線慢跑道（非田徑場型）	南投縣仁愛鄉力行村新望洋 67 號	環線／直線慢跑道（非田徑場型）、籃球場
仁愛高農活動中心	南投縣仁愛鄉大同村山農巷 27 號	籃球場
仁愛高農田徑場	南投縣仁愛鄉大同村山農巷 27 號	田徑場
仁愛國小運動中心	南投縣仁愛鄉大同村山農巷 5 號	田徑場
仁愛國中籃球場	南投縣仁愛鄉大同村信義巷 28 號	籃球場
仁愛國中活動中心	南投縣仁愛鄉大同村信義巷 28 號	角力場/場、武術館（教室）、羽球場（館）、舞蹈教室、桌球場（館）
中正國小田徑場	南投縣仁愛鄉中正村平等巷 114 號	田徑場
互助國小田徑場	南投縣仁愛鄉互助村中華路 19 號	田徑場
合作國小操場	南投縣仁愛鄉合作村平生路 23 號	田徑場、籃球場
清境國小風雨教室	南投縣仁愛鄉定遠新村 24 號	羽球場（館）
法治國小簡易棒球場	南投縣仁愛鄉法治村界山巷 6 號	棒球場
南豐國小田徑場	南投縣仁愛鄉南豐村楓林路 3 號	田徑場、籃球場
春陽國小籃球場	南投縣仁愛鄉春陽村永樂巷 58 號	籃球場
平靜國小田徑場	南投縣仁愛鄉都達村法觀路 17 號	田徑場、籃球場
紅葉國小籃球場	南投縣仁愛鄉發祥村仁盛路 70 號	環線／直線慢跑道（非田徑場型）、籃球場
發祥國小風雨操場	南投縣仁愛鄉發祥村光復巷 24 號	半場籃球場、排球場（館）、羽球場（館）
萬豐國小田徑場	南投縣仁愛鄉萬豐村清華巷 8 號	田徑場、籃球場
廬山國小籃球場	南投縣仁愛鄉精英村中華巷 19 號	籃球場
親愛國小籃球場	南投縣仁愛鄉親愛村高平路 3 號	籃球場
郡坑國小田徑場	南投縣水里鄉上安村水信路 3 段 303 巷 8 號	田徑場
水里鄉水里溪體健設施	南投縣水里鄉中山路一段 515 號旁	體健設施
成城國小操場	南投縣水里鄉中山路二段 150 號	籃球場、籃球場、田徑場、田徑場、綜合遊樂器材區

場館名稱	地點	主要使用功能
水里國中體育館	南投縣水里鄉民生路 68 號	籃球場
民和國中田徑場	南投縣水里鄉民和村中學路 29 號	田徑場
民和國中風雨球場	南投縣水里鄉民和村中學路 29 號	籃球場
民和國小籃球場	南投縣水里鄉民和村文明路 70 號	籃球場
永興國小網球場	南投縣水里鄉永興村林朋巷 148 號	網球場
玉峰國小環線 / 直線慢跑道（非田徑場型）	南投縣水里鄉玉峰村仁愛路 3 號	籃球場
車埕國小環線 / 直線慢跑道（非田徑場型）	南投縣水里鄉車埕村民權巷 127 號	環線 / 直線慢跑道（非田徑場型）
水里國小運動場	南投縣水里鄉南光村民族路 151 號	田徑場、籃球場
水里國小運動中心	南投縣水里鄉南光村民族路 151 號	羽球場（館）、籃球場
水里商工網球場	南投縣水里鄉南湖路 2 號	網球場
水里商工活動中心	南投縣水里鄉南湖路 2 號	籃球場
水里商工排球場	南投縣水里鄉南湖路 2 號	排球場
水里商工田徑場	南投縣水里鄉南湖路 2 號	田徑場
水里商工籃球場	南投縣水里鄉南湖路 2 號	籃球場
名崗國小籃球場	南投縣名間鄉大坑村南田路 222 號	籃球場
名間國小田徑場	南投縣名間鄉中山村彰南路 220 號	田徑場
名間國小活動中心	南投縣名間鄉中山村彰南路 220 號	室內空間
名間國中活動中心	南投縣名間鄉中山村彰南路 237 號	羽球場（館）
田豐國小田徑場	南投縣名間鄉田仔村田仔巷 40 號	田徑場、籃球場
名間鄉田仔社區籃球場	南投縣名間鄉田仔村田仔巷 41 之 2 號	籃球場
中山國小環線 / 直線慢跑道（非田徑場型）	南投縣名間鄉名松路一段 294 號	田徑場、排球場（館）、躲避球場、籃球場
弓鞋國小工鞋館	南投縣名間鄉名松路二段 580 號	羽球館
弘明實驗高中明健堂	南投縣名間鄉東湖村大老巷 102 號	羽球場（館）
僑興國小田徑場	南投縣名間鄉東湖村彰南路 259 號	田徑場
松柏嶺高爾夫球場	南投縣名間鄉炭寮村崁頂巷 36 之 1 號	高爾夫球場
新民國小環線 / 直線慢跑道（非田徑場型）	南投縣名間鄉新民村新民巷 43 號	籃球場
三光國中籃球場	南投縣名間鄉新光村名山路 50 號	籃球場
新街國小活動中心	南投縣名間鄉新街村彰南路 375 號	羽球場（館）
新街國小田徑場	南投縣名間鄉新街村彰南路 375 號	田徑場、棒球場
竹山高中籃球場	南投縣竹山鎮下橫街 253 號	籃球場
竹山高中活動中心	南投縣竹山鎮下橫街 253 號	籃球場、羽球場（館）、桌球場（館）、舞蹈教室、健身房（含重量訓練室）
竹山高中網球場	南投縣竹山鎮下橫街 253 號	網球場
竹山高中排球場	南投縣竹山鎮下橫街 253 號	排球場
竹山高中田徑場	南投縣竹山鎮下橫街 253 號	田徑場

場館名稱	地點	主要使用功能
竹山高中體育館	南投縣竹山鎮下橫街 253 號	曲棍球場、羽球場（館）
大鞍國小籃球場	南投縣竹山鎮大鞍里竹寮巷 21 號	籃球場
竹山國中活動中心	南投縣竹山鎮中山里竹山路 217 號	田徑場
竹山鎮網球場	南投縣竹山鎮公所路 100 號	網球場
前山國小活動中心	南投縣竹山鎮自強路 100 號	羽球場（館）
竹山國小游泳池	南投縣竹山鎮延和里向學街 32 號	游泳池
竹山國小活動中心	南投縣竹山鎮延和里向學街 32 號	羽球場（館）
竹山國小網球場	南投縣竹山鎮延和里向學街 32 號	網球場
竹山國小田徑場	南投縣竹山鎮延和里向學街 32 號	田徑場
竹山國小籃球場	南投縣竹山鎮延和里向學街 32 號	籃球場
延和國中活動中心	南投縣竹山鎮延和里鹿山路 40 號	羽球場（館）
竹山鎮紫南宮旁槌球場	南投縣竹山鎮社寮里大公街 40 號	槌球場
秀林國小田徑場	南投縣竹山鎮頂林路 456 號	田徑場
社寮國小活動中心	南投縣竹山鎮集山路一段 1723 號	羽球場（館）
社寮國中活動中心	南投縣竹山鎮集山路一段 1729 號	羽球場（館）、籃球場
中州國小籃球場	南投縣竹山鎮集山路一段 955 號	籃球場
中州國小排球場	南投縣竹山鎮集山路一段 955 號	排球場
中州國小環線／直線慢跑道（非田徑場型）	南投縣竹山鎮集山路一段 955 號	環線／直線慢跑道（非田徑場型）
延平國小活動中心	南投縣竹山鎮集山路二段 1161 號	羽球場（館）、排球場
中和國小大操場	南投縣竹山鎮集山路三段 1394 號	田徑場
中和國小活動中心	南投縣竹山鎮集山路三段 1394 號	羽球場（館）
雲林國小活動中心	南投縣竹山鎮雲林里大明路 666 號	羽球場（館）
雲林國小田徑場	南投縣竹山鎮雲林里大明路 666 號	田徑場
雲林國小籃球場	南投縣竹山鎮雲林里大明路 666 號	籃球場
瑞竹國中樂群館	南投縣竹山鎮瑞竹里瑞東巷 20 號	羽球場（館）
瑞竹國小活動中心	南投縣竹山鎮瑞竹里鯉南里 251 號	桌球場（館）
瑞竹國小籃球場	南投縣竹山鎮瑞竹里鯉南里 251 號	籃球場、網球場
瑞竹國小半場籃球場	南投縣竹山鎮瑞竹里鯉南里 251 號	半場籃球場、躲避球場
瑞竹國小田徑場	南投縣竹山鎮瑞竹里鯉南里 251 號	田徑場、足球場
過溪國小田徑場	南投縣竹山鎮福興里鯉南路 136 號	田徑場
過溪國小網球場	南投縣竹山鎮福興里鯉南路 136 號	網球場
桶頭國小環線／直線慢跑道（非田徑場型）	南投縣竹山鎮鯉南路 312 之 1 號	環線／直線慢跑道（非田徑場型）
鯉魚國小操場	南投縣竹山鎮鯉魚里鯉行路 92 號	田徑場
信義鄉壘球場	南投縣信義鄉人和村	棒壘球場
人和國小運動中心	南投縣信義鄉人和村民生巷 3 號	籃球場
桐林國小田徑場	南投縣信義鄉同富村太平巷 18 號	田徑場、籃球場
同富國小同心館（風雨集會教室）	南投縣信義鄉同富村同和巷 4 號	舞蹈教室

場館名稱	地點	主要使用功能
同富國小環線／直線慢跑道（非田徑場型）	南投縣信義鄉同富村同和巷 4 號	籃球場
同富國小活動中心	南投縣信義鄉同富村同和巷 7 號	羽球場（館）
地利國小田徑場	南投縣信義鄉地利村開信巷 17 號	田徑場
信義國中田徑場	南投縣信義鄉明德村玉山路 20 號	田徑場
信義國小環線／直線慢跑道（非田徑場型）	南投縣信義鄉明德村玉山路 24 號	環線／直線慢跑道（非田徑場型）、籃球場、排球場、躲避球場
東埔國小運動場	南投縣信義鄉東埔村開高巷 63 號	籃球場
龍華國小活動中心	南投縣信義鄉神木村民和巷 65-6 號	環線／直線慢跑道（非田徑場型）
久美國小環線／直線慢跑道（非田徑場型）	南投縣信義鄉望美村美信巷 54 號	環線／直線慢跑道（非田徑場型）
愛國國小田徑場	南投縣信義鄉愛國村愛國巷 108 號	籃球場
新鄉國小籃球場	南投縣信義鄉新鄉村 80 號	籃球場
潭南國小田徑場	南投縣信義鄉潭南村和平巷 49 號	田徑場
豐丘國小田徑場	南投縣信義鄉豐丘村高平巷 77 號	田徑場、籃球場
雙龍國小環線／直線慢跑道（非田徑場型）	南投縣信義鄉雙龍村光復巷 4 號	環線／直線慢跑道（非田徑場型）
南投高商田徑場	南投縣南投市三興里彰南路一段 993 號	田徑場、籃球場、排球場
南投高商活動中心	南投縣南投市三興里彰南路一段 993 號	羽球場（館）
千秋國小環線／直線慢跑道（非田徑場型）	南投縣南投市千秋里千秋路 131 巷 1 號	環線／直線慢跑道（非田徑場型）
南崗國中田徑場	南投縣南投市大庄路 94 號	田徑場、籃球場、沙灘排球場
南崗國中籃球場	南投縣南投市大庄路 94 號	籃球場
南崗國中排球場	南投縣南投市大庄路 94 號	排球場
南崗國中活動中心（中正館）	南投縣南投市大庄路 94 號	羽球場（館）、桌球場（館）、排球場
中興體育館（南投小巨蛋）	南投縣南投市中興新村榮光東路二街	綜合體育館
中興高中網球場	南投縣南投市中興新村中學路 2 號	網球場
中興高中排球場	南投縣南投市中興新村中學路 2 號	排球場
中興高中籃球場	南投縣南投市中興新村中學路 2 號	籃球場
中興高中活動中心	南投縣南投市中興新村中學路 2 號	羽球場（館）
南投特殊教育學校室外籃球場	南投縣南投市中興新村仁德路 200 號	籃球場
南投特殊教育學校活動中心	南投縣南投市中興新村仁德路 200 號	籃球場
中華民國公教人員高爾夫研習會球場	南投縣南投市中興新村光明一路 351 號	高爾夫球場

場館名稱	地點	主要使用功能
光華國小田徑場	南投縣南投市中興新村光華四路 2 號	田徑場
德興國小體育館	南投縣南投市內興里中興路 200 號	羽球場（館）
中興國中活動中心	南投縣南投市內興里新興路 309 號	籃球場、羽球場（館）
漳和國小籃球場	南投縣南投市文林路 16 號	籃球場
漳和國小活動中心	南投縣南投市文林路 16 號	羽球場（館）
和平國小籃球場	南投縣南投市平和里育樂路 62 號	籃球場
和平國小活動中心	南投縣南投市平和里育樂路 62 號	羽球場（館）
和平國小環線／直線慢跑道（非田徑場型）	南投縣南投市平和里育樂路 62 號	環線／直線慢跑道（非田徑場型）
光復國中活動中心	南投縣南投市光明里光明一路 67 號	趣味活動
光復國中田徑場	南投縣南投市光明里光明一路 67 號	田徑場、籃球場
光榮國小田徑場	南投縣南投市光榮北路 19 號	田徑場
南投縣立體育場	南投縣南投市南崗一路 300 號	田徑場
康壽國小活動中心	南投縣南投市南陽路 269 號	羽球場（館）
南投高中活動中心	南投縣南投市建國路 137 號	籃球場、室內拔河場、羽球場（館）
南投高中田徑場	南投縣南投市建國路 137 號	田徑場
南投高中室外拔河場	南投縣南投市建國路 137 號	室外拔河場
南投高中網球場	南投縣南投市建國路 137 號	網球場
南投高中籃球場	南投縣南投市建國路 137 號	籃球場
南投高中田徑場	南投縣南投市建國路 137 號	田徑場、壘球場、足球場
南投高中游泳池	南投縣南投市建國路 137 號	游泳池（館）、健身房（含重量訓練室）
南投縣立三和游泳池	南投縣南投市復興路 1 號	游泳池
漳興國小活動中心	南投縣南投市復興路 669 號	羽球場（館）
漳興國小籃球場	南投縣南投市復興路 669 號	籃球場
漳興國小田徑場	南投縣南投市復興路 669 號	田徑場
南投國小田徑場	南投縣南投市彰南路一段 1059 號	田徑場
南投國小羽球場	南投縣南投市彰南路一段 1059 號	羽球場（館）
嘉和國小田徑場	南投縣南投市彰南路一段 639 巷 80 號	田徑場
新豐國小網球場	南投縣南投市彰南路三段 221 號	網球場
新豐國小活動中心	南投縣南投市彰南路三段 221 號	籃球場、羽球場（館）
新豐國小田徑場	南投縣南投市彰南路三段 221 號	田徑場、棒壘球場
僑建國小籃球場	南投縣南投市彰南路三段 847 號	籃球場
南投國中籃球場	南投縣南投市漳和里祖祠路 361 號	籃球場、排球場、躲避球場
南投國中活動中心	南投縣南投市漳和里祖祠路 361 號	籃球場、羽球場（館）
文山國小田徑場	南投縣南投市福山里八卦路 349 號	田徑場
文山國小籃球場	南投縣南投市福山里八卦路 349 號	籃球場
南峰高爾夫球場	南投縣南投市鳳山路 336-1 號	高爾夫球場
鳳鳴國中籃球場	南投縣南投市鳳鳴里八卦路 896 號	籃球場

場館名稱	地點	主要使用功能
鳳鳴國中操場	南投縣南投市鳳鳴里八卦路 896 號	田徑場
五育高中籃球場	南投縣南投市樂利路 200 號	籃球場
南投市中山公園槌球場	南投縣南投市龍泉里玉井街 5 號	槌球場
營北國小操場	南投縣南投市營北里向上路 2 號	籃球場
營盤國小活動中心	南投縣南投市營南里營盤路 136 號	羽球場（館）
營盤國小田徑場	南投縣南投市營南里營盤路 136 號	籃球場
普台高中戶外球場	南投縣埔里鎮一新里中台路 5 號	籃球場、排球場
水尾國小活動中心	南投縣埔里鎮一新里永豐路 92 號	舞蹈教室
大成國中活動中心	南投縣埔里鎮大城路 169 號	籃球場
暨南國際大學體育館	南投縣埔里鎮大學路 1 號	籃球場、羽球場（館）、排球場（館）、桌球場（館）、舞蹈教室、游泳池（館）、健身房（含重量訓練室）
暨南國際大學壘球場	南投縣埔里鎮大學路 1 號	棒壘球場
暨南國際大學戶外球場	南投縣埔里鎮大學路 1 號	排球場、網球場
暨南國際大學田徑場	南投縣埔里鎮大學路 1 號	田徑場
暨南國際大學迷你高爾夫球場	南投縣埔里鎮大學路 1 號	迷你高爾夫球場
中峰國小羽球場（館）	南投縣埔里鎮中山路一段 228 號	羽球場（館）
中峰國小籃球場	南投縣埔里鎮中山路一段 228 號	籃球場
中峰國小環線 / 直線慢跑道（非田徑場型）	南投縣埔里鎮中山路一段 228 號	環線 / 直線慢跑道（非田徑場型）
埔里高工活動中心	南投縣埔里鎮中山路一段 435 號	集會、籃球場
埔里高工田徑場	南投縣埔里鎮中山路一段 435 號	田徑場
埔里高工射箭場	南投縣埔里鎮中山路一段 435 號	射箭場
埔里高工壘球場	南投縣埔里鎮中山路一段 435 號	壘球場
大城國小籃球場附設操場	南投縣埔里鎮中山路三段 565 號	籃球場、田徑場
普台國小體育館	南投縣埔里鎮中台路 3 號	籃球場
南光國小操場	南投縣埔里鎮中正路 251 號	田徑場
埔里鎮立綜合球場	南投縣埔里鎮六合路 228 號	籃球場
埔里鎮立游泳池	南投縣埔里鎮六合路 230 號	游泳池（館）
均頭國中(小)活動中心	南投縣埔里鎮水頭里 4 鄰水頭路 48 號	籃球場、羽球場（館）
均頭國中(小)田徑場	南投縣埔里鎮水頭里 4 鄰水頭路 48 號	田徑場、籃球場
忠孝國小籃球場	南投縣埔里鎮牛眠里守城路 28 號	籃球場
忠孝國小田徑場	南投縣埔里鎮牛眠里守城路 28 號	田徑場
史港國小田徑場	南投縣埔里鎮史港里獅子路 9 號	田徑場
史港國小風雨球場	南投縣埔里鎮史港里獅子路 9 號	籃球場
太平國小活動中心	南投縣埔里鎮合成里西安路三段 167 巷 35 號	籃球場

場館名稱	地點	主要使用功能
埔里鎮立網球場	南投縣埔里鎮西安路一段 193 號	網球場
埔里國中活動中心	南投縣埔里鎮西安路一段 193 號	羽球場（館）
埔里國中操場	南投縣埔里鎮西安路一段 193 號	田徑場
埔里國中壘球訓練中心	南投縣埔里鎮西安路一段 193 號	壘球場、宿舍、室內打擊練習場
埔里國小活動中心	南投縣埔里鎮西門里西康路 127 號	羽球場（館）
宏仁國中田徑場	南投縣埔里鎮東門里公園路 20 號	田徑場
桃米國小環線／直線慢跑道（非田徑場型）	南投縣埔里鎮桃米里桃米巷 68 號	環線／直線慢跑道（非田徑場型）
育英國小體育館	南投縣埔里鎮清新里育英街 20 號	跆拳道場（館）
愛蘭國小田徑場	南投縣埔里鎮愛蘭里鐵山路 7 號	田徑場
溪南國小運動中心	南投縣埔里鎮溪南里珠生路 68 號	籃球場、田徑場
埔里鎮福興壘球場	南投縣埔里鎮福興里	棒壘球場
麒麟國小田徑場	南投縣埔里鎮麒麟里武界路 7 號	田徑場
暨大附中活動中心	南投縣埔里鎮鐵山路 1-6 號	籃球場
暨大附中體能訓練室	南投縣埔里鎮鐵山路 1-6 號	體能訓練室
暨大附中籃球場	南投縣埔里鎮鐵山路 1-6 號	籃球場
暨大附中田徑場	南投縣埔里鎮鐵山路 1-6 號	田徑場
暨大附中室外排球場	南投縣埔里鎮鐵山路 1-6 號	排球場
暨大附中室內游泳池	南投縣埔里鎮鐵山路 1-6 號	游泳池
土城國小籃球場	南投縣草屯鎮土城里中正路 189 號	籃球場、躲避球場
土城國小活動中心	南投縣草屯鎮土城里中正路 189 號	武術館
旭光高中活動中心	南投縣草屯鎮中正路 568-23 號	羽球場（館）、籃球場
旭光國中籃球場	南投縣草屯鎮中正路 568-23 號	籃球場
旭光國中田徑場	南投縣草屯鎮中正路 568-23 號	田徑場、籃球場
旭光國中射箭場	南投縣草屯鎮中正路 568-23 號	射箭場
旭光國中空手道館	南投縣草屯鎮中正路 568-23 號	空手道館
南開大學籃球場	南投縣草屯鎮中正路 568 號	籃球場
南開大學田徑場	南投縣草屯鎮中正路 568 號	田徑場
南開大學羽球場	南投縣草屯鎮中正路 568 號	羽球場（館）
南開大學網球場	南投縣草屯鎮中正路 568 號	網球場
南開大學桌球館	南投縣草屯鎮中正路 568 號	桌球場（館）
同德家商田徑場	南投縣草屯鎮中正路培英巷 8 號	田徑場
中原國小環線／直線慢跑道（非田徑場型）	南投縣草屯鎮中原里坪腳巷 20 號	環線／直線慢跑道（非田徑場型）、籃球場
炎峰國小活動中心	南投縣草屯鎮中興路 101 號	籃球場
北投國小田徑場	南投縣草屯鎮北投里文教巷 43 號	田徑場
草屯國小田徑場	南投縣草屯鎮玉峰里玉屏路 210 號	田徑場
草屯國小活動中心	南投縣草屯鎮玉峰里玉屏路 210 號	羽球場（館）
草屯國小籃球場	南投縣草屯鎮玉峰里玉屏路 210 號	籃球場、躲避球場

場館名稱	地點	主要使用功能
草屯鎮石川里籃球場	南投縣草屯鎮石川里辦公處附近	籃球場
坪頂國小綜合球場	南投縣草屯鎮坪頂里南坪路 40 號	田徑場
草屯國中田徑場	南投縣草屯鎮炎峰里虎山路 808 號	田徑場
草屯國中活動中心	南投縣草屯鎮炎峰里虎山路 808 號	羽球場（館）
草屯鎮山腳里籃球場	南投縣草屯鎮虎山路（山腳里）	籃球場
平林國小田徑場	南投縣草屯鎮健行路 65 巷 90 號	田徑場、籃球場
草屯鎮中山網球場	南投縣草屯鎮富寮里中正路	網球場
富功國小體育館	南投縣草屯鎮富寮里中正路 567 號	羽球場（館）、桌球場（館）
草屯鎮立游泳池	南投縣草屯鎮富寮里中正路 571-1 號	游泳池
草屯鎮立體育館	南投縣草屯鎮富寮里中正路 571-2 號	羽球場（館）、桌球場（館）
草屯鎮中山運動公園	南投縣草屯鎮富寮里中正路 575 號	運動公園
敦和國小活動中心	南投縣草屯鎮敦和路 72-6 號	羽球場（館）
虎山國小活動中心	南投縣草屯鎮新生路 76 號	桌球場（館）
新庄國小籃球場	南投縣草屯鎮新庄里新庄三路 32 號	籃球場
日新國中田徑場	南投縣草屯鎮新豐里稻香路 45 號	田徑場、籃球場
碧峰國小田徑場	南投縣草屯鎮碧峰里立人路 439 號	田徑場
草屯商工籃球場	南投縣草屯鎮墩煌路 3 段 188 號	籃球場
草屯商工田徑場	南投縣草屯鎮墩煌路 3 段 188 號	田徑場
草屯商工跆拳道場 / 館	南投縣草屯鎮墩煌路 3 段 188 號	跆拳道場 / 館
草屯商工排球場（館）	南投縣草屯鎮墩煌路 3 段 188 號	排球場
草屯商工羽球場	南投縣草屯鎮墩煌路 3 段 188 號	羽球場（館）
草屯商工活動中心	南投縣草屯鎮墩煌路 3 段 188 號	羽球場（館）
草屯商工桌球場（館）	南投縣草屯鎮墩煌路 3 段 188 號	桌球場（館）
草屯商工網球場（館）	南投縣草屯鎮墩煌路 3 段 188 號	網球場（館）
草屯商工撐竿跳館	南投縣草屯鎮墩煌路 3 段 188 號	撐竿跳訓練館
草屯商工健身房（含重量訓練室）	南投縣草屯鎮墩煌路 3 段 188 號	健身房（含重量訓練室）
僑光國小田徑場	南投縣草屯鎮稻香路 20-2 號	籃球場
僑光國小活動中心	南投縣草屯鎮稻香路 20-2 號	羽球場（館）
僑光國小網球場	南投縣草屯鎮稻香路 20-2 號	網球場
雙冬國小田徑場	南投縣草屯鎮雙冬里中正路 34 號	田徑場、籃球場
北山國小綜合球場	南投縣國姓鄉中正路 4 段 119-1 號	綜合球場
北山國中籃球場	南投縣國姓鄉北山村中正路四段 157 號	籃球場
北梅國中角力場 / 武術館（教室）	南投縣國姓鄉北港村國姓路 62 號	角力場 / 武術館（教室）
北港國小籃球場	南投縣國姓鄉北港村國姓路 63 號	籃球場
國姓國中排球場	南投縣國姓鄉石門村國姓路 237 號	排球場
國姓國中籃球場	南投縣國姓鄉石門村國姓路 237 號	籃球場
國姓國小活動中心	南投縣國姓鄉石門村國姓路 311 號	桌球場（館）
國姓國小籃球場	南投縣國姓鄉石門村國姓路 311 號	半場籃球場

場館名稱	地點	主要使用功能
國姓鄉游泳池	南投縣國姓鄉長春街 3 號	游泳池
長流國小田徑場	南投縣國姓鄉長流村大長路 559 號	籃球場
長福國小田徑場	南投縣國姓鄉長福村大長路 71 號	籃球場、排球場
港源國小網球場	南投縣國姓鄉南港村港頭巷 60 號	網球場
南港國小籃球場	南投縣國姓鄉南港路 112 之 8 號	籃球場
育樂國小田徑場	南投縣國姓鄉柑林村中正路 2 段 223 號	田徑場
乾峰國小籃球場	南投縣國姓鄉乾溝村中西巷 3 號	籃球場、環形／直線慢跑道（非田徑場型）
福龜國小籃球場	南投縣國姓鄉福龜村長壽巷 83 號	籃球場
福龜國小活動中心	南投縣國姓鄉福龜村長壽巷 83 號	桌球場（館）
大林村社區籃球場	南投縣魚池鄉大林村嵩山巷 13 號	籃球場
五城國小環線／直線慢跑道（非田徑場型）	南投縣魚池鄉五城村華龍巷 1 之 2 號	環線／直線慢跑道（非田徑場型）
德化國小田徑場	南投縣魚池鄉日月村中正路 211 巷 1 號	籃球場
明潭國中風雨球場	南投縣魚池鄉水社村中山路 190 號	羽球場（館）
明潭國小田徑場	南投縣魚池鄉水社村中山路 190 號	田徑場
明潭國小籃球場	南投縣魚池鄉水社村中山路 190 號	籃球場
共和國小田徑場	南投縣魚池鄉共和村五馬巷 57 之 1 號	田徑場
共和村社區籃球場、羽球場	南投縣魚池鄉共和村五馬巷 59 號	籃球場、羽球場
魚池鄉網球場	南投縣魚池鄉秀水巷 33 號	網球場
東光國小足球場	南投縣魚池鄉東光村慶隆巷 36 號	足球場
東光國小籃球場	南投縣魚池鄉東光村慶隆巷 36 號	籃球場、排球場
魚池國中體育館	南投縣魚池鄉魚池村魚池街 441-6 號	羽球場（館）
魚池國小網球場	南投縣魚池鄉魚池村瓊文巷 41 號	網球場
魚池國小活動中心	南投縣魚池鄉魚池村瓊文巷 41 號	羽球場（館）
魚池國小田徑場	南投縣魚池鄉魚池村瓊文巷 41 號	田徑場
魚池國小籃球場	南投縣魚池鄉魚池村瓊文巷 41 號	籃球場
月牙灣水上訓練中心	南投縣魚池鄉	划船、輕艇訓練中心
新城國小網球場	南投縣魚池鄉新城村通文巷 7 之 1 號	網球場
社頭國小環線／直線慢跑道（非田徑場型）	南投縣魚池鄉頭社村平和巷 105 號	環線／直線慢跑道（非田徑場型）
瑞峰國中田徑場	南投縣鹿谷鄉仁愛路 154 之 1 號	田徑場
瑞峰國中籃球場	南投縣鹿谷鄉仁愛路 154 之 1 號	籃球場、排球場
內湖國小活動中心	南投縣鹿谷鄉內湖村興產路 51 號	桌球場（館）
文昌國小其他	南投縣鹿谷鄉竹林村光復路 96 號	活動中心
秀峰國小田徑場	南投縣鹿谷鄉秀峰村仁愛路 152 號	田徑場
初鄉國小環線／直線慢跑道（非田徑場型）	南投縣鹿谷鄉初鄉村仁愛路 259 號	田徑場、籃球場
和雅國小環線／直線慢跑道（非田徑場型）	南投縣鹿谷鄉和雅村愛鄉路 55 號	環線／直線慢跑道（非田徑場型）

場館名稱	地點	主要使用功能
鹿谷國小網球場	南投縣鹿谷鄉鹿谷村中正路 2 段 174 號	網球場（館）
鹿谷國小活動中心	南投縣鹿谷鄉鹿谷村中正路 2 段 174 號	羽球場（館）
鹿谷國小田徑場	南投縣鹿谷鄉鹿谷村中正路 2 段 174 號	田徑場、籃球場
瑞田國小環線 / 直線慢跑道（非田徑場型）	南投縣鹿谷鄉瑞田村仁愛路 80 號	籃球場
鹿谷國中活動中心	南投縣鹿谷鄉彰雅村仁義路 94 之 1 號	羽球場 (館), 排球場 (館)
鹿谷鳳凰二村籃球場	南投縣鹿谷鄉鳳凰村二城	籃球場
鳳凰國小環線 / 直線慢跑道（非田徑場型）	南投縣鹿谷鄉鳳凰村仁義路 35 之 1 號	田徑場、躲避球場
鳳凰國小活動中心	南投縣鹿谷鄉鳳凰村仁義路 35 之 1 號	羽球場（館）、桌球場（館）
廣興國小籃球場	南投縣鹿谷鄉廣興村興產路 97 號	籃球場
廣興國小田徑場	南投縣鹿谷鄉廣興村興產路 97 號	田徑場、足球場
集集鎮綜合運動場	南投縣集集鎮民生路 61 號	網球場（館）, 籃球場
永昌國小活動中心	南投縣集集鎮永昌里東昌巷 4 號	羽球場（館）
永昌國小田徑場	南投縣集集鎮永昌里東昌巷 4 號	田徑場
隘寮國小田徑場	南投縣集集鎮田寮里田寮巷 4 號	田徑場
集集鎮立游泳池	南投縣集集鎮成功路 201 號	游泳池
集集國小田徑場	南投縣集集鎮育才街 147 號	田徑場
集集國小運動中心	南投縣集集鎮育才街 147 號	羽球場（館）
和平國小田徑場	南投縣集集鎮和平里集集街 178 號	田徑場
富山國小環線 / 直線慢跑道（非田徑場型）	南投縣集集鎮富山里大坪巷 24 號	環線 / 直線慢跑道（非田徑場型）
集集國小活動中心	南投縣集集鎮集集里成功路 200 號	羽球場 (館), 柔術場

資料來源：教育部體育署及筆者整理

　　針對各級學校運動場館與設施之建置及管理情形進行分析，在建置方面，專用運動場地部分調查籃球場、排球場、網球場……等一般運動場地之數量。在管理方面，分別調查運動場地開放情形、清潔人員及管理單位之情形。在其他方面，調查利用空閒教室設置為簡易運動教室之校數，學校運用校外鄰近相關設施實施體育教學情形，以及各校每位學生平均可利用之運動空間。

　　因不同學制會共用同一運動場地（例如：完全中學的國中部與高中部是共用同一運動場所），為求資料的正確，所以場地的運用，都歸屬到共同使用場地的最高學制計算之，如國小與國中共用一田徑場，則該田徑場會歸在國中計算。

　　就南投縣全縣各級學校運動場館與設施所擁有的校數及比例來說，相對全國總比例來看，也許是經費的不足，或者是中央的不重視，因此大多遠遠落後全國總比例，而使得本縣再發展體育運動方面較為艱辛與困難。

　　以下則為本縣各學校場館統計。

表 3-31：南投縣設置運動場館設施之校數及比例統計表

	田徑場		體育館		風雨操場		室內游泳池		室外游泳池	
	校數	佔縣市百分比	校數	佔縣市百分比	校數	佔縣市百分比	校數	佔縣市百分比	校數	佔縣市百分比
南投縣	162	83.94%	89	46.11%	24	12.44%	6	3.11%	2	1.04%
全國	3595	89.45%	1878	46.73%	724	18.01%	321	7.99%	145	3.61%

	籃球場		排球場		網球場		足球場		棒壘球場	
	校數	佔縣市百分比	校數	佔縣市百分比	校數	佔縣市百分比	校數	佔縣市百分比	校數	佔縣市百分比
南投縣	179	92.75%	78	40.41%	43	22.28%	16	8.29%	12	6.22%
全國	2850	95.79%	1766	43.94%	781	19.43%	761	18.94%	271	6.69%

	攀岩場		保齡球場		極限運動場		手球場		高爾夫練習場	
	校數	佔縣市百分比	校數	佔縣市百分比	校數	佔縣市百分比	校數	佔縣市百分比	校數	佔縣市百分比
南投縣	1	0.52%	0	0.00%	0	0.00%	0	0.00%	1	0.51%
全國	148	3.68%	2	0.05%	4	0.10%	53	1.30%	41	1.01%

	韻律教室		體操教室		重量訓練室		桌球場		技擊教室（場）	
	校數	佔縣市百分比	校數	佔縣市百分比	校數	佔縣市百分比	校數	佔縣市百分比	校數	佔縣市百分比
南投縣	13	6.67%	3	1.54%	6	3.08%	12	6.15%	1	0.51%
全國	571	14.01%	133	3.26%	406	9.96%	674	16.54%	122	2.99%

	遊戲場		撞球室		室外羽球場		射箭場		水域運動場	
	校數	佔縣市百分比	校數	佔縣市百分比	校數	佔縣市百分比	校數	佔縣市百分比	校數	佔縣市百分比
南投縣	9	4.62%	1	0.51%	3	1.54%	2	1.03%	0	0.00%
全國	312	7.65%	129	3.16%	87	2.13%	66	1.62%	22	0.54%

資料來源：教育部體育署

　　若以學生平均使用體育場館及設施的空間來看，本縣由於位處於偏鄉地區，學生人數不比大都會，因此各級學校相對使用空間來看，較為寬廣。但設施的不足，也使得在選手的培訓方面，倍感吃力。

　　以國小學生來看，102 學年度各縣市國小學生每人使用運動空間約 10.50 平方公尺，其中最高為台東縣，平均每生使用運動空間為 41.46 平方公尺，最低為新北市 4.79 平方公尺，而南投縣每生使用運動空間，平均每生有 21.75 平方公尺，在所有縣市當中排名第5；在國中生方面，102 學年度各縣市國中學生每人使用運動空間約 11.56 平方公尺，其中每生使用運動空間最大的縣市為連江縣，平均每生有 119.68 平方公尺，運動空間最小的縣市為新北市，平均每生僅有 5.43 平方公尺，而南投縣國中生每生使用運動空間，平均每生有 20.03 平方公尺，在所有縣市當中排名第 7；而在高中職學生方面，102 學年度各縣市高中職學生每人使用運動空間約 6.35 平方公尺，其中每生使用運動空間最大的縣

市為臺東縣，平均每生有 40.53 平方公尺，運動空間最小的縣市為臺北市，平均每生僅有
3.99 平方公尺，南投縣高中職學生每生使用運動空間為 10.15 平方公尺，在所有縣市中排
名第 7；大專生方面，102 學年度大專校院學生每人使用運動空間約 3.95 平方公尺，其中
平均每生使用運動空間最大的縣市為臺東縣，平均每生有 13.90 平方公尺，運動空間最小
的縣市為臺中市，平均每生僅有 2.35 平方公尺，至於南投縣大專院校，平均每生所利用
的運動空間約為 5.45 平方公尺，在全國當中排名第八。

表 3-32：南投縣各級學校學生平均每人使用運動空間統計表

學校層級		學校總運動空間 （平方公尺）	總學生人數	每生使用運動空間 （平方公尺／人）
國小	南投縣	614,270	28,247	21.75
	全國	13,576,013	1,293,447	10.50
國中	南投縣	209,312	15,391	20.03
	全國	7,326,495	633,598	11.56
高中	南投縣	175,612	17,296	10.15
	全國	6,028,781	949,302	6.35
大專	南投縣	55,615	10,201	5.48
	全國	3,816,979	965,635	3.95

資料來源：教育部體育署

　　本縣的場館運用上，前面已經提及，由於本縣資源短缺，因此在運動場館方面較為
不足，加上有某些場館的使用率並不高，因此常有被謔稱之為「蚊子館」，如有小巨蛋
之稱的中興體育館。加上經費短缺，有許多學校的運動場地都已老舊不堪，對學生或民
眾而言都是一大危機，幸好近幾年來在南投體育會會長潘一全及立法委員許淑華的積極
爭取下，有許多學校田徑場已爭取得中央的經費補助，得以改善，這對本縣的運動體育
發展，實有相當大之助益。

照片 3-40：中興體育館小巨蛋　照片來源：筆者拍攝

第二節　重要體育賽會

南投縣歷年在教育處、體育會及各單項委員會的積極努力之下，在各級中小學重點發展運動項目及利用體育班培育優秀運動人才，並結合體育會相關單項運動委員會的協助，辦理南投體育人才培訓計畫，近年來已見相當之成效，在各項體育競賽，包括全中運、全民運動會及各單項體育競賽皆有良好表現，甚至於 2014 年仁川亞運南投子弟辜翠萍更贏得空手道女子 50 公斤級金牌。

南投縣體育會各單項委員會及學校單位在多年來積極培訓的成果，近幾年來已逐漸顯現出甜美的果實。草屯商工自 1971 年代起推動撐竿跳運動，在資深教練許振芳老師的領導下，屢獲佳績，尤其在女子撐竿跳方面，更常常是國內高中女子撐竿跳的霸主；埔里國中、埔里高工於民國 82 年組織女子壘球隊，在歷年教練團的訓練指導之下，多次在全國賽及國際賽中獲得佳績，亦培育出不少女壘國手，例如江慧娟、林素華、陳妙怡、賴孟婷等人，儼然為中華女壘隊的國手搖籃；國姓國中空手道隊，教練黃泰吉、廖德蘭夫婦在九二一地震後，放棄在臺中道館的穩定收入，毅然絕然的回到南投協助九二一孤兒及中輟生，1991 年在國姓國中成立空手道隊，在經過夫婦多年的努力之下，不僅改變了國姓國中中輟等問題學生的惡習，空手道隊更是屢屢在全國大賽中獲得佳績，並栽培出如辜翠萍等多名國手。

南投縣過去因為場館的缺乏，因此一直未能舉辦區運或全運會等全國性的大型運動會，但隨著縣立體育場、縣立游泳池的完工，及各學校運動場館的完成，加上南投縣政府、體育會、各單項委員會及各學校努力，近幾年來，南投縣也舉辦了許多全國性質的運動會及單項國際性比賽，如 97 年全國中學運動會、101 年全民運動會、每年的泳渡日月潭等。

一、97 年全國中等學校運動會

中華民國 97 年（2008）4 月 26 日，全國中等學校運動會在南投縣展開序幕，這是南投建縣 56 年來第一次接辦全國中等學校運動會。縣政府團隊全體總動員以精緻、多元、豐富、創新、活潑等五大主軸目標，全心全力承辦此次的運動體育競賽活動。

為了辦好此次的全中運，南投縣可以說全縣總動員，本次大會是以臺灣黑熊——庫比為吉祥物，而除了提供良好的比賽環境跟選手村外，此次運動會還有五項創舉，包括：1. 全縣各機關團體學校，每人皆配戴可愛庫比熊紀念章。2. 創作庫比主題曲輕快活潑，大家容易朗朗上口。3. 以傳統邵族「鑽木取火」方式引燃聖火。4. 首創頒發「單項競賽績優特別獎」。5. 特別為競賽得獎人製作「個人化郵票獎狀」。6. 具創舉與多元特色的開幕典禮。此外，在開幕當天，南投縣政府還準備了許多南投在地特色小吃，招待所有與會選手及隊職員品嚐「南投美食」，並以南投「竹」為素材，進行比賽場地的意象布置，可以說完全展現南投縣的在地特色與熱情。

在開幕式當天晚上，南投縣政府還邀請星光幫成員舉行選手之夜，讓選手們感受南投人歡迎各地中學生參與此次的賽會的真誠。而除了大量的工作人員外，比賽期間，南投縣還出動了 3000 多名志工，在選手村及各比賽場地協助選手們參與比賽，並隨時報導比賽最新成績。而為了使選手能夠瞭解南投之美，縣政府還舉辦了「九族文化村一日遊」免費招待參與選手、隊職員出訪九族文化村。此外，南投縣政府還配合此次運動會，進行許多的藝文活動，包括各項民俗技藝及傳統美食展、魔術嘉年華、體育文物展、活力青春樂團表演、「97 全中運」攝影比賽、環保海報比賽、繪畫比賽、作文比賽等。

此次比賽總共參與選手人數高達 6855 人，最後成績如下表：

表 3-33：97 全中運大會特別獎獲獎單位及獎牌統計

種類	獲獎單位	金牌	銀牌	銅牌
田徑總錦標	臺北縣	13	8	9
游泳總錦標	臺北市	20	17	16
體操總錦標	高雄市	13	11	14
射箭總錦標	臺北縣	4	0	1
跆拳道總錦標	臺北縣	11	10	10
柔道總錦標	臺北縣	9	11	13
舉重總錦標	高雄縣	11	6	2
羽球總錦標	臺北市	4	3	4
桌球總錦標	臺北縣	3	2	1
網球總錦標	臺北市	10	2	2
軟式網球總錦標	雲林縣	5	4	1
角力總錦標	臺北縣	13	11	10
空手道總錦標	南投縣	12	8	8

資料來源：《中華民國 97 年全國中等學校運動會成果報告書》，頁 254。

二、101 年全民運動會

民國 101 年（2012）11 月 3 日晚上，全民運動會在南投縣立體育場開幕，當時的行政院長陳冲站在司令台上，校閱通過台前的各縣市隊伍的 8 千多名運動員。這一幕讓南投人感動不已，雖然說全民運動會的比賽項目，大多跳脫正統運動會，像舞龍舞獅、槌球、太極拳等，但全民運動會已是南投縣建縣 60 年來，舉辦過最大的大型運動會。

為了使這山城有史以來最大的運動賽事能夠辦的有聲有色，縣政府秘書長陳正昇要求全縣每一所中小學校長都必須入場擔任接待的工作；另外，南投縣十三個鄉鎮，都有著名的地方小吃，像南投意麵、草屯合歡米糕肉飯、水里肉羹、竹山碗粿……等，陳秘書長商請十三鄉鎮市農會總幹事，由每個農會推出幾樣自己的特色小吃，讓全臺來南投參與運動會的選手與隊職員，在開幕當天，都能享受到南投人的熱情與美食。另外，在比賽期間，也出動許多遊覽車繞行於選手村與各比賽場地，甚至遊覽車也跑溪頭、日月

潭、清境農場等風景區，免費載送沒有賽事的選手出去玩。

南投縣主辦全民運動會，中央補助只有4千萬元，經費仍嫌不足，為了補足不夠款項，陳秘書長帶領著教育處長黃寶園等人，四處募款，共募得了1千多萬元，如中台禪寺捐了2百萬，草屯惠德宮、竹山紫南宮也各捐了一百萬。此外，還有些廠商認領大型看板、有人捐帽子等，南投在地廠商、廟宇及居民無不同心協力，以最少的經費，用了最大的創意及熱情，將此次運動會辦的有聲有色。

比賽期間，南投縣的國中小全部停課，有不少的學生到運動場上擔任志工，甚至有部分學生，由老師帶領著，在各比賽會場採訪、報導最新比賽成績。「全民運快報」天天出刊，供人閱覽，而地方電視台，每天也都有全民運動會深度報導。此外，在比賽後南投縣政府還舉辦中小學「全民運動會在南投」藝文比賽、全民運動會攝影比賽，幾乎整個運動會，南投縣民全民動員。

全民運動會經過5天的激烈競賽，最後由台中市獲得總統獎、行政院長獎則由高雄市奪得，立法院長獎則為台北市。

三、104 全國原住民族運動會

民國 104 年（2015）原住民運動會於 3 月 28 日至 30 日於南投縣立體育場舉行，共計有 5330 位選手參加。原住民運動會，除了有田徑、籃球、排球、空手道等 13 項競技項目外，還融入原住民傳統的民俗體育競賽，如負重接力、傳統拔河、傳統舞蹈、傳統射箭、傳統摔跤等五項。

此次原住民運動會的安排有著幾項特色，除了有聖火 16 族聖山聖域祈福傳遞、開幕式原住民服飾進場、原民之音大合唱外，還有原民百人太鼓、狼煙報喜等饒富原住民文化特色的創舉。此外，本次大會總錦標「冠軍寶瓶」，以「天、地、人」三元素設計而成，天：「非龍」圖騰象徵最高榮譽；地：以南投盛產之「竹」巧編而成象徵運動員堅毅不拔團隊合作之意志；人：「山豬獠牙」圖騰象徵原住民族最強勇士。

過往由於有舉辦 97 年全中運及 101 年全民運動會等大型賽會的經驗，因此此次原住民運動會南投縣政府團隊及原民運動會籌備處所有工作人員、贊助廠商及志工，共同積極投入，規劃優質的場館、完備的賽會服務。在另外還成立了大會刊物「大會公報」及「大會快報」及時的報導原民運動會賽事狀況。

在經過三天的激烈比賽之後，最後大會總錦標由南投縣以 28 金、21 銀、10 銅奪得，比上屆 5 金、6 銀、10 同大幅成長。亞軍為花蓮縣，季軍桃園縣。

四、泳渡日月潭

南投縣是全臺灣省唯一不靠海的縣市，但卻擁有中外遠近馳名的風景優美的日月潭，是國外遊客到臺灣必遊之景點。而泳渡日月潭於 1983 年開始，於每年中秋節前後舉行，每年都會吸引來自海內外的游泳健將，齊聚日月潭的朝霧碼頭，參與 3000 公尺的泳渡之

旅。2002年，泳渡日月潭這項活動被正式列入世界游泳名人堂，每年皆吸引成千上萬的泳將報名，成為「萬人泳渡日月潭」的嘉年華盛事。

　　民國100年（2011），正值中華民國建國100年，南投縣政府在縣長李朝卿及發起人簡明標的策劃下，更將泳渡日月潭、中潭公路馬拉松、武嶺單車挑戰三項比賽結合，舉辦了百萬獎金的超級鐵人三項。此項活動各界參與的踴躍程度，超乎預期，堪稱國內規模最大運動慶典，更風光的入選由交通部觀光局遴選全台22個最具代表性的國際及活動。

　　然而為了使此項活動不僅僅是比賽，也是一項全民參與的體育活動，因此採用彈性的報名方式，讓每個有興趣的人，都能參與這場盛會，也達到推廣全民運動的目的。當然，整場活動也帶來可觀的經濟效益，除了原本就很熱門的日月潭風景，亦可眺望群山連綿與雲海美景的武嶺路段，這使得南投的好山好水可以盡收於遊客眼前。

照片3-41：2012年泳渡日月潭活動　照片來源：林勁廷提供

第三節 重要體育人士、運動員與運動團隊

南投縣好山好水，是一個具有相當健康環境的縣市，加上擁有許多運動天分特優的原住民，是一個相當適合栽培優秀運動員的地方。然而南投縣卻因為經費缺乏、器材短缺，因此在許多運動的推廣及訓練上，總比不上臺北市、新北市、高雄市或臺中市等大都會區。然而，在南投縣政府教育處及體育會等相關單位的積極努力下，也培育出許多優秀的運動選手，並寫下了不少感人故事。以下就對南投運動體育具有貢獻的重要人士（南投縣體育會及委員會推薦）、優秀運動員（亞奧運奪牌選手）及優秀體育團隊（培養出多名亞奧運國手或在世界錦標賽奪冠）簡略介紹：

一、重要體育人士（南投縣體育會及各委員會推薦）

潘一全（1970～）

南投縣埔里鎮人，現任南投縣議會副議長，目前擔任南投縣體育會會長，潘會長長期為南投體育發展發聲出力，尤其對於南投縣整體體育環境的改善可以說不遺餘力，不僅促使南投縣女子壘球運動成為國家代表隊的搖籃，更每年舉辦國際女子壘球邀請賽，使得南投縣不僅逐漸朝向運動大縣方向前進，更透過國際邀請賽來增加南投縣在國際間的能見度。

潘一全會長曾任中華民國壘球協會理事長，現任為中華民國壘球協會榮譽理事長，民國 103 年〔2014〕10 月 29 日更當選為亞洲壘球聯合會會長。而為了使女子壘球選手能夠得以延續其球員生涯，在潘會長及中華民國壘球協會理事長陳任邦等人的努力策劃下，中華民國女子壘球企業聯賽終將成形，將於 105 年 6 月展開賽程，而潘會長也將擔任南投企聯鷹隊的領隊。

照片 3-42：潘一全照

許淑華（1975～）

南投縣南投市人，現任南投縣立委、體育會跆拳道委員會主任委員，曾任南投市體育會主委，對於南投縣發展體育大力相助，尤其在南投縣子弟兵的運動設施經費的爭取更是不遺餘力。在國際賽中表現非常優異的南投縣國立南投高中拔河隊，於民國 104 年〈2015〉在中華民國拔河協會錦標賽暨2016 荷蘭世界盃拔河國手選拔

照片 3-43：許淑華照

賽中拿下 4 項賽事冠軍，將代表我國參加在荷蘭舉辦的世界盃拔河錦標賽。唯 400 萬元經費苦無著落，立委許淑華為協助他們追求世界金牌夢，積極接洽體育署、外交部，並爭取民間資源襄助。此外，南投地區許多學校運動場因經費短缺年久失修，在許淑華立委的奔走下，體育署也允諾提撥經費予以修護，為南投學童在從事體育運動時能夠有個較安全的環境。

張家興（1960～）

南投縣埔里鎮人，現任中華民國壘球協會秘書長，台灣師範大學體育系畢業。張家興秘書長師大畢業後即投入南投縣體育教育，並長期關懷本縣女子壘球發展。在其任教埔里國中期間帶領埔里國中女子壘球隊屢創佳績，並曾率領南投縣女子壘球隊參與區運會。其特殊事蹟如下：

照片 3-44：張家興照　照片來源：宋以力提供

1994 -- 南投縣推展體育有功人員。

1994-- 南投縣推展體育有功人員。

1995-- 南投縣優良教師。

1996-- 台灣省培養優秀原住民人才獎。

2004-- 93 年全國女子棒球錦標賽教練獎

洪銘惠（1962～）

南投縣南投市人，現任南投縣體育會總幹事，一上任即致力於南投縣體育會的改革，除了解決南投縣體育會長年引人詬病的幽靈會員問題，確立體育會會員資格並將人數確立已達人民團體法資格外。並為了使各單項協會在財務上能更健全，於各單項委員會的捐助上，直接撥與各委員會，並由各委員會開立各委員會獨立的統一編號，不再透過體育會轉達，以求財務透明化。此外，洪銘惠本身亦具

照片 3-45：洪銘惠照　　照片來源：宋以力提供

有 ISF 國際壘球總會國際裁判及國家 A 級棒壘球裁判資格，長年致力於南投縣壘球的推廣，近年來南投女壘於國家比賽中屢創佳績，洪總幹事貢獻良多。

經歷：

南投縣體育會總幹事

南投縣體育會壘球委員會裁判長

(I.S.F) 國際壘球總會國際級裁判員

中華民國壘球協會裁判組副組長

企業女子壘球聯賽審判委員

中華民國體育運動總會國家級壘球教練員

中華民國棒球協會國家 A 級裁判

曾信彰（1974～）

曾信彰，高雄市人，國立臺灣體育大學畢業，為 1989 年第 1 屆 IBA 世界青少棒賽、1991 年加拿大阿爾伯他世界杯青棒賽中華紅隊代表、1992 年第 12 屆 IBA 世界青棒賽中華代表隊、1993 年勞德岱堡青棒賽中華隊國手，職棒生涯為臺灣大聯盟宏碁金剛隊。1999 年任教於埔里國中、擔任女壘隊教練，多屆中華女壘隊總教練及教練，2001 年獲聘為南投縣政府專業教練，目前為埔里高工、暨南大學女子壘球隊教練，及企業女子壘球聯賽南投鷹壘球隊總教練。

照片 3-46：曾信彰照　　照片來源：曾信彰提供

許振芳（1940～）

　　許振芳先生，臺灣南投縣人，畢業於臺灣省立體專。畢業後，應當時草商校長鄭秉權聘請回母校擔任體育組長兼任田徑教練，35 年的田徑教練生涯後，91 年（2002）8 月退休，仍繼續推展體育，培育優秀選手。至今仍擔任國立草屯商工義務田徑教練、臺灣撐竿跳高運

照片 3-47：許振芳照　　照片來源：范姜柏宇提供

動聯盟會長、中華民國田徑協會理事、南投縣體育會田徑委員會總幹事、國立草屯商工文教基金會董事（84 年創立基金會至今），出錢出力、無私無我，並肩負推展田徑運動重任，栽培無數體育選手進入大專校院就讀。許教練一家都為運動健將，其子許弘恩、許弘毅分別任教於南開科技大學及大葉大學體育組，而其孫子許進德，更在其訓練下屢創佳績，尤其於 2016 年獲得 U18 世界杯田徑錦標賽撐竿跳冠軍，更是令人感到雀躍。
其特殊事蹟如下：
1978—臺灣省特殊優良教師。
1994—臺灣省杏壇芬芳錄
1992 至 1998 年全國十大績優田徑教練
2000—行政院體育委員會傑出教練菁英獎
2003—行政院體育委員會基層體育奉獻菁英獎
2009—全國田徑撐竿跳高績優教練獎

黃泰吉（1973～）、廖德蘭（1972～）夫婦

　　黃泰吉，高雄市人；廖德蘭，南投縣中寮人，夫婦皆畢業於國立台中體育學院，兩人都曾奪得台灣區空手道比賽冠軍，廖德蘭是國家級教練。九二一地震後，為了使南投地區貧苦無依的學生不至於沈淪，兩夫婦放棄臺中道館一個月十幾萬的收入，來到本縣國姓鄉教空手道。旗下學生在國內外獲獎無數，當中辜翠萍還獲得仁川亞運空手道金牌。目前黃泰吉教練任教於旭光高中空手道隊教練。

照片 3-48：黃泰吉、廖德蘭夫婦照

吳松森（1943～）

吳松森，南投縣人，為本縣柔道界的傳奇。吳松森是在民國65年（1976）起，開始為當時名為「南開工專」的學生，設立「柔道社」，並教導柔道社學生的「以柔克剛」之術，開創南開科技大學的柔道之路。吳松森甚至搭配了草屯警方的柔道訓練，將柔道技能推至全鎮。

照片 3-49：吳松森照　照片來源：何贊至提供

由於吳松森的柔道之術讓不少柔道界人士肯定，因此也讓南投縣政府注意到，所以邀請他擔任全縣柔道教師與比賽隊伍的領軍者，是南投縣柔道界常事。如今，吳老師居住台中長安護理之家，其學生、弟子仍時常探望，雖然吳老師已退休，但他的柔道精神會深深地影響著南投柔道界。

李松鑫（1969～）

南投縣草屯人，民國84年（1995）草屯國小體育組長希望成立提倡武德的體育團隊，於是找練過柔道、當時正在餐廳當廚師的李松鑫來當教練。李教練利用餐廳下午休息的空檔教課，草屯國小柔道隊很快就打出名號、屢奪佳績。爾後，草屯國中便成立柔道隊來加以銜接。由於柔道隊大部分學生來自山區的原住民家庭，多數家境清寒，加上學校能提供的資源有限，學費、住宿費、比賽費用，常要靠李教練張羅、代墊。然而一個專業教練薪水有限，加上還有家庭兒女需要教養，因此李教練只好再找一個晚上兼差工作，這樣日夜操勞的結果，造成李教練身心俱疲，而曾經有過放棄的念頭。幸好，民國93年（2004）7月，擅長角力、柔道的體育老師林靜妙來到草屯國中，發現李教練精神、體力長期透支的狀況，因此主動提出由她負責晨間訓練，李教練才有時間

照片 3-50：李松鑫照

返家休息，補充體力。在李松鑫教練的辛勞付出下，本縣柔道運動在他的默默付出下，近幾年成績日益顯現，逐漸開花成果，屢屢在全中運取得佳績，為南投縣柔道扎下良好的基礎。

二、優秀運動員（亞奧運奪牌選手）

乃慧芳（1969～）

　　乃慧芳，南投縣埔里人，草屯商工畢業，國立體育大學運動教練研究所碩士，擅長跳遠及三級跳遠，是台灣男子跳遠（8.34m）及三級跳遠（16.65m）兩項全國紀錄保持人。他曾獲得 1989 年亞洲田徑錦標賽男子跳遠金牌（8.07m）及男子三級跳銅牌（16.65m）、1991 年亞洲田徑錦標賽男子跳遠銅牌（7.85m）、1993 年亞洲田徑錦標賽男子跳遠銅牌（8.08m）。

照片 3-51：乃慧芳照　照片來源：宋以力提供

張可欣（1980～）

　　張可欣，南投縣草屯人，草屯商工畢業，國內女子撐竿跳紀錄保持人，先後在八屆區運和全運中奪得金牌，並且代表我國參加亞洲田徑錦標賽於 2000 年、2005 年奪得女子撐竿跳銀牌，目前女子撐竿跳全國記錄仍是由其所保持（4.10m）。她在美國運動學院取得運動管理教育博士後，獲啟蒙教練許振芳老師推薦，在文化大學擔任助理教授。2014 年，張可欣與籃球國手周俊三合作研發撐竿跳訓練的「重量感應顯示器」參加莫斯科阿基米德發明展勇奪一金牌、一特別獎。

照片 3-52：張可欣照　照片來源：聯合報系資料照片

江慧娟（1981～）

　　江慧娟，南投縣埔里人，埔里高工、臺灣師大畢業，1998年亞運，以17歲年齡成為亞運女子壘球代表團最年輕的國手，往後「大砲」江慧娟就成為中華女壘隊在國際賽場上不可或缺的第四棒，尤其在2010年廣州亞運砲打當紅日本速球投手上野由歧子更是轟動世界女壘界。目前身兼暨南大學女壘隊教練、埔里國中體育老師

照片3-53：江慧娟照　　照片來源：宋以力提供

及女壘企業聯賽南投鷹隊的一員，身兼三種角色的「大砲」，除了教學跟訓練球員外，更以自己的表現為表率，帶領南投縣女壘隊持續發展。

林素華（1980～）

　　林素華，南投縣埔里人，埔里高工、臺灣師大畢業，1999年當選世界杯青年女子組中華隊國手開始，就一直為中華隊所不可或缺的主力投手。2000年九二一地震後的桃園全運會，林素華更是在最後一天兩場比賽連投14局完封對手，幫助南投縣奪得冠軍，而獲取「女鐵人」的稱號，2014年亞運中華女壘隊擊敗大陸而獲得亞軍。目前林素華為埔里高工教師及女壘教練，並為女壘企業聯賽南投鷹隊的主力投手。

照片3-54：林素華照　　照片來源：宋以力提供

黃慧雯（1980～）

　　黃慧雯，花蓮人，臺灣師大畢業，多次代表南投縣及中華女壘隊征戰沙場，為中華隊不可或缺的外野手之一。1999年桃園全運會，黃慧雯代表南投縣女子壘球隊，以9場比賽打下11分打點，是大會「打點后」，幫助南投縣女壘隊奪得冠軍，由於正值九二一地震後100天，此冠軍對本縣而言充滿意義。黃慧雯目前任職於南豐國小，擔任國小女壘隊教練及企業聯賽南投鷹隊一員。

照片3-55：黃慧雯照　　照片來源：宋以力提供

賴孟婷（1984～）

賴孟婷，南投縣魚池人，畢業於埔里高工、臺灣師大，2000年亞洲盃青年女子壘球錦標賽首次當選中華隊國手後，就一直是國家代表隊的常客，曾經參與過一次奧運、三屆亞運，是中華女壘隊不可或缺的外野手，甚至還獲得日本女子壘球職業隊的青睞，旅日兩年。2014年仁川亞運後，賴孟婷原本即將退出國家隊戰袍，但為了帶領中華女壘新生代故於2015東亞盃重披戰袍。賴孟婷目前從事於金融保險業務，並為女子企業壘球聯賽南投鷹隊的一員。

照片 3-56：賴孟婷照　　照片來源：宋以力提供

魏辰洋（1992～）

魏辰洋，南投縣草屯人，魏辰洋生於跆拳道世家，父親魏瑞賢在南投縣開有一間跆拳道館，魏辰洋國小三年級便正式接受父親的嚴格訓練，曾連續3年在全中運奪得跆拳道冠軍，更在98年全國運動會為南投縣贏得金牌。2010年，魏辰洋代表中華台北參加廣州亞運會，出戰跆拳道男子58公斤以下級賽事，最後奪得金牌。2014年仁川亞運跆拳道男子58公斤銅牌。

照片 3-57：魏辰洋照　　照片來源：魏辰洋提供

辜翠萍（1995～）

辜翠萍，南投縣仁愛鄉人，旭光高中畢業，辜翠萍為布農族女孩，從小父親過世，母親因病無法照料，姑姑在她國中時期即將她送到黃泰吉教練身邊接受空手道訓練，靠著苦練空手道翻轉人生。在奪得全中運多面金牌後，參加2014年仁川亞運，奪下空手道女子50公斤級金牌，創下以18歲獲得亞運金牌最低年紀紀錄。旭光高中畢業後，辜翠萍進入台北市立大學就讀。

照片 3-58：辜翠萍照

袁叔琪（1984～）

　　袁淑琪，南投縣埔里人，國中一年級開始加入射箭隊。年僅 17 歲（就讀高二）的她首次參加亞運即一戰成名，在 2002 年釜山亞運個人賽中過關斬將，最終不但打破亞運紀錄，並奪得女子射箭的金牌。2004 年雅典奧運獲得團體銅牌，個人第四名的成績。目前袁淑琪任教於暨南大學，擔任暨大射箭隊教練。

照片 3-59：袁叔琪照

劉明煌（1984～）

　　劉明煌南投縣埔里鎮人，大成國中、埔里高工、臺灣體育（臺中）大學畢業，於 2002 年釜山亞運團體射箭銀牌，2004 年雅典奧運奪得男子射箭團體銀牌，在個人賽中排名第 9。劉明煌在 2006 年底前往射箭練習場途中發生車禍，小腿開放性粉碎骨折，但憑著他屹立不搖的心，經歷了四次開刀、復健，終於 2007 在德國世界杯射箭國手

照片 3-60：劉明煌照

選拔，駐著枴杖參加比賽，獲得大專組第二名。劉明煌現任職於國立臺灣體育學院。

三、優秀運動團隊（培養出多名亞奧運國手或在世界錦標賽奪冠）

南投高中拔河隊

　　2003 年，南投高中拔河隊教練陳建文教練就為隊員們訂下了「立足南投、稱霸臺灣、迎向世界」的長期計畫，同時參考了世界拔河訓練的趨勢和培訓的技術，經過十幾年的累積，南投高中「大笨牛」拔河隊征戰國內大小比賽，創下許多佳績。而稱霸世界的夢想，終於在 2012 年蘇格蘭世界杯有了第一次機會，然而這次機會卻在冠軍戰前夕，因為白博士鞋底清潔劑事件，而被大會取消資格。然而這次的遺憾，在兩年後 2014 年的世界杯，大笨年再次過關斬將，擊退各國代表隊，進入冠軍賽。這次，大笨年沒讓機會流失，

在冠軍賽擊敗了英格蘭，以完勝之姿取得金牌，獲得臺灣拔河史上第一座錦標賽的男子冠軍。2015 年南投高中大笨牛拔河隊再度取得世界杯臺灣代表權，但卻因為經費短缺，加上成員大部分來自 921 受災戶、原住民及單親、清寒家庭，因此面臨無法成行的困境，因而在網路上發起募款。幸好在許淑華立委及南投縣體育會的奔走下，加上藝人五月天、吳克群響應募款，而使得大笨牛最後得以成行，再次準備為國爭光，奪得最佳榮譽。（後記：2016 年大笨牛再度奪得世界冠軍）

照片 3-61：南投高中奪得世界拔河錦標賽冠軍報導　照片來源：自由時報資料

埔里高工壘球隊

埔里高工女子壘球隊創立於 1993 年 7 月，首屆隊員由校內對壘球運動有興趣之女同學組成，參加教育部主辦之第一屆高中女子壘球聯賽，成績雖不盡理想，但同學的表現獲得全校師生肯定。1994 年埔里高工開始招收體育績優學生，招收埔里國中及台中市大德國中兩校女壘運動績優學生（82 學年度國中女壘聯賽第一、二名之球員），在陳進福及胡正華兩任校長的支持下，並獲得台灣省政府教育廳支援下，承接延續臨近地區國中優秀運動員加以培訓。在埔里高工教練群（李坤華、王立才、邱文諒、童寶柱、黃建源、林旭萌、柯教練、林明德、張世義、林素華、張麗秋等多位教師在球技之培訓及學業之輔導）與國中時期教練群（埔里國中張家興、巫美英二師、南投縣壘委會教練曾信彰，大德國中林宗煙老師等）的全力協助，使得埔里高工女壘隊實力更為堅強，多次在全國及國際賽中獲佳績，並且使得埔里高工女壘成為培育優秀女壘選手之重鎮，許多中華女壘國手，如林素華、江慧娟、黃慧雯、賴孟婷、陳妙怡、潘慈惠、邱安汝、李思詩等人皆為埔里高工畢業。

照片 3-62：埔里高工壘球隊奪得 104 年協會盃壘球賽高中女子組冠軍照　照片來源：埔里高工提供

埔里高工射箭隊

埔里高工射箭隊成立於 1997 年，埔里高工成立射箭隊的主要原因是當時正好有一批大成國中射箭隊學生畢業，埔工就近接手。埔里高工射箭隊設備極度簡陋，利用教學大樓的四樓屋頂鐵棚下，成立簡陋的射箭練習場，並搭建簡易的遮陽棚。選手在艱困的環境中，於 2001 在全中運及區中運，創下男、女個人冠軍及團體冠軍的四金大滿貫的空前紀錄，讓體育界刮目相看。說起埔里高工射箭隊，黃建源教練說道，原來完全不懂射箭的他，射箭隊成立後，他才開始接觸射箭，從射箭場的布置，一直到指導學生、帶隊比賽等，完全是邊學邊教。而 1997 年成立開始，埔工射箭隊在省長盃、全國中正盃、全國青年盃及臺灣區中學聯運中獲得好幾項第一、二名成績，其中最令人稱道的，是 2003 年全國中正盃射箭錦標賽中，埔工射箭隊分獲高男組團體組冠、亞軍，公開男子組團體季軍、高男個人冠、亞軍及公開男子組個人殿軍；2004 年剛舉行完不久的全國室內射箭賽，埔工射箭隊更獲公開團體男、女組第三及第二，及公開女子個人、公開男子個人第一、二名。這幾年經由埔工射箭隊培育，在射箭運動領域中發光發熱的運動員有劉明煌、袁淑琪、曾麗文、魏碧銹等國手。

照片 3-63：埔里高工射箭隊參加比賽照　照片來源：埔里高工提供

參考資料

一、政府檔案及統計資料

教育部編印，《體育運動白皮書》，臺北市：中華民國行政院教育部，2013.09。

體委會編印，《95 年運動統計》，臺北市：行政院體委會，2006.01。

體委會編印，《96 年運動統計》，臺北市：行政院體委會，2007.11。

體委會編印，《97 年運動統計》，臺北市：行政院體委會，2008.12。

體委會編印，《98 年運動統計》，臺北市：行政院體委會，2009.12。

體委會編印，《99 年運動統計》，臺北市：行政院體委會，2010.12。

體委會編印，《100 年運動統計》，臺北市：行政院體委會，2011.12。

體委會編印，《101 年運動統計》，臺北市：行政院體委會，2011.12。

教育部體育署編印，《102 年運動統計》，臺北市：行政院教育部體育署，2013.12。

教育部體育署編印，《103 年運動統計》，臺北市：行政院教育部體育署，2014.12。

教育部體育署編印，《104 年運動統計》，臺北市：行政院教育部體育署，2015.12。

教育部體育署編印，《93 年度教育部體育署學校體育統計年報》，臺北市：行政院教育部體育署，2004.12）。

教育部體育署編印，《94 年度教育部體育署學校體育統計年報》，臺北市：行政院教育部體育署，2005.12。

教育部體育署編印，《95 年度教育部體育署學校體育統計年報》，臺北市：行政院教育部體育署，2006.12。

教育部體育署編印，《96 年度教育部體育署學校體育統計年報》，臺北市：行政院教育部體育署，2007.12。

教育部體育署編印，《97 年度教育部體育署學校體育統計年報》，臺北市：行政院教育部體育署，2008.12。

教育部體育署編印，《98 年度教育部體育署學校體育統計年報》，臺北市：行政院教育部體育署，2009.12。

教育部體育署編印，《99 年度教育部體育署學校體育統計年報》，臺北市：行政院教育部體育署，2010.12。

教育部體育署編印，《100 年度教育部體育署學校體育統計年報》，臺北市：行政院教育部體育署，2011.12。

教育部體育署編印，《101 年度教育部體育署學校體育統計年報》，臺北市：行政院教育部體育署，2012.12。

教育部體育署編印，《102 年度教育部體育署學校體育統計年報》，臺北市：行政院教育部體育署，2013.12。

教育部體育署編印，《103 年度教育部體育署學校體育統計年報》，臺北市：行政院教育部體育署，2014.12。

教育部體育署編印，《95 學年度學生運動參與情形調查報告書》，臺北市：行政院教育部體育署，2017.04。

教育部體育署編印，《96 學年度學生運動參與情形調查報告書》，臺北市：行政院教育部體育署，2018.04。

教育部體育署編印，《97 學年度學生運動參與情形調查報告書》，臺北市：行政院教育部體育署，2019.03。

教育部體育署編印，《98 學年度學生運動參與情形調查報告書》，臺北市：行政院教育部體育署，2019.12。

教育部體育署編印，《99 學年度學生運動參與情形調查報告書》，臺北市：行政院教育部體育署，2011.05。

教育部體育署編印，《100 學年度學生運動參與情形調查報告書》，臺北市：行政院教育部體育署，2012.12。

教育部體育署編印，《101 學年度學生運動參與情形調查報告書》，臺北市：行政院教育部體育署，2014.04。

教育部體育署編印，《102 學年度學生運動參與情形調查報告書》，臺北市：行政院教育部體育署，2015.04。

教育部體育署編印，《103 學年度學生運動參與情形調查報告書》，臺北市：行政院教育部體育署，2016.04。

南投縣政府編，《南投縣 103 年度體育統合訪視工作成果》第一冊 適應體育具體實施並其績效，南投：南投縣政府，2015。

南投縣政府編，《南投縣 103 年度體育統合訪視工作成果》第二冊 區域運動人才，南投：南投縣政府，2015。

南投縣政府編，《南投縣 103 年度體育統合訪視工作成果》第三冊 基層訓練站具體實施作法及績效（1），南投：南投縣政府，2015。

南投縣政府編，《南投縣 103 年度體育統合訪視工作成果》第四冊 基層訓練站具體實施作法及績效（2），南投：南投縣政府，2015。

南投縣政府編，《南投縣 103 年度體育統合訪視工作成果》第五冊 基層訓練站具體實施作法及績效（3），南投：南投縣政府，2015。

南投縣政府編，《南投縣 103 年度體育統合訪視工作成果》第六冊 基層訓練站具體實施作法及績效（4），南投：南投縣政府，2015。

南投縣政府編，《南投縣 103 年度體育統合訪視工作成果》第七冊 地方特色教學及其績效，南投：南投縣政府，2015。

南投縣政府編，《南投縣 103 年度體育統合訪視工作成果》第八冊 普及化運動（1），南投：南投縣政府，2015。

南投縣政府編，《南投縣 103 年度體育統合訪視工作成果》第九冊 普及化運動（2），南投：南投縣政府，2015。

南投縣政府編，《南投縣 103 年度體育統合訪視工作成果》第十冊 各校校慶運動會，南投：南投縣政府，2015。

南投縣政府編，《南投縣 103 年度體育統合訪視工作成果》第十一冊 運動社團（1），南
　　投：南投縣政府，2015。

南投縣政府編，《南投縣 103 年度體育統合訪視工作成果》第十二冊 運動社團（2），南
　　投：南投縣政府，2015。

南投縣政府編，《南投縣 103 年度體育統合訪視工作成果》第十三冊 運動社團（1），南
　　投：南投縣政府，2015。

南投縣政府編，《南投縣 103 年度體育統合訪視工作成果》第十四冊 運動社團（2），南
　　投：南投縣政府，2015。

南投縣政府編，《南投縣 103 年度體育統合訪視工作成果》第十五冊 其他重大運動發展
　　特色，南投：南投縣政府，2015。

南投縣政府編，《南投縣統計要覽》，南投：南投縣政府，1994 ～ 2014 年。

南投縣政府編，《南投縣政府公報》，南投：南投縣政府，1994 ～ 2014 年。

二、專書

陳哲三、黃耀能總纂，《南投縣志》，南投：南投縣政府，2010。

周國屏總纂，《名間鄉志》，名間：名間鄉公所。

周國屏總纂，《南投市志》，南投：南投市公所。

陳哲三總纂，《集集鎮志》，集集：集集鎮公所，1998。

陳哲三總纂，《竹山鎮志》，竹山：竹山鎮公所，2001。

洪英聖總纂，《續修草屯鎮誌》，草屯：草屯鎮公所，2005。

尹志宗總纂，《水里鄉志》，水里：水里鄉公所，2007。

沈明仁總纂，《仁愛鄉志》，仁愛：仁愛鄉公所，2008。

潘英海總纂，《國姓鄉志》，國姓：國姓鄉公所，2012。

不著撰者，《魚池鄉志》，魚池：魚池鄉公所，2001。

南投縣政府編，《敢動‧感動——南投人的風景圖畫》，南投：南投縣政府，2013.07。

南投縣政府編，《中華民國 97 年全國中等學校運動會成果報告書》，南投：南投縣政府，
　　2008。

南投縣政府編，《中華民國 104 年全國原住民族運動會成果報告書》，南投：南投縣政府，
　　2015。

三、論文

曾瑞成，〈我國學校體育政策之研究（1949 ～ 1997）〉，臺北市：國立臺灣師範大學體
　　育研究所博士論文，2000 年。

陳理哲，〈國民小學實施適應體育之研究 - 以南投縣為例〉，新北市：國立臺灣體育學
　　院體育研究所碩士論文，2001。

黃啟賓，〈臺灣女子壘球運動發展之研究（1965-2006）〉，台東縣：國立台東大學體育
　　學系體育教學碩士班，2007。

江文瑞，〈臺灣射箭運動發展之研究（1964-2004）〉，台東縣：國立台東大學體育學系
　　體育教學碩士班，2007。

續修 南投縣志

卷八‧教育志

索　引

七劃

索引

十二劃

索引

國家圖書館出版品預行編目（CIP）

續修南投縣志 . 卷八 , 教育志 , 學校教育篇、社會教育篇、體育運動篇 /
王光燦 , 邵祖威 , 張齊顯著 . -- 初版 . -- 南投市 : 投縣文化局 , 2019.10
　面 ； 公分
ISBN 978-986-5422-19-6（精裝）

1. 方志 2. 南投縣

733.9/119.1　　　　　　　　　　　108017720

續修 南投縣志 卷八｜教育志

發　行　人：林明溱
監　　　修：李朝卿、陳志清、林明溱
出 版 單 位：南投縣政府文化局
主　　　修：游守中、林榮森
編 纂 委 員：王志宇、李西勳、李威熊、林金田、林嘉慧、陳正昇、 陳哲三、陳欽忠、
　　　　　　黃秀政、楊正寬、鍾起岱、謝嘉梁、林文龍、簡榮聰、張永楨
諮 詢 委 員：林金田、陳正昇、簡榮聰、蕭富隆、黃秀政、張永楨、陳哲三
審 查 委 員：李威熊、陳欽忠、林金田、李西勳
總　　　纂：張永楨
協　　　纂：陳哲三
計畫主持人：魏嚴堅
著　　　者：王光燦、邵祖威、張齊顯
地　　　址：南投縣南投市建國路 135 號
電　　　話：(049)2231191
網　　　址：http://www.nthcc.gov.tw/

設 計 印 刷：舜程創意行銷有限公司
電　　　話：04-23214125
封 面 題 字：林榮森

初 版 一 刷：2019 年 10 月
ISBN：978-986-5422-19-6（精裝）
GPN：1010801818
續修南投縣志 (13-9)
定價：新臺幣 500 元

展售處：
五南文化廣場：地址：台中市中山路 6 號　電話：04-22260330　郵政劃撥：22255688
　　　　　　　　戶名：五楠圖書用品股份有限公司
國家書店松江門市：地址：台北市松江路 209 號 1 樓　電話：02-25180207
國家網路書店：http://www.govbooks.com.tw/e-book.aspx
三民網路書店：http://www.sanmin.com.tw/